米軍統治下での
「島ぐるみ闘争」における
沖縄住民の意識の変容

村岡 敬明

大学教育出版

まえがき

　沖縄の那覇空港に降り立つと、そこには、素朴で温かい人間味あふれた沖縄の人びとの笑顔がある。また、少し車で移動すると、美しいサンゴ礁の海が目に飛び込んでくる。人びとがざわつき、空気の濁った大都会で生活する著者には、こうした光景に出会うと、心が洗われ、なんともいえない清々しい気分になれる。そんな思いに浸っていると、突然、空軍の嘉手納戦略爆撃基地や海兵隊の普天間基地から戦闘機やオスプレイなどが爆音を響かせながら飛行する。その光景に、著者は、一瞬で基地の町沖縄の厳しい現実に引き戻される。

　思い返せば、沖縄は、第二次世界大戦末期に老若男女の非戦闘員を巻き込んで、筆舌に尽くしがたい地上戦が繰り広げられた激戦地である。敗戦から1972年5月15日に本土復帰を果たすまでの沖縄は、米軍の統治下に置かれていた。米軍統治下の沖縄では、「米軍基地の拡張・強化に向けた整備のために、沖縄住民の土地が強制的に収用」「米軍人による婦女子への暴行」「米軍機の不時着や墜落事故」などが何度も発生した。そうした度重なる事件・事故の発生が、沖縄住民の反米軍闘争意識に火を点け、沖縄全土に「反米軍闘争」を引き起こした。

　こうした沖縄住民の歴史の一端を垣間見たとき、著者は、戦中から戦後にかけて沖縄住民が体験してきたような悲惨な現実を二度と繰り返してはいけないという強い思いに駆られる。それが、著者に政治学の視点から沖縄に関心を向けさせる動機となった。研究は、米軍統治下の沖縄が本土に復帰するまでの20年間（1953年〜1972年）で生じた3項目の事象を中心に分析した。その対象となった3項目の事象は、①軍用地の強制収用反対に始まる沖縄住民の反米軍意識を結集させた「島ぐるみ闘争」、②「島ぐるみ闘争」を危惧した大統領命令による琉球政府行政主席公選の発表、および③沖縄の施政権返還に伴う日米両国の政治外交交渉における内幕を明らかにすることである。こうした3項目の事象の分析結果から、沖縄返還に至るまでの日米間に横たわる沖縄の基地問題への対処方法と本土復帰に向けた日米間の政治外交交渉過程などにつ

いて論述する。

　まず、基地問題への対処方法では、米軍の強制土地収用による第1期（1953年〜1959年）の基本的な基地の建設・整備と第2期（1960年〜1967年）の基地の拡張・強化による再整備に反対する「島ぐるみ闘争」について検討する。この検討は、地元の地方公共団体が所有・管理している米軍統治下の資料群や新聞記事などからなされる。しかし、当時沖縄を統治し、基地を拡張・強化・整備している当事者は在沖米軍なので、沖縄側と米軍側の双方の資料を用いて比較検討しなければ、偏りのない、正確な成果は期待できない。そうした観点から、開示された日米両国の外交機密文書、在沖米軍から米軍上層部や国務省に報告された機密文書なども、本研究の資料として用いた。

　次に、「太平洋のジブラルタル」と呼ばれる最大・最強の軍事基地の建設・整備が完了すると沖縄住民の意識が復帰に向けて変容していくのであるが、第2期（1960年〜1967年）の「島ぐるみ闘争」の途中で「反米軍闘争」と「復帰闘争」が複雑に入り混じる混沌とした数年の移行期を経て、第3期（1968年〜1972年）の「島ぐるみ闘争」に変容していく。その混沌とした数年の移行期について、以下に記述する。

　1960年4月28日に、沖縄教職員会と革新三政党（沖縄社会大衆党、沖縄社会党、沖縄人民党）を中心として沖縄県祖国復帰協議会（復帰協）が結成された。それまで主導してきた屋良朝苗が会長就任を固辞したために、とりあえず会長不在で発足した。後日、赤嶺武次官公労委員長が、初代会長に就任したが、沖縄教職員会が復帰協の先頭に立つべきであるという声を受けて、1962年4月17日に喜屋武真栄が第2代会長に就任した。その当時の復帰協の方針は、「安保条約は原則的に反対であるが、復帰は施政権を有する米国から日本への返還であり、基地の取り扱いは、日米両国政府間の外交交渉で解決すべきである」という、基地より復帰が優先されるものであった。それに対して、沖縄自由民主党（1964年〜1967年は「民主党」）は、復帰については段階的な復帰論であり、基地は、本土並みを容認する姿勢を示していた。

　1965年2月22日に復帰協は、「異民族支配20年からの脱却」を合言葉に、沖縄の祖国復帰のために戦う決議がなされた。同年8月20日に復帰協は、佐

藤栄作首相に「沖縄の施政権返還に関する請願書」を提出した。1968 年 2 月
1 日にアンガー（Ferdinand Thomas Unger）高等弁務官は、同年 11 月 10 日
に「立法院議員選挙と行政主席公選を同時に実施する」と発表した。その発表
を受けて、保守の沖縄自由民主党から西銘 順治が公認され、復帰協を中心と
した革新統一候補として屋良朝苗が公認された。選挙結果は、「即時無条件全
面返還」を公約に掲げた屋良朝苗が、琉球政府行政主席に当選した。しかし、
屋良の選挙公約と日米両国の合意事項には、あまりにも隔たりがありすぎた。

　沖縄の本土復帰に関して合意に至る日米政府間交渉で最も難航した問題は、
有事の際の基地の自由使用と核兵器の再持ち込み、および施政権返還に伴う財
政補償などであった。基地の自由使用は日米共同声明に盛り込まれ、核の再持
ち込みは秘密合意議事録（核密約）の交換で可能となった。財政補償について
は、米軍が支払うべき軍用地の原状回復費と短波放送局の国外移転費を日本側
が負担することで秘密裏に合意した。

　以上の議論から、3 期に分類した各時代区分の出来事に関しては、下記のよ
うに示すことができる。

(1)　第 1 期（1953 年〜 1959 年）の「島ぐるみ闘争」は、1953 年 12 月の小
　　禄村具志部落波座間原の強制土地収用の反米軍闘争に始まって、1959
　　年 2 月 　に USCAR（United States Civil Administration of the Ryukyu
　　Islands：琉球列島米国民政府）布令第 20 号「賃借権の取得について」が
　　公布されて終結した。その間に勃発した朝鮮戦争では、北朝鮮軍と中国
　　義勇軍に嘉手納基地から爆撃を繰り返すために、強制土地収用による基
　　地の初期整備がなされた。

(2)　第 2 期（1960 年〜 1967 年）の「島ぐるみ闘争」は、1960 年 4 月の沖
　　縄県祖国復帰協議会の結成に始まり、1967 年でベトナム戦争に米軍が介
　　入するための基地の拡張・強化による再整備が完了した。当時の沖縄は、
　　ベトナム戦争に介入する米軍と反戦から平和を希求する沖縄住民との間
　　の対立軸が顕在化してきた。

(3)　第 3 期（1968 年〜 1972 年）の「島ぐるみ闘争」は、1968 年 2 月 1 日に
　　アンガー高等弁務官が「1968 年 11 月に琉球政府行政主席公選を実施す

る」と発表してから 1972 年 5 月 15 日に本土復帰するまでを描く。ただし、本土復帰だけで沖縄住民に幸福と平和が訪れるのではない。その理由として、復帰後も米軍による沖縄基地の自由使用が日米間で合意されたことが挙げられる。

しかしながら、上記の（1）～（3）を通して、USCAR の沖縄支配と沖縄住民の自治とは背反関係となり、米軍施政権下の沖縄では住民による民主制は存在しなかった。そうした中で芽生えたのが沖縄住民による復帰意識である。この点を、本論の第 V 章で論じる。また、本土復帰前の沖縄には、復帰と行政主席公選に賛同する復帰派と復帰や公選に異議を唱える反復帰派とが混在しているので、まず、両者をまとめて、政治学的な視点から本論の第 VI 章で論じる。

施政権が米国から日本に返還され、沖縄は 1972 年 5 月 15 日に本土復帰を果たした。そのときに日米両国で交わされた施政権と軍事基地の分離返還協定によって、本土復帰後も米軍が沖縄に残留し、基地も復帰前と同様に自由に使用できることになった。それが、米兵の犯罪、軍事演習の事故、および居住区に隣接する基地所属機の事故などをいまだに引き起こす原因になっている。そのことが、今日の沖縄に負の課題となって継続されているのである。

屋良朝苗が行政主席公選で沖縄住民に公約した『即時無条件全面返還』を果たすためには、ダレス（John Foster Dulles）国務長官が述べた「アリューシャン列島からフィリピンにつながる防衛ライン」で対峙する東アジアの共産主義諸国と自由主義諸国とがイデオロギーを超越して、防衛ライン上の軍事基地の撤去に向けて話し合い、合意する。合意の実行における監視団は、東アジアの防衛ラインに関係する諸国で構成する。それが機能することで、東アジアに平和が訪れる。そうすれば、沖縄県民が希求する、基地のない沖縄を取り戻せると信じられる。

沖縄の地名と所在地

場所	米軍統治下の地名	現市町村
①	玉城村親慶原（たまぐすくむらおやけばる）	南城市（なんじょうし）
②	小禄村具志部落（おろくむらぐしぶらく）	那覇市（なはし）
③	旧上山国民学校（きゅううえのやまこくみんがっこう）、真和志村安謝部落（まわしむらあじゃぶらく）、天久部落（あめくぶらく）、銘苅部落（めかるぶらく）	那覇市（なはし）
④	宜野湾村伊佐浜部落（ぎのわんむらいさはまぶらく）、普天間基地（ふてんまきち）	宜野湾市（ぎのわんし）
⑤	キャステロキャンプ跡地、コザ市	沖縄市（おきなわし）
⑥	嘉手納基地（かでなきち）	嘉手納町（かでなちょう）
⑦	ホワイトビーチ、具志川村栄野比（ぐしかわむらえのび）、石川市立初等学校（いしかわしりつしょとうがっこう）	うるま市
⑧	読谷村都屋部落（よみたんそんとやぶらく）と波平部落（なみひらぶらく）	読谷村（よみたんそん）
⑨	キャンプ・ハンセン	金武町（きんちょう）
⑩	キャンプ・シュワブ	名護市（なごし）
⑪	伊江村真謝部落（いえむらまじゃぶらく）と西崎部落（にしざきぶらく）	伊江村（いえむら）

米軍統治下での「島ぐるみ闘争」における沖縄住民の意識の変容

目　次

米軍統治下での「島ぐるみ闘争」
における沖縄住民の意識の変容

第 I 章

「島ぐるみ闘争」の変容過程と本研究の意義

1.1　本研究の目的と意義

1.1.1　本研究の目的

　本研究は、米軍統治下の沖縄が本土復帰を果たすまでの 20 年間（1953 年～ 1972 年）を対象とし、沖縄住民の「島ぐるみ闘争」が軍用地への強制土地収用から本土復帰に向けた政治闘争へ変容する過程について分析することを目的とする。

　なお、「島ぐるみ闘争」とは、沖縄タイムス社の沖縄大百科事典刊行事務局編（1983）『沖縄大百科事典（中巻）』に「沖縄住民の『土地を守る四原則貫徹』を踏みにじった、1956 年の『プライス勧告拒否』で沖縄全土に広がって盛り上がった大衆運動である」[1] と記されている。しかし、1956 年当時の新聞には「全島民の抵抗」や「民族の大集会」などの表現が用いられており、「島ぐるみ闘争」という表現は用いられていなかった。「島ぐるみ闘争」という表現が確認できる最初の記録は、著者が調査した限り、中野好夫・新崎盛暉が1965 年に岩波書店から出版した『沖縄問題二十年』の「5.“島ぐるみ闘争”の爆発」中で見ることができた。そこには、「島ぐるみ闘争」とは「1956 年 6 月に発表されたプライス勧告に対する反対闘争」[2] と記されていた。そこで、本研究では「軍用地のための強制土地収用に対する反米軍闘争が本格的に開始された 1953 年の小禄村具志部落の土地闘争から本土復帰に向けた政治闘争に変容して、1972 年に本土復帰を勝ち取るまで、沖縄住民が一体となって琉球列島米国民政府（USCAR）・米国政府・日本政府に対して展開した闘争」を『島ぐるみ闘争』と定義した。具体的には強制土地収用に対する反米軍闘争と本土

復帰に向けた政治闘争を指す。

　本研究は、米軍統治下の沖縄で発生した3項目の事象（強制土地収用による米軍基地の拡張・強化・整備に反対する沖縄住民の反米軍意識を結集させた「島ぐるみ闘争」、激しい「島ぐるみ闘争」による基地の存続を危惧した大統領命令による琉球政府行政主席公選の発表、および沖縄の施政権返還に伴う日米両国の政治外交交渉の経緯）などを中心に論述する。

　1953年から1972年までの「島ぐるみ闘争」は、第1期（1953年〜1959年）、第2期（1960年〜1967年）、および第3期（1968年〜1972年）に区分する。

　第1期と第2期では、強制土地収用に対する沖縄住民の反米・反米軍意識の形成過程は、当時の新聞記事、地元で新規に発見した資料、および米国立公文書館から開示された在沖米軍と国務省の機密文書などを用いて詳細に検討する。第3期では、第1期と第2期の激しい「島ぐるみ闘争」で基地の維持に不安を覚えたジョンソン（Lyndon Baines Johnson）大統領が、アンガー高等弁務官に琉球政府行政主席公選を発表させた。琉球政府行政主席公選の発表から実施までの過程は、日米両国から開示された当時の外交機密文書と当時の沖縄の新聞記事などを用いて論じる。

　さらに、第3期の琉球政府行政主席公選以降に本格化する日米の施政権返還交渉では、極東で最強・最大の軍事基地を現状のままで維持し続けたい米国と、できるだけ有利に施政権返還交渉を進めたい日本との複雑な政治外交交渉の過程を日米両国から開示された機密文書を用いて論述する。施政権（立法権・行政権・司法権）返還によって、領有権までのすべてを返還対象としたい日本政府と、軍事戦略のために極東で最強・最大の沖縄基地を維持し続けたい米国政府との間の微妙な思惑の違いを抱えたまま、沖縄の施政権返還がなされた。こうした日米両国間で曖昧にして公表しなかった妥協の産物が、いまだに解決されることのない沖縄問題となって横たわっている。その一例が、オール沖縄による辺野古反対闘争である。

　米国政府が沖縄基地の維持に固執する要因として、共産主義諸国の盟主であるソビエト社会主義共和国連邦（ソ連：現ロシア）と自由主義諸国の盟主で

ある米国との戦後の冷戦構造が挙げられる。それは、軍備拡大競争（軍拡競争）と覇権主義が関係する南北のイデオロギー対立などである。こうした緊張の中で、「ソ連と中国に対して、極東で最強・最大の沖縄基地を有する米軍が対峙している。そうすることで、戦後独立し、政権基盤の弱い東南アジアの自由主義諸国を防衛している」[3] と米国は主張している。

こうした状況下で、沖縄を統治する米軍は、まず、基本的な基地の建設・整備のために沖縄住民の土地をつぎつぎと強制収用していった。それに対して、生活の場を奪われる沖縄住民は、反米軍意識を高揚させながら第 1 期（1953 年〜 1959 年）の「島ぐるみ闘争」を展開していった。その一例として、嘉手納基地と普天間基地の整備が挙げられる。第 2 期（1960 年〜 1967 年）では、第 1 期で整備された両基地が、戦略爆撃空軍基地、および海兵隊のヘリコプター部隊と空中給油機部隊を中心とする基地として拡張・強化・再整備された。その他に、海兵隊のキャンプ・シュワブとキャンプ・ハンセン、および陸・海軍のホワイトビーチなどの建設・整備がなされることで、沖縄基地全般の建設が完了する。それと同時に沖縄住民の第 2 期の「島ぐるみ闘争」も終わりを告げる。このように強制土地収用による基地建設が終了したことで、「島ぐるみ闘争」は本土復帰意識を醸成させる第 3 期（1968 年〜 1972 年）の闘争へと変容していくのである。

こうした米軍と沖縄住民が対峙する第 1 期〜第 3 期の「島ぐるみ闘争」の歴史を、以下にまとめて記述する。

第 1 期（1953 年〜 1959 年）の「島ぐるみ闘争」では、初期の軍事基地整備のために強制土地収用を推し進める米軍と、それに反対する沖縄住民との間で激しい闘争が繰り返されたことに起因する。こうして、沖縄住民に反米軍意識が高揚してくる中で、嘉手納基地と普天間基地が初期整備を終えた。初期整備を終えたばかりの嘉手納基地は、1950 年〜 1953 年の朝鮮戦争でB-29 とB-36 の出撃に使われ、北朝鮮軍と中国義勇軍に向けて激しい空爆を繰り返した。そして、米国を中心とした国連軍は、共産主義諸国の南下からなんとか韓国を防衛した。朝鮮戦争後も共産主義諸国の南下を阻止する目的で、1953 年から強制土地収用による基地整備に拍車がかかった。そして、それに反対し

て、1956年6月20日に「プライス勧告拒否」と「土地を守る四原則貫徹」を掲げた住民大会が開催されたのである。その結果、1959年1月に「土地借賃安定法」と「米国が賃借する土地の借賃の前払いに関する立法」の民立法が制定され、同年2月にUSCAR布令第20号「賃借権の取得について」が公布されて、第1期の強制土地収用をめぐる「島ぐるみ闘争」は終結した。この第1期（1953年〜1959年）の「島ぐるみ闘争」の期間は、アリューシャン列島からフィリピンにつながる極東の反共最前線を突破されないように、核抑止を局地戦争にも適用する強硬路線[4]を表明したダレス国務長官の就任期間と一致する。そうした政府の方針に沿うべく軍事基地の建設・整備で強制土地収用が繰り返され、それを防止するために反米軍意識をむき出しにした沖縄住民が「島ぐるみ闘争」で抵抗した理由であると考えられる。

ここで、「プライス勧告」とは、沖縄基地を制約なき核基地、アジアの地域紛争に対処する米極東戦略拠点、日本やフィリピンなどの親米政権を護るために極めて重要であるとし、これまでの米軍用地政策を含む米軍支配を認めて米国議会に提出された報告書である。なお、USCARは、1954年3月17日、米陸軍省の「軍用地一括払い」方針を発表した。一括払いは実質的な土地買い上げに当たるとして、立法院は、同年4月30日、「軍用地処理に関する請願決議」を可決した。その請願内容が、一括払い反対、適正補償、損害賠償、新規接収反対を掲げる「土地を守る四原則」と呼ばれるものである。

第2期（1960年〜1967年）の「島ぐるみ闘争」では、極東における反共の最前線基地を手放したくない米国のケネディ（John Fitzgerald Kennedy）大統領が、1959年以後も繰り返される激しい軍事基地反対闘争を目の当たりにして、1962年3月に沖縄が日本の一部であると認めた[5]。

だが、米軍が1965年以降のベトナム戦争に介入したことで、強制土地収用による基地の拡張・強化のための工事が再開された。第1期の「島ぐるみ闘争」の特徴は、初期の基本的な基地整備のための強制土地収用に反対する沖縄住民の闘争である。それに対して、第2期の「島ぐるみ闘争」の特徴は、極東で最強・最大の基地建設のための強制土地収用に反対する沖縄住民の闘争である。現有基地の拡張・強化のために、1967年5月に3,700mの主滑走路2

本と核弾頭貯蔵庫を有する極東で最強・最大の戦略爆撃空軍基地としての嘉手
納基地、および海兵隊のヘリコプター部隊と空中給油機部隊を中心とする基地
として普天間基地が再整備された。その他に、海兵隊のキャンプ・シュワブと
キャンプ・ハンセンの整備、および陸・海軍のホワイトビーチの建設などがな
されて沖縄の4軍基地が完成した。

　1965年8月19日、沖縄を訪問した佐藤栄作首相が那覇空港で、「沖縄の祖
国復帰が実現しない限り我が国の戦後は終わらない」[6]と声明を発表した。同
年12月16日に復帰協主催の「任命主席退陣・主席公選要求県民大会」が開
催された。1965年12月30日の立法院本会議では、「行政主席の直接選挙お
よび自治権の拡大に関する要請決議案」と「被選挙権を剥奪している布令の廃
止を要求する決議案」が全会一致で採択された。

　当時の沖縄は、ベトナム戦争に介入する米軍と反戦・平和を希求する沖縄
住民との間の対立軸が顕在化してくる時期でもあった。つまり、平和を希求す
る沖縄住民の意識は、1960年4月28日の沖縄県祖国復帰協議会（復帰協）の
結成に起因して、本土復帰に向けて徐々に盛り上がりを見せ始めていた。

　第3期（1968年〜1972年）の「島ぐるみ闘争」では、沖縄住民の闘争の
激しさから基地の存続を不安視したジョンソン大統領が、1968年2月1日、
アンガー高等弁務官に立法院で「1968年11月に琉球政府行政主席公選を実施
する」[7]と発表させたことに起因する。当時、日本政府は、沖縄と一体化政策
を推し進めていく方針を固めていた。そして、その方針に沿った人物を琉球政
府行政主席公選候補として推薦することとした。

　こうした状況で、保守の沖縄自由民主党から西銘 順治が候補として名乗り
を上げ、革新三政党から屋良 朝 苗が立候補を表明した。両者は本土復帰では
一致していたが、復帰に至る米軍基地の対応に差異が見られた。したがって、
政治学的な視点からすれば、琉球政府行政主席公選は「島ぐるみ闘争」に位置
づけることができるのである。選挙戦で、西銘は「米軍基地の段階的縮小」を
公約に掲げたのに対し、屋良は「米軍基地の即時無条件全面返還」を訴えた。
本土の政府自由民主党は、基地のない平和な沖縄を選挙公約とする屋良に対し
て、基地の段階的返還を訴える西銘を候補として推薦することにして、米国と

の交渉のテーブルに着いた。そして、日本政府の推薦どおり、西銘を日米両国でサポートしていくことに決定した。

日米両国が強力なサポート体制を組んで西銘行政主席実現に向けて選挙に臨んだにもかかわらず、選挙結果は保守の西銘が落選し、革新の屋良が当選した。日米両国の思惑が外れ、革新の屋良が行政主席に当選するという負の要因を抱えながらも、日米両国は沖縄の返還交渉を粘り強く継続した。

沖縄の施政権返還交渉を困難にしている問題は、核弾頭貯蔵庫を含む軍事基地と、日米安全保障条約の自動延長である。まず、日米両国政府の外交交渉による2項目の問題の解消が、沖縄の施政権返還につながる。そこで、2項目の問題を軍事基地、および核弾頭貯蔵庫と日米安全保障条約の自動延長とに分けて交渉の議題に乗せることとした。次に、日米両国政府の粘り強い外交交渉の結果、1969年11月21日の佐藤首相とニクソン（Richard Milhous Nixon）大統領の日米両国の所納会談で、最終的に沖縄の米軍基地と施政権の分離返還が合意した。その合意内容は、米国の主張どおり、在沖米軍基地の自由使用を日本が認め、逆に、沖縄の施政権を米国が日本に返還するというものである（詳細は「7.7　施政権と軍事基地の分離返還」pp.178-182 を参照）。

上記の第1期〜第3期に見られる「島ぐるみ闘争」の複雑な史実を、期間ごとに数項目の出来事にわかりやすくまとめて表1.1に示す。

戦後沖縄史を読み解くためには、米軍による占領から本土復帰までを研究対象とすることが望ましいと著者は考えている。そうした先行研究は、平良好利の博士学位請求論文と著書の『戦後沖縄と米軍基地：「受容」と「拒絶」のはざまで1945-1972年』しか見当たらない。平良は、朝鮮戦争前の1950年から沖縄の施政権が返還される1972年までの23年間を研究対象とし、軍事基地問題を中心に扱っている。平良は、軍事基地の建設・整備による強制土地収用に反対する「島ぐるみ闘争」の期間を「分離」とし、琉球政府行政主席公選から本土復帰するまでの期間を「復帰」として成果をまとめている（詳細は「1.2.4　平良好利と櫻澤誠、そして小松寛」pp.21-24 を参照）。沖縄問題を扱った平良以外の我部政明・明田川融・鳥山淳・秋山道宏・櫻澤誠・小松寛らは、米軍基地建設・整備のための強制土地収用に反対する沖縄住民の「島ぐる

み闘争」の一部分を切り取ったり、琉球政府行政主席公選から本土復帰までの
短期間を扱ったりした断片的な研究がほとんどである。

宮里政玄は、「沖縄研究のような場合は、研究が主観的、感情的になりがち

表 1.1　沖縄住民の「島ぐるみ闘争」の歴史

	期間	主な出来事
第 1 期	1953 年〜 1959 年	・朝鮮戦争（1950 年〜 1953 年） ・強制土地収用による米軍基地の建設・整備（1953 年〜 1955 年） ・伊江村真謝部落民が、米軍による土地強奪の不当性を訴えて「乞食托鉢行進」（1955 年〜 1956 年） ・沖縄の渡米代表団が、米国政府に土地を守る「四原則」を直訴（1955 年） ・米国下院軍事委員会が、土地を守る「四原則」を否定する「プライス勧告」を公表（1956 年） ・「琉米合同土地問題現地折衝会議」で合意が得られ、第 1 期島ぐるみ闘争が終結（1959 年）
第 2 期	1960 年〜 1967 年	・沖縄県祖国復帰協議会を結成（1960 年） ・キャンプ・シュワブとキャンプ・ハンセンの建設・整備完了（1962 年） ・ベトナム戦争に在沖米軍の介入（1965 年〜 1975 年） ・核貯蔵庫と 3,700m 滑走路を 2 本有する空軍の嘉手納戦略爆撃基地と海兵隊普天間基地の拡張・強化による再整備の完了（1967 年） ・陸・海軍がホワイトビーチの整備完了（1967 年）
第 3 期	1968 年〜 1972 年	・高等弁務官による「琉球政府行政主席公選」の発表と実施（1968 年） ・佐藤・ニクソン会談で沖縄の施政権返還を合意（1969 年） ・日米間を衛星中継で結び、沖縄返還協定の調印式を挙行（1971 年） ・米国の施政権返還による本土復帰（1972 年）

（著者作成）

である」[8]と指摘し、そうした複雑な要素を扱う分析手法としてアリソン・モデルを提唱している（詳細は「1.2.1　宮里政玄」pp.13-15 を参照）。アリソン・モデルは、著者の研究でも参照している。

　米軍による占領から本土復帰までの長期間を扱う点では、平良と著者の考え方は一致している。平良は基地の建設・整備のための強制土地収用に反対する「島ぐるみ闘争」の 1950 年〜 1967 年までの期間を「分離」とし、残りの行政主席公選から復帰に至る 1968 年〜 1972 年までの期間を「復帰」としている。ここで、平良の「分離」の期間は 18 年の長きにわたり、沖縄住民の「島ぐるみ闘争」の変容が明確に描ききれていない。

　こうした平良の「分離」の一括した「島ぐるみ闘争」の期間を、著者が新規に基地の建設・整備の第 1 期（1953 年〜 1959 年）と基地の拡大・強化・再整備の第 2 期（1960 年〜 1967 年）とに 2 分割した。その点で、平良と著者の見解は異なってくる。それに行政主席公選から復帰に向かう第 3 期（1968 年〜 1972 年）を付加して、新しい視点から沖縄問題を見直すことにした。

　強制土地収用から復帰までの「島ぐるみ闘争」を新しい視点から 3 分割して、表 1.1 にまとめる。なお、第 1 期の基地の建設・整備における土地闘争は、1959 年 1 月に「土地借賃安定法」と「米国が賃借する土地の借賃の前払いに関する立法」の民立法が制定され、同年 2 月 12 日に USCAR 布令第 20 号「賃借権の取得について」が公布されて終結した。第 2 期の「島ぐるみ闘争」は 1967 年に米軍基地の拡大・強化による再整備の終わりが見えてくると、沖縄住民の意識が徐々に「本土復帰」に向けて変容し始める時期でもある。

　次に、小松寛は、博士学位請求論文と著書の『日本復帰と反復帰：戦後沖縄ナショナリズムの展開』は、著者の第 3 期に相当する。小松が『日本復帰と反復帰：戦後沖縄ナショナリズムの展開』の中で述べている復帰派と反復帰派は、著者の第 1 期と第 2 期の「島ぐるみ闘争」における沖縄住民が、行政主席公選を境として 2 つに分裂したものと考えられる。両者の中で、行政主席公選における「日本復帰派」の中心メンバーの 1 人として屋良朝苗を挙げている。この復帰派に対して反復帰派が台頭した背景には、西里喜行の、基地撤去が実現しなかった日米共同宣言による「72 年返還」への敗北感、復帰による経済

的不利益への不安、日本政府への不信感、日本による差別の歴史の4項目が
あると小松は指摘している（詳細は「1.2.4 平良好利と櫻澤誠、そして小松
寛」pp.21-24を参照）[9]。本研究で著者は、沖縄が本土に復帰する過程に見ら
れる復帰派と反復帰派を対立させて、政治学的な視点から論じていきたい。

1.1.2 本研究の意義

　本研究の意義は、下記の（1）〜（4）によって与えられる。なお、（1）が新
規資料の発見、（2）が「島ぐるみ闘争」の新説、（3）が第2期の反米軍闘争
から第3期の本土復帰への意識の変容、（4）が米国の対沖縄政策の変化を示す。

（1）本研究では、米国の行政学者グレアム・アリソン（Graham T. Allison）
　　　ハーバード大学教授が示した対外政策決定過程モデルを公共政策学と社
　　　会変動論に適用し、「島ぐるみ闘争」を独自に読み解いた。著者は「島ぐ
　　　るみ闘争」を読み解くために、沖縄研究に関する複数の「新資料」を発
　　　掘し、それらを解明した。具体的には、沖縄県公文書館が収集してきた
　　　米国立公文書館の開示資料中から、米国側の新しい資料を9篇発見した。
　　　同様に、沖縄県立図書館と読谷村史編集室の所蔵資料、および外務省外
　　　交史料館の開示資料中から、沖縄と日本側の新しい資料を14篇発見し
　　　た。新資料を用いて、当時の琉米、あるいは琉日米などを対比させなが
　　　ら第1期〜第3期に区分した「島ぐるみ闘争」について分析した。すな
　　　わち、沖縄や日本側の資料だけでなく、特に米国側からの視点を取り入
　　　れた。

（2）著者が（1）のように分析した結果、「島ぐるみ闘争」に関する新しい視
　　　点を提示した。旧来の「島ぐるみ闘争」のスタートは、「プライス勧告」
　　　に反対する沖縄住民が繰り広げた1956年の反米軍闘争を定説としてき
　　　た。しかし、著者の研究成果から、1953年の小禄村具志部落の強制土地
　　　収用が、本格的な反米軍闘争の発端となった。さらに、宜野湾村伊佐浜
　　　部落（1955年）、伊江村真謝部落（1954年〜55年）の土地闘争などが続
　　　き、1956年の旧来の定説である反米軍闘争へと発展した。特に1955年
　　　に強制土地収用の実態を沖縄住民に訴えるために、阿波根昌鴻と真謝部

落民が、沖縄本島を南から北へ乞食托鉢行進したことで、在沖米軍の基地建設・整備のための強制土地収用の実態が全島民に知れ渡ったことは大きい[10]。そこで、本研究では、1953年を「島ぐるみ闘争」の新しいスタートラインとして用いることにした。

(3) 第2期～第3期にかけての「島ぐるみ闘争」の変容は、軍事演習の事故や米兵の度重なる凶悪犯罪、ベトナム戦争の反戦機運などによってもたらされた。同時期には、沖縄県祖国復帰協議会（復帰協）が「平和憲法下の日本へ帰ろう」を合言葉に本土復帰運動を展開した。こうしたさまざまな社会的要因が沖縄住民に影響し、土地闘争から本土復帰へと意識を変容させたのである。

(4) 米国の対沖縄政策の姿勢に着目すると、第1期と第2期の「島ぐるみ闘争」では、在沖米軍が基地の建設・整備のために「銃剣とブルドーザー」で強制土地収用を断行した。沖縄住民にとって強制収容される土地は、生存権を維持するためのものなので、非力とわかっていても米軍に対して激しく抵抗を繰り返した。こうした沖縄住民の激しい抵抗に対して基地の維持に不安を抱いた米国は、1968年2月1日、アンガー高等弁務官に「琉球政府行政主席公選」を発表させた。それを契機に沖縄住民の意識が変容し、行政主席公選から本土復帰向けた第3期の「島ぐるみ闘争」へと転換したことが明らかになった。

1.2 先行研究 ― その内容と方法の検討 ―

　著者が研究対象とした米軍統治下の沖縄が本土復帰を果たすまでの20年間（1953年～1972年）に発生した社会情勢の変化を示す代表的な先行研究として、宮里政玄、我部政明、明田川融、鳥山淳、秋山道宏、平良好利、櫻澤誠および小松寛の成果が挙げられる。

1.2.1　宮里政玄

　宮里は「アメリカの対沖縄政策」の中で、「沖縄研究のように研究者自らが深くかかわりあっているような場合には、研究が主観的、感情的になりがちである」[11] と指摘している。

　そこで、著者は、主観に陥りがちな沖縄研究を可能な限り客観的に分析するためのモデルを明確化して、それに基づいて沖縄を論述していきたいと考えている。分析モデルを明確に設定することによって、研究成果の検証や積み重ねが可能になる。また、他の事例と比較することによって普遍化も可能になってくる[12]。

　宮里は、米国の行政学者グレアム・アリソン（Graham T. Allison）ハーバード大学教授が『決定の本質（Essence of Decision)』の中で示した 3 種類の対外政策決定過程の分析モデル（アリソン・モデル）を紹介している。それぞれ分析モデルごとの特徴を以下に記述する。

　第 1 の合理的行為者モデルは、国家を単一の行為者として擬人化する。擬人化された国家は、明確な目的を持っていて、目的達成のための最善の政策を採択する[13]。このモデルを適用する場合、国家は 1 人の「合理的」な人間として扱われるから、対外政策の問題に対処しなければならない政策決定者に自らを置いて判断するだけでこと足りる。しかし、実際に組織が政策を遂行する際は、「標準作業手続き[14]」なしに任務を遂行することはできない[15]。

　第 2 の組織過程モデルは、軍隊組織の軍事行動から得られたもので、軍隊のように規律が強い大組織の行動に多くの示唆を与える[16]。たとえば、1951年 9 月 8 日にサンフランシスコ市で締結された対日平和条約をめぐる米国政府内の政策決定において、米統合参謀本部の「標準作業手続き」は極めて重要な要因となっている。

　第 3 の官僚政治モデルは、政策決定が擬人化された国家の合理的決定でも、また組織の標準作業手続きから生ずる結果でもなく、さまざまな政策決定者内の駆け引きの結果だとするものである。政策決定者はその利益も、また、その地位によって権限も、問題に対する立場も異なる[17]。たとえば、対日平和条約についていえば、日本および極東の軍事的安全保障が米軍の任務であるのに

対して、国務省の極東局は日本との外交関係の維持（政治的安全保障）が任務であった。もう 1 つ例示すれば、軍部は日本に対する外部からの潜在的脅威を強調して占領中に得た既得権を守ろうとし、国務省は日本国内の政治的・経済的・社会的無秩序から生ずる脅威を重視した。当時「冷戦コンセンサス」があったにもかかわらず、具体的な政策は、軍部と国務省との間で激しい意見対立があった。対日平和条約や日米行政協定は、軍部と国務省の駆け引きの結果とみることができる。その場合、決められた政策は「玉虫色」になり、合理的ではない [18]。

　上記の第 1 モデル〜第 3 のモデルを米国の対沖縄政策の分析に適用した場合、宮里は、「第 1 の合理的行為者モデルは、沖縄をめぐる軍事戦略的状況、日本本土や沖縄の政治状況に関する資料は不可欠であるが、米国政府内の討議資料は必要ではない。第 2 の組織過程モデルならば、米軍の軍事行動に関することなので、統合参謀本部の標準作業手続きに関する資料があればよい。第 3 の官僚政治モデルならば、政府内の駆け引きに関する資料（政策決定者はだれか。どういう地位を占めていたか、どういう立場をとったか、どういう駆け引きが行われたかなど）が必要である」[19] と述べている。この論理を著者が米国の対沖縄政策の分析に適用しようと考えている。

　以上論述してきた対外政策決定過程の一般的な分析モデルとして、アリソンが提案した 3 種類のモデルを政策の内容別に表 1.2 に示す。

　次に、1942 年ごろから国務省内で、沖縄の戦後処理に関する討議が始まった。沖縄は、1945 年 4 月 1 日に米軍が沖縄県読谷村に上陸してから事実上分離された。当時の米国側の状況については、宮里が米国立公文書館から 1986 年に開示された少数の米軍部と国務省関係の機密文書を用いて調査した。その結果、以下に示す 4 項目が解明された [20]。しかし、多くの資料は、いまだに未公開のままである [21]。

（1）米国政府、特に軍部は軍事作戦の遂行や敗戦国の軍事占領問題に忙殺されており、その中で沖縄は決して重要課題ではなかった。

（2）第二次世界大戦中、政策作成における国務省の影響力はコーデル・ハル（Cordell Hull）国務長官の下で著しく弱まっていた。

表 1.2　対外政策決定過程における 3 種類のアリソン・モデル

3 種類のアリソン・モデル	政策内容
第 1 の合理的行為者モデル	国家を単一の行為者として擬人化する。擬人化された国家は、明確な目的を持っていて、目的達成のための最善の政策を採択する。採択された国家の政策は、「標準作業手続き」なしには任務を遂行できない。
第 2 の組織過程モデル	軍隊組織の軍事行動から得られたもので、軍隊のように規律が強い大組織の行動に示唆が与えられる。軍隊が軍事行動を起こすときは、統合参謀本部の「標準作業手続き」が重要な要因になる。
第 3 の官僚政治モデル	政策決定は、さまざまな政策決定者内の駆け引きの結果だとするものである。政策決定者は、その利益も、またその地位によって権限も、問題に対する立場も異なる。

（著者作成）

(3) 占領地区の軍政に当たったのは軍部であった。軍部は軍政に備えて、予想される占領地域に関する「民政の手引き」を作成した。作成した「民政の手引き」は、戦争終了後においても軍が統治を続けるという政治的意図を示すものではなかった。日本本土から沖縄を分割したのは、沖縄本島上陸の 3 日目（1945 年 4 月 3 日）に統合参謀本部からマッカーサー（Douglas MacArthur）陸軍元帥宛に出された、日本本土作戦のための計画と準備に関する指令であった。一度占領してしまうと、それを変えるのは容易ではない。

(4) 沖縄の処遇をめぐる米国政府内の討議で、国務省は既得権を有する軍部に対して決定的に不利な立場にあった。軍部は沖縄戦が終結してまもない 1945 年 10 月に沖縄を「主要基地（米国が主権または排他的な管理権を取得すべき基地）」に指定した。

　1986 年の米国立公文書館の開示資料の調査結果から、宮里は米国の対沖縄政策の分析に、明確な分析モデルを設定することの必要性を説いている。そして、研究に用いる資料として、開示された公文書、関係者の回顧録、および当

時の新聞記事などを挙げている[22]。1986 年に公表された宮里の論文中で活用されている米国の対沖縄政策における軍部と国務省関係の機密文書は、米国立公文書館から開示された 1954 年までの僅かな資料であった[23]。

　宮里が、1954 年までの僅かな資料を用いて読み解いた対日平和条約第 3 条の裏事情に関する先行研究の成果を明らかにしている[24]。1950 年 9 月に米軍の駐留権と軍事行動の自由を日本本土において対日平和条約後も確保するという決定が米国政府でなされると、国務省は沖縄の施政権返還を提案するが、軍部の反対にあって否決された。米国内の決定とは異なって、対日平和条約第 3 条では軍部の意向に反して、日本の「潜在主権」が連合国間で容認されたことから、宮里は、対日平和条約第 3 条が軍部と国務省の妥協の産物と捉えている[25]。

　サンフランシスコ市で開催された 1951 年 9 月 5 日の対日講和会議の席上で、米国のダレス全権が、「琉球諸島及び日本の南及び南東の諸島」に対する日本の「潜在主権」を認める主張を展開し、連合国側の 54 か国中で 48 か国が容認した[26]。そして、最終日の 9 月 8 日に、対日講和会議に不参加のインド、ビルマ、ユーゴスラビアの 3 か国を除く参加 51 か国中で、ソ連、ポーランド、チェコスロバキアの 3 か国が調印を拒否した。最終的に連合国側 48 か国と当事国の日本との間で対日平和条約が調印されたのである。

　独立後の日本は、対日講和会議に招待されなかった国、招待はされたけれども不参加の国、参加したけれども調印しなかった国などについては、多くは個別に平和条約を締結していったのである。

　著者も米軍統治下の沖縄研究の分析に、宮里が紹介したアリソン・モデルの「第 1 の合理的行為者モデル」と「第 3 の官僚政治モデル」を適用していきたいと考えている。「第 2 の組織過程モデル」は軍隊組織の軍事行動に関するものである。本研究の目的は「米軍統治下の沖縄が本土復帰するまでの『島ぐるみ闘争』の変容過程を分析すること」なので、第 2 モデルの場合は目的に該当しない。分析資料としては、米国立公文書館から開示された 1954 年以降の機密文書、沖縄関係者の回顧録、沖縄に残されている未公開資料、および当時の新聞記事などが挙げられる。

1.2.2　我部政明と明田川融

　我部は、宮里政玄の弟子である。宮里の後を受けて日米関係史を研究している我部は、「在日米軍基地の再編」という論文中で、開示された米国政府内検討文書「我々の琉球基地（Our Ryukyus Bases：1966)」に記載されている米国の利益について、以下のように報告している[27]。

(1) 日本本土や沖縄で高まる返還運動は、長期にわたる米軍支配への不満とアジアにおける日本の威信回復への動きである。

(2) 日本の安全保障の利益に立脚する現実主義的感覚が増大した結果、日本の中で、沖縄における米軍基地が長期的な価値を持っているとの理解を示す人が増えてきている。

(3) 米国が沖縄問題を効果的に処理できるならば、復帰への圧力が危機的事態に至ることはない。

　我部の分析結果から読み取れることは、沖縄の自治権拡大と日本政府の役割増大などの政策手段を用いて当面の返還要求を封じ込めておき、日本が米国の要求を満足する長期的な基地協定の提案準備ができるまで、米軍が沖縄統治を継続する。また、沖縄の施政権返還はその後のことと考えている[28]。

　1970年以前の日米両国の施政権返還交渉で、我部の分析結果を裏づけるとされる4項目を、以下に示す[29]。

　(1) 1967年の衆議院議員選挙を勝ち抜き、「70年安保」までの危機を乗り越えるだけの保守勢力を維持し得るか否かの日本の指導者層の政治的力量。

　(2) 沖縄で米国支配への強い不満が増大するか、あるいは1968年度実施予定の第8回立法院議員選挙で左翼勢力の勝利となるかなどに見られる沖縄の政治状況の変化。

　(3) 1965年に米軍が本格的に介入したベトナム戦争の行方。

　(4) 巧みな操作で沖縄住民の不満を抑える米国の統治能力。

　1969年11月21日、「佐藤・ニクソン共同声明」の中で、沖縄の施政権返還合意が発表された。合意内容は、「米国政府は、施政権が返還されるまでに沖縄からすべての核兵器を撤去する。それ以後の沖縄には、日米安全保障条約や関連取り決めが適用される」[30]というものである。合意が発表される2日前

の 11 月 19 日、共同声明とは別に、核密約と称される「佐藤・ニクソン共同声明に関する合意議事録」が両首脳の間で交わされた。

　核密約と称される合意議事録の内容は、極東地域での防衛のために「極めて重大な緊急事態が生じた」とき、日米は事前協議を行ったうえで核兵器を「再び持ち込む」こと、および通過する権利が認められることを必要とする[31]。こうした米国政府の必要性に対し、核兵器の「再持ち込み」が事前協議の対象とされるとき、日本政府が「遅滞なく要求事項を満足する」と約束したのだとされている[32]。

　こうしたことに関する未公開の機密文書が米国立公文書館から開示されるたびに、我部は開示された機密文書を用いて、戦後沖縄の軍事基地建設における強制土地収用の問題を解明してきた。それでも、まだ不明瞭で解明されない問題点が数多く残されているのが現状である。

　我部の幅広い研究成果の中の核密約合意に関する記述を受けて、明田川融は、我部の核密約合意を裏づける資料が 2009 年 12 月に佐藤元首相の遺品の中から発見されたことを明らかにしている。この発見で明田川は、これまで日本政府・与党が密約の存在を否定してきたけれども、沖縄における米軍の軍事的プレゼンスの核心は密約にあったと考えられるとしている[33]。

　1970 年前後の沖縄米軍基地における我部と明田川の研究成果から得られた知見を受けて、著者は、沖縄の施政権が日本に返還されたときに結ばれたとされている「嘉手納基地の核弾頭貯蔵庫を含めた核密約」と「土地の原状回復補償費の密約」の 2 項目について、更なる解明をしていきたい。

(1) 1971 年 11 月に沖縄返還協定に関連した衆議院本会議で、「政府は核兵器を持たず、作らず、持ち込ませずの非核三原則を順守すると共に、沖縄返還時に核が沖縄に存在しないことを明らかにする措置を取るべきである」との決議が行われた。その決議を踏まえて、嘉手納戦略爆撃空軍基地に核弾頭貯蔵庫は存在するのか。

(2) 軍用地として使用した土地の原状回復補償費は、使用者側の米国が支払うとされているが、土地の原状回復補償費は実際に支払われたのか。

　上記の 2 項目について検討するための資料として、米国立公文書館から開

示された機密文書、沖縄関係者の回顧録、沖縄に残されている未公開資料、および当時の新聞記事などを用いる。

1.2.3　鳥山淳と秋山道宏

　米軍統治下の沖縄で極東最強基地を建設するための強制土地収用は、鳥山と秋山の研究が明らかにしている。

　まず、鳥山の研究は、地上戦による破壊と基地建設によって激しい変容にさらされた沖縄社会を描きつつ、そこで展開される政治運動の意義を読み解く。そのために、米軍による占領が開始された 1945 年から、軍用地問題を発端にして政治運動が高揚した 1956 年までの約 12 年間を研究対象にしている。研究成果は、以下のようにまとめられる [34]。

　戦時中に建設された飛行場と物資集積所の多くは、敗戦後そのままの姿で残され、やがて米国の極東戦略に組み込まれて「恒久的基地」となっていった。それは沖縄住民にとって、生産空間を奪われたまま、米軍が供給する援助物資と基地労働に依存した生活を送らざるを得ない状況に陥っていたことを意味している。こうした状況が戦後沖縄の基本的条件であったというだけでなく、沖縄住民の意識にも重大な影響を与えた。

　次に、「1940 年代後半から、対日講和会議直前に活発化した帰属議論を経て、強制土地収用による軍用地の拡張・整備が沖縄住民の米軍に対する大きな反発を引き起こした 1950 年代半ばまで、沖縄における政治運動は、その方向性をめぐって変化を重ね、複雑な潮流を成している」[35]。鳥山の研究はその流れを論じると供に、変化の過程を読み解くための指標として「自治」と「復興」を挙げている [36]。米国の統治政策に対する期待と失望が複雑に交錯する中での「自治」構想は、さまざまな亀裂を生み出した。その中で、鳥山は、法的・制度的な「自治」の枠組も形成されたが、沖縄住民の解放願望としての「自治」像が生じてきたと論じている [37]。もう一方の「復興」について、鳥山は「地上戦と基地建設がもたらした大規模な破壊によって生活の再開が困難に直面する中で、沖縄住民の生活空間を占拠し続ける米軍は地域社会にとって破壊者そのものであった」[38] と指摘する。それゆえ「『復興』をめぐる沖縄住民の願望は、

占領者である米軍に対して両義的で複雑な立場を生み出すことになった」[39] と鳥山は結論づけている。その一方で、鳥山は、基地建設前後での沖縄住民のコミュニティの変化が反米軍闘争に結びつく状況を幅広く分析している。

鳥山は強制土地収用による基地建設が沖縄住民に及ぼす影響について調査しているが、強制土地収用後のUSCARの対応については調査が希薄である。著者は、強制土地収用に対する反米軍闘争で1人の落伍者も出さなかった小禄村具志部落、離島であるがゆえに琉球政府行政主席や立法院議員から支援が得られなかった伊江村真謝部落、および強制土地収用後にUSCARが斡旋した移転後の土地とそこでの悲惨な生活について調査した沖縄教職員会による宜野湾村伊佐浜部落の3例の報告書などから、当時の沖縄住民の反米軍意識の実態をより深く調査していきたいと考えている。

次に、秋山は、1967年から1972年までの本土復帰前の沖縄を対象に、住民統合の意識の結集と、その歴史的な位置づけについて研究している。たとえば、秋山は、1968年11月19日の嘉手納基地におけるB-52の墜落や爆発事故が地域住民の生存を脅かしたとしても、その反面、基地の労働が地域住民の生活を賄っていることも事実なので、両者の排反事象に葛藤しながら「島ぐるみ闘争」が展開されていると分析している[40]。

秋山は、1950年代半ばからの米軍基地の拡張・整備に伴う強制土地収用と、収用された土地の借地料の一括払いの方針に対しても沖縄住民の抵抗は大きかったと論じている。こうした占領状態で維持されている米軍基地の存在が、「島ぐるみ闘争」のために脅かされかねない。1968年8月16日の在沖米人商業会議所主催の昼食会に出席したアンガー高等弁務官は、「基地が縮小ないし撤廃された場合、沖縄はたちどころに昔のイモを食い、ハダシで歩く生活に戻るだろう」[41] と述べた。そうして、米軍基地の労働・援助の経済効果による「生活・生命」維持の両義性が存在する基地経済論を展開した。また、秋山は、嘉手納基地でのB-52爆発事故後の機体の撤去にまつわる運動が保革の対立を超えて島ぐるみ闘争化していく過程をまとめている[42]。

秋山は、基地問題に対する沖縄側の資料や文献は非常によく調査し、分析しているのであるが、基地問題は沖縄住民の現地資料と統治しているUSCAR

の米国資料の両方を比較検討して初めて、当時の正確な状況が把握できるのである。こうした観点から、著者は、秋山が調査した沖縄側の資料や文献に基づく調査結果とUSCARが綿密に連絡を取って指示を受けた国務省・国防総省の開示された機密文書の内容とを比較検討することにより、不明確な部分を補完していきたいと考える。

1.2.4　平良好利と櫻澤誠、そして小松寛

　鳥山と秋山に続く平良の研究は、基地建設のための強制土地収用に反対する沖縄住民の「島ぐるみ闘争」について、1950 年〜 1972 年までをロングスパンで読み解いている。

　平良は、博士学位請求論文と著書の『戦後沖縄と米軍基地：「受容」と「拒絶」のはざまで 1945-1972 年』の中で、朝鮮戦争直前の 1950 年から沖縄の施政権が返還される 1972 年までの 20 年余を中心に軍事基地問題を扱っている。その中で、平良は、「分離と復帰」、すなわち、沖縄が米国の施政権下にあり、日本が潜在主権で表立って施政権を実行できない期間を「分離」とし、強制土地収用による反米軍意識の高揚が本土復帰に向けた「島ぐるみ闘争」に発展し、琉球政府行政主席公選から本土復帰するまでの期間を「復帰」としている。この「分離と復帰」の期間に、沖縄の政治指導者たちが軍事基地とどのように向き合ってきたかを、日米両政府の対応を含めて平良は実証的に考察している[43]。

　こうした平良の研究成果を受けて、著者は、強制土地収用に反対する沖縄住民の反米軍意識を結集させた「島ぐるみ闘争」による地域政治活動、あるいは日米両政府の施政権返還に向けた政治外交交渉などを絡めて政治学の視点から考察する。次に、沖縄住民の反米軍意識が高揚し、さらに「島ぐるみ闘争」が激化してくると、米国首脳は、極東で最強・最大の在沖米軍基地の維持が困難になって、ソ連と中国の南下から東南アジアの新生自由主義諸国の安全が脅かされることを憂慮した。そのことが、米国首脳に沖縄の施政権返還を決意させた大きな要因になった。そうした要因が、沖縄基地と施政権の分離返還につながったと考えられるので、その点を、当時の背景も含めて論述する。

櫻澤の研究は、1967年と1968年の2年間の本土復帰運動と地域政治構造のありようを明示し、それらが「質的転換」によってどのように変容したかを検討している。具体的には、沖縄における「保守 vs 革新」という二項対立の問題を地域政治構造の変容から考察し、日米両政府による支配構造の固定化への寄与について明らかにした[44]。その中で櫻澤は、沖縄でイデオロギー対立は存在せず、あくまで本土復帰に向けた「保守 vs 革新」という二項対立であるとしている。

櫻澤に続く小松の研究は、博士学位請求論文と著書の『日本復帰と反復帰：戦後沖縄ナショナリズムの展開』の中で「日本復帰派」の中心メンバーの1人として屋良朝苗を挙げている。その著書の中で、小松は屋良が復帰前の佐藤首相との会談で、「沖縄県民が求めるものは、民主平和憲法のもとに日本国民としての地位を回復する『即時無条件全面返還』であると主張し、日米安全保障条約も否定した」[45]と述べている。

「日本復帰派」に対して「反復帰派」の新川明[46]は、沖縄が復帰によって日本に組み込まれていくことは沖縄の個性が没することであり、国家という権力に飲み込まれることであると論じている[47]。「新川にとって1972年の復帰は日米両政府の権力者によって引かれた不条理なレールでしかなかった」[48]。こうした同化志向の一例として、新川は参政権請願運動を行った謝花昇[49]や「日琉同祖論[50]」を唱えた伊波普猷[51]を挙げている[52]。新川に対して岡本恵徳[53]は、「『共同体的本質』が本土復帰運動を支え、直接民主主義的な運動形態として現れたとしている」[54]。一方、川満信一[55]は、「復帰運動を琉球処分から引き継がれてきた『近代化した本土』と『後進的な沖縄』という二項対立的思考が国家への凄まじい求心力を形作ったとしている」[56]。以上の3者、つまり新川、岡本、川満の比較から、小松は、「本土復帰運動が日本同化志向の影響を受けていることと、新川は同化政策の反作用として個人に着目し、岡本と川満は共同体に着目している」[57]とまとめている。

ちなみに、小松は、「琉球政府行政主席公選への立候補から当選、復帰への道」の論文[58]をまとめているが、その原点は沖縄県公文書館から公表された『屋良朝苗の日記』の一部に依存しているために、研究内容が概説に留まって

いる。その不足部分を充実させるためには、屋良朝苗の未公開資料を調査・発見することが要求される。しかし、小松の復帰派と反復帰派の知見の中で述べている琉球政府行政主席公選に賛同する者以外の反復帰派の研究成果は、復帰に至るまでの米軍統治下の沖縄問題を研究テーマとしている著者にとって、非常に有益な助言を与えることになるので参照していきたい。

　最後に、小松は国政選挙のボイコットを主張する反復帰論者が台頭した背景として、西里喜行[59]の以下の４項目を挙げている。それは、「①基地撤去が実現しなかった日米共同宣言による「72年返還」への敗北感、②復帰による経済的不利益への不安、③日本政府への不信感、④日本による差別の歴史である」[60]。また、大田昌秀[61]は「反復帰論の思想的原点として、沖縄の近代は日本化の歴史であったとし、日本化が沖縄固有の伝統や文化を抹殺してきたという『苦い経験』を指摘している」[62]。

　つまり、小松の「反復帰」に対する主張は、弱者の沖縄が復帰すれば、日本という強大な国家権力に飲み込まれて、沖縄の個性である歴史や文化がその中に埋没するということだと思われる。それゆえ、「日本復帰派」とは対立する思想である。しかるに、「反復帰派」は沖縄の自治権を要求する団体かといえばそれもしない。また、野底武彦が沖縄の独立を訴えて行政主席公選に立候補しているが、野底とも主張が異なる。それゆえ、小松もそれぞれの主張を羅列するに留めて、結論が得られなかったのかもしれない。

　ここで、著者は、「反復帰派」には、３つの復帰に反対する理由があったと考える。１つ目は、復帰は日本への同化を意味し、沖縄の文化と歴史が日本の中に埋没することになる。２つ目は、米軍基地が沖縄に残留して、基地撤去のめどが立たないことである。３つは、心の底に明治の「琉球処分」が重苦しく残存していることではないだろうか。

　「復帰派」と「反復帰派」にかかわらず、米軍基地の残留は沖縄県民であれば誰しも反対である。そういう意味では、現在の「オール沖縄」の基地反対闘争は、保革のイデオロギーを超越した復帰前の「島ぐるみ闘争」の延長線上だと、著者は考えている。

　本研究で著者は、沖縄が本土に復帰する過程に見られる「復帰派」と「反復

帰派」の人数を算出したうえで、たとえ「復帰派」と「反復帰派」に分裂しても、両者は互いに「戦前の穏やかな沖縄」を懐古していることだけは紛れもない事実だと思われる。そこで、沖縄県民が僅かずつ穏やかな生活を取り戻せるように、政治学の視点から本研究の成果を役立てたいと考えている。

1.2.5　琉球独立派などの扱いについて

　沖縄問題の草分け的研究者である先述の宮里は、「復帰が米国統治下におけるあらゆる問題の集約である」[63]と表現している。第二次世帯大戦の2年後に、「沖縄の独立」を綱領に掲げた沖縄民主同盟や「米国の信託統治」を支持する沖縄社会党が結成された。沖縄民主同盟の仲宗根源和委員長は「独立した琉球共和国の樹立[64]を考えていたようである」[65]。独立の理由として、「米国が沖縄から撤退しそうにないこと、日本は過去において沖縄を貧乏にしたこと、および沖縄は民度が高いから信託統治に適しないことなどを挙げた」[66]。さらに、中野良夫と新崎盛暉が、「群島議会議員選挙（1950年9月24日投票）に仲宗根委員長以下5名が立候補したが全員落選したことは、民衆からの遊離を物語っている」[67]と指摘する。また、沖縄民主同盟そのものが、1950年に保守政党の共和党に吸収された。

　沖縄社会党の大宜味朝徳党首は、「日本が『沖縄を武力によって略奪した』のであり、もし沖縄が日本に復帰した場合には、日本の『略奪』という『過去の悲劇の再現』が避けられないから、沖縄は米国を施政権者とする信託統治地域に指定してもらうべきである」[68]と主張した。しかし、その主張は自然消滅した。また、1958年に大宜味が結成した琉球国民党や1971年に崎間敏勝と野底武彦らが結成した琉球独立党などの少数政党が沖縄の独立を訴えたが、選挙民に支持されることはほとんどなかった[69]。

　1968年11月の琉球政府行政主席公選では、「琉球独立派」から立候補した野底武彦が279票しか得られておらず、当選した屋良朝苗の得票数の0.1％であった。琉球政府行政主席公選の結果から見て、沖縄住民の支持が僅かしか得られていないといえる。

　こうした結果から、「琉球独立派」を「本土復帰派」の対立軸とするのには

難がある。地域政治的には、「本土復帰派」同士である保守候補の西銘順治と
革新統一候補の屋良朝苗が一騎打ちで激突し、3万1,000票差で革新統一候補
の屋良朝苗が当選したとする方が、沖縄住民の理解が得やすい。敗れた西銘順
治も20万6,000票余りを獲得していることから、政治的には保革の対決とい
えるのである。

　なお、政治家屋良朝苗が選挙公約とした「即時無条件全面返還」は、愛知揆
一外相から「沖縄が置かれている軍事戦略上の実情から考えて、現実味を伴わ
ない」[70]と指摘された。行政主席に当選すれば選挙公約が政策になることぐら
いは、屋良にもわかっていた筈である。しかし、「島ぐるみ闘争」を共に戦っ
てきた沖縄住民の本土復帰に対する思いの深さがわかっていただけに、屋良は
あえて泥をかぶったのかもしれない。

1.2.6　まとめ

　さて、先行研究で、宮里によって紹介されたアリソン・モデルは、著者の
沖縄研究の基本部分に適用していきたい。我部と明田川の核密約合意の研究成
果から得られた知見は、著者が発見した開示機密文書と併せて検討していきた
いと考えている。鳥山・秋山・平良・櫻澤などの研究成果は、いずれも沖縄の
地元側から調査した資料に基づくものであって、沖縄を統治し、沖縄住民と対
立する在沖米軍と国務省が頻繁にやり取りした強制土地収用の開示機密文書に
は一切触れていない。米国と共同歩調を取る日本の開示外交文書についても同
様である。そこで、著者は、日米両国の開示資料も検討材料としていきたいと
考えている。

　次に、琉球政府行政主席公選において、保守候補の西銘順治と革新統一候
補の屋良朝苗の選挙公約が本土復帰にあることでは同様である。しかし、本土
復帰に向かう手法が異なるので、著者は住民運動と地域政治の立場から、保革
の本土復帰に向かう手法の違いを対立軸として比較検討していきたい。

　さらに、行政主席に当選した屋良朝苗における小松の研究成果は、沖縄の
本土並み復帰に向けた概説が述べられているにすぎない[71]。その理由として、
小松が、資料とした『屋良朝苗の日記』を一部しか発見できなかったことが挙

げられる。つまり、小松の論文では、行政主席公選における西銘順治への日米
両国の裏工作の実態が一切触れられていない。著者は、琉球政府行政主席公選
と同日の第8回立法院議員選挙も含めて研究対象とする。また、沖縄が本土
復帰に至る過程についても、西銘と屋良の個人資料、当時の新聞、および開示
された日本の外交文書と米国国務省の機密文書などを用いて、読み解きたいと
考えている。

　上記の解明を補完する意味で、沖縄住民の意識が反米軍基地に向けられ、
それが本土復帰にどのように関わってきたのかについても記述する。

1.3　研究方法

　本研究は、米軍統治下の沖縄が本土復帰を果たすまでの20年間（1953年〜
1972年）の「島ぐるみ闘争」を対象とする。その20年間の「島ぐるみ闘争」は、
強制土地収用による米軍の基地建設に反対する第1期（1953年〜1959年）、
ベトナム戦争に米軍が介入することで、強制土地収用による基地強化への反米
軍意識が再燃する第2期（1960年〜1967年）、および基地建設の反対闘争か
ら本土復帰に向けた大衆運動の組織化をめぐる第3期（1968年〜1972年）に、
3分割する。そして、下記の順で研究を進めていく。

(1) 米軍統治と占領政策、および沖縄の統治機構の変遷

　米国の都合で、米軍側の統治機関と琉球政府側の統治機構の組織が頻繁に
改組されている。そこで、米軍と琉球政府との関係を沖縄住民の強制土地収用
に対する反米軍意識の高揚を交えて読み解く。その理由は、米軍に対する当時
の琉球政府の無力さを知ることが、米軍統治下の沖縄を理解する第一歩になる
と考えるからである。

(2) 強制土地収用による軍事基地の建設・整備

　米軍が、沖縄基地の建設・整備のために強制土地収用を繰り返した。その
農地は、先祖伝来の土地であり、また生活の糧でもあった。それゆえ、農民の
米軍に対する激しい怒りと抵抗が、第1期（1953年〜1959年）の「島ぐる
み闘争」に発展していった。そのパワーが、やがて本土復帰意識の醸成につな

がっていった。そうした「島ぐるみ」の本土復帰意識の醸成が、琉球政府行政主席公選を勝ち取り、「本土復帰」に結びついたと考えられる。強制土地収用では、小禄村具志部落と伊江村真謝部落、および宜野湾村伊佐浜部落の3例を取り上げている。小禄村具志部落と伊江村真謝部落の2例は、軍事基地や演習場の建設のために農地を強制収用することに反対する部落民の闘争手法が異なっているので、そのことについて詳細に分析した。3例目の宜野湾村伊佐浜部落は、強制収用後の部落民の生活状況を調査した。

　小禄村具志部落は、戦前の帝国海軍小禄飛行場建設の土地収用に端を発し、米軍の占領後まもなく小禄飛行場を含む基地の拡張・整備のために、再度農地を強制収用された。強制土地収用で、農民のあまりにも激しい抵抗に驚いた米軍が本国と交わした数々の機密文書が残されており、それらが1995年に米国立公文書館から開示された。その開示文書が沖縄県公文書館に所蔵されているので、その文書と当時の新聞報道などを用いて、強制土地収用の実態を米軍側と具志部落の農民側の双方向から検討する。

　伊江村真謝部落の住民は、爆撃演習場建設のために強制的に農地を収用された。離島であるがゆえに行政主席や立法院議員らの支援も受けられず、自力で生きることが困難になった。軍事力を背景とした強制土地収用の実態を沖縄住民に訴えるために、阿波根昌鴻と真謝部落民が、沖縄本島を南から北へ乞食托鉢行進した。この乞食托鉢行進が、沖縄住民の「島ぐるみ闘争」に火をつけたといえる。そうした当時の伊江村真謝部落の悲惨さを、『伊江村史』と沖縄教職員会の「伊江島実態調査報告書」とから読み解く。

　3例目の宜野湾村伊佐浜部落の水田の強制収用では、農地の収用後の移住地での部落民の生活状況を沖縄教職員会が調査した「伊佐浜部落の実態調査報告」を読谷村で発見した。その資料を用いて、伊佐浜部落の強制土地収用後の悲惨な生活の実態を論述する。

(3) 朝鮮戦争後の嘉手納基地と普天間基地の強化・拡張・整備

　朝鮮戦争では、嘉手納基地から飛び立った米軍の爆撃機が北朝鮮軍と中国義勇軍に向けて激しい空爆を繰り返し、米国は共産主義諸国の南下からなんとか韓国を防衛した。その後勃発したベトナム戦争では、南ベトナム解放民族戦

線（ベトコン）と北ベトナム軍などの猛攻から南ベトナムを防衛できなかった。こうしたことの反省から、嘉手納基地と普天間基地の両方が、極東で最強・最大の軍事基地として強化・拡張・整備された。その裏では、両軍事基地を拡張・強化するために強制土地収用を繰り返す米軍とそれを断固阻止しようとする沖縄住民との間に激しい闘争が繰り返された。そこで、極東で最強・最大の軍事基地に成長するまで強制土地収用を繰り返す米軍と生存権を維持するために「島ぐるみ」で土地収用を阻止しようとする沖縄住民との激しい闘争の歴史を読み解く。

(4) 琉球政府行政主席公選と第8回立法院議員選挙

　USCARの高等弁務官は琉球政府行政主席の任命権を有し、琉球政府の政策にも介入するなど、その権限は絶対的なものであった。「島ぐるみ闘争」が激しさを増したことで、基地の安定使用に不安感を抱いた米国は、1968年2月1日、アンガー高等弁務官に立法院で、琉球政府行政主席公選を実施すると発表させた。その発表を受けて、同年11月10日に沖縄を保革に二分した琉球政府行政主席公選と第8回立法院議員選挙が実施された。当時、日米両国政府は、沖縄の核弾頭貯蔵庫を含む軍事基地の存在や日米安全保障条約の自動延長などの複雑な問題を抱えていた。こうした状況で、日本の政府自由民主党と米国は、保守の西銘順治を行政主席候補として強力に後押しし、日本社会党や日本共産党などは革新の屋良朝苗を行政主席統一候補として公認することで、両陣営は激しい選挙戦を展開した。第Ⅴ章は日米両国政府を巻き込んだ本土復帰前の琉球政府行政主席公選と第8回立法院議員選挙の結果を、日米双方から開示された外交機密文書と当時の沖縄の新聞などを用いて分析する。行政主席は革新統一候補の屋良朝苗が勝利し、保守候補の西銘順治が敗れた。だが、立法院議員は、逆に保守が過半数を制した。つまり、琉球政府行政主席公選と第8回立法院議員選挙の結果がねじれ現象を呈した。行政主席公選と第8回立法院議員選挙の結果がねじれ現象を呈した原因を、生存権維持のために「島ぐるみ闘争」を繰り返してきた沖縄住民の反米軍意識の高揚や選挙区内の基地の有無などを指標として分析する。

(5) 沖縄の施政権返還

　1965年8月19日、戦後の現役首相として最初に沖縄を訪問した佐藤栄作首相は、「沖縄の祖国復帰が実現しない限り、我が国の戦後は終わらない」[72)]と演説した。米国も1966年までに基地機能の確保を条件に施政権返還に応じる意思があることがわかった。1967年11月の日米首脳会談で、両国首脳は、両3年以内に返還時期を決定することで合意した。合意期間中の1968年11月10日に沖縄を保革二分した琉球政府行政主席公選が実施され、革新統一候補の屋良朝苗が当選した。

　屋良の選挙公約は「即時無条件全面返還」にあるので、何度も日本政府と交渉を重ねた結果、本土復帰では合意できたが、米軍基地撤去と安保破棄では合意できなかった。本土復帰、すなわち沖縄の施政権返還は、1971年6月17日に東京とワシントンを中継して「琉球諸島及び大東諸島に関する日本国とアメリカ合衆国との間の協定（沖縄返還協定）」によって確定した。その協定が1972年5月15日午前零時に発効し、戦後27年間にわたって米軍統治下にあった沖縄が日本に復帰した。

　屋良朝苗の琉球政府行政主席公選での選挙公約である「即時無条件全面返還」において、沖縄住民の悲願である本土復帰は果たすことができた。しかし、極東で最強・最大の核弾頭貯蔵庫を保持した軍事基地は分離されて残存し、自由使用が認められた。ただし、中距離核弾道ミサイル（Intermediate Range Ballistic Missile：IRBM）だけは、国外に撤去したようである。

　沖縄の本土復帰の最大の問題は、県民が最も望まない施政権と軍基地の分離返還で、日米両国首脳が政治決着をつけたことである。つまり、施政権は日本に返還するが、軍基地は米国が自由に使用するという、沖縄県民にとって納得しがたい結果となった。それが、いまなお、「オール沖縄」などとして米軍基地建設に反対の「島ぐるみ闘争」を継続させる根拠になっていると考える。

1.4 本研究の概要

「第Ⅰ章 『島ぐるみ闘争』の変容過程と本研究の意義」では、米軍統治下の沖縄が本土復帰を果たすまでの 20 年間（1953 年〜 1972 年）を本研究の対象とし、その目的と意義を論述する。次に、上述の 20 年間を 3 分類する。第 1 期（1953 年〜 1959 年）と第 2 期（1960 年〜 1967 年）は、米軍の強制土地収用による基地整備の拡張・強化と沖縄住民との闘争の歴史である。そして、第 3 期（1968 年〜 1972 年）は、「島ぐるみ闘争」で勝ち取った琉球政府行政主席公選から本土復帰を果たすまでのさまざまな出来事を論じる。

なお、第 1 期は、強制土地収用による基地建設が沖縄住民の反米軍意識を高揚させ、それが「島ぐるみ闘争」まで拡大する。第 2 期で強制土地収用における米軍基地の拡張・強化で再整備が完了する。それと共に強制土地収用に対する「島ぐるみ闘争」の反米軍意識も終わりを告げ、第 3 期の本土復帰意識に変容していくのである。前述のように、「島ぐるみ闘争」のスタートラインは、1953 年を新規に用いることとした（詳細は「1.1.1 本研究の目的」pp.3-4 を参照）。

「第Ⅱ章 本研究に用いた独自資料とその所蔵施設」では、本研究の中枢を構成する第Ⅳ章、第Ⅴ章、および第Ⅵ章で用いられる資料のオリジナリティとその資料の発見経緯、および資料の所蔵施設などについて記述する。

「第Ⅲ章 米軍による沖縄統治」では、米国の都合で、頻繁に米軍側の統治機関と沖縄側の統治機構の組織が改組される、米軍側の統治機関と沖縄側の統治機構が二重構造を呈している、および基地建設の強制土地収用におけるUSCARの布令と布告が複数出されている。それらのことが複雑に絡み合って、研究に影響を及ぼす恐れがあるので、整理する。

「第Ⅳ章 強制土地収用と反米・反米軍意識の形成」では、米軍基地の拡張・強化・整備のために強制的に土地を収用された小禄村具志部落と伊江村真謝部落、および宜野湾村伊佐浜部落の 3 例を取り上げる。そして、前記 2 例の強制土地収用における米軍の対応の違い、および後記の土地収用後の悲惨な生活

状況などは、沖縄の地元資料、読谷村で今回新たに発見した沖縄県教職員組合の調査資料、および米国立公文書館から開示された在沖米軍と国務省の間で交わされた当時の機密文書などを用いて読み解く。さらに、強制的に先祖伝来の土地を収用される農民の激しい反米軍闘争は、第1期の強制土地収用をめぐる「島ぐるみ闘争」が該当する。

　小禄村の強制土地収用の歴史は、旧帝国海軍が中国との戦争準備のために、1931年に小禄村西部の非居住地域を収用して小禄飛行場を建設したことに始まる。それまで、小禄村は沖縄でも有数の富裕な農村地帯であった。1945年4月1日の米軍上陸後、小禄飛行場は同年6月4日に米軍に接収されて、那覇飛行場（現：那覇空港）と改称された。以下で論述する小禄村具志部落波座間原の強制土地収用は、那覇飛行場の施設の拡張に用いるものである。その結果、小禄村は、村有地の70.45％が強制的に収用されたことになる[73]。

　USCAR布令第109号「土地収用令」により、1953年12月5日に小禄村具志部落波座間原の土地を強制収用した。同日、USCARは布告第26号「軍用地域内の不動産の使用に対する補償」を公布した[74]。しかし、沖縄で小禄村具志部落だけが布告第26号を拒否した。

　次に、具志部落や真謝部落と伊佐浜部落の土地収用に対する決定的な違いについて論じる。まず、具志部落が1人の落伍者も出さずに一致団結して最後まで反対闘争を続けた。次の真謝部落は、阿波根昌鴻率いる部落民だけで強制土地収用の惨酷さを訴えて沖縄本島を南から北まで乞食托鉢行進した。最後の伊佐浜部落は、代表者が最初に土地収用を承諾したことが災いして、その後いくら土地収用反対決議をしても、一旦入った伊佐浜部落民間の団結のヒビを修復することはできなかった。

　なぜ、先行の2部落が団結できて、伊佐浜部落が団結できなかったのか。その理由は、小禄村具志部落と伊江村真謝部落の事件が米軍にとって教訓となり、その教訓が伊佐浜部落の土地収用に生かされたことが挙げられる。国務省の指示を受けたUSCARが、移転先の準備をすることと、補償金を出すことの約束をしたことが、伊佐浜部落の土地収用に有利に働いたと思われる。しかし、この約束が伊佐浜部落民に対して守られることはなかった。

在沖米軍から国務省北東アジア部に報告された「小禄村具志部落の強制土地収用の非公式メモ」[75] にもあるとおり、国務省からUSCARに、土地収用は民主的に進めるように注意されていた。米軍は小禄村具志部落と伊江村真謝部落の事件で懲りていたので、伊佐浜部落の土地収用では、話し合いで承諾を得るようにした。しかし、土地収用後の伊佐浜部落民の移転先は、住民の期待に応えるどころか問題山積の土地であった。当時の状況を明示する「伊佐浜部落の実態調査報告」[76] から読み取れる問題点は、移転後のUSCARの対応にある。伊佐浜部落の農民にとって移転後に割り当てられた田畑が農作業に不適な土地であった。それは、まさに彼らの生活権が奪われることに他ならない。宜野湾村伊佐浜部落における強制土地収用後の生活状況の調査結果[77] は、著者が本研究で新規に解明したものであることを付記する。

「第Ⅴ章　朝鮮戦争からベトナム戦争介入に至るまでの米軍基地の拡張・強化と『島ぐるみ闘争』」では、米陸軍のCIC（Counter Intelligence Corps：対敵諜報部隊）からGHQ（General Headguarters, the Supreme Commander for the Allied Powers：連合国軍最高司令官総司令部）の参謀第2部（G-2）に宛てた開示済みの沖縄住民と沖縄人民党の動向調査文書[78] と当時の沖縄の新聞報道とを比較して、基地建設・整備に対する沖縄住民の反米軍意識について分析する。

朝鮮戦争に嘉手納基地から爆撃機が出撃したことで、軍事基地建設と戦争に反対する沖縄住民の反米軍意識はますます高揚した。こうした状況で、1956年6月20日に沖縄住民の15万5,000人余が参加して、「プライス勧告拒否」と「土地を守る四原則貫徹」を掲げて、政党を超越した固い団結による住民大会が開催された[79]。その裏で、朝鮮戦争後に嘉手納基地と普天間基地が拡張・強化されて、シベリアから中東までをカバーする極東で最強・最大の軍事基地として「太平洋のジブラルタル」と呼ばれるまでに要塞島化していった。

なお、第Ⅳ章と第Ⅴ章の記述内容は、第1期と第2期の強制土地収用をめぐる「島ぐるみ闘争」が該当する。また、第Ⅳ章と第Ⅴ章は、宮里が紹介した表1.2（p.15）に示すアリソン・モデルの第1の合理的行為者モデルを適用し

て、米軍の軍事基地建設・整備における対沖縄政策を分析する。第Ⅳ章では、米軍が共産主義諸国の脅威から自由主義諸国を防衛するために、強制土地収用によって、軍事基地の基本的な整備を行った点がまず示される。ただし、基地の建設・整備過程で、強制土地収用される住民の反米軍闘争は激化していった。それを振り切るように、米軍は基地の基本的な整備を着実に進めたのである。続いて第Ⅴ章では、極東で最強・最大の軍事基地として核弾頭貯蔵庫を保持した嘉手納基地と普天間基地の両方が、強制土地収用によって拡張・強化・再整備されたことについて論じる。

　「第Ⅵ章　行政主席公選の裏工作と沖縄住民のアイデンティティ」では、1968年2月1日にアンガー高等弁務官による「琉球政府行政主席公選」の発表を受けて、同年11月10日の「琉球政府行政主席公選」に至る日米両国政府の裏工作の実態解明と米国が実現しようとした政策の具体的な中身などについて解明する。

　次に、1879年の琉球処分によって、日本政府は武力をもって琉球王朝を廃止し沖縄県を設置してから第二次世界大戦の敗戦までは日本政府の不条理に耐え、敗戦後は米軍統治に耐えてきた。こうした歴史を持つ沖縄住民にとって、初めて民意に基づく「琉球政府行政主席公選（1968年11月10日）」を実施すると発表されても、それだけでこれまでの歴史が消え去るわけではない。以上のことを踏まえて、当時の沖縄住民のアイデンティティについても論ずる。

　「第Ⅶ章　保革一騎打ちの選挙戦から分離返還まで」では、1968年11月10日に沖縄を保革二分して琉球政府行政主席公選と第8回立法院議員選挙が実施された。選挙戦の記述内容は、第3期の「島ぐるみ闘争」が該当する。また、琉球政府行政主席公選と沖縄の本土復帰政策については、表1.2（p.15参照）に示すアリソン・モデルの第3の官僚政治モデルを適用して分析する。

　当時、日米両国政府は、沖縄の核弾頭貯蔵庫を含む軍事基地や日米安全保障条約の自動延長などの複雑な問題を抱えていた。その一方で、沖縄住民の中にも本土復帰前の琉球政府行政主席公選に対して、本土復帰と選挙に賛同する復帰派と、琉球処分から沖縄の伝統と文化を抹殺する日本政府に対する不信感から選挙のボイコットを訴える者や沖縄の独立を訴える者などを含めた複数の

異議を唱える反復帰派がいて、複雑な様相を呈していた。こうした状況で、本土復帰前の琉球政府行政主席公選と第8回立法院議員選挙における沖縄の保革対決が行われた。日本の政府自由民主党と米国は保守の西銘順治を行政主席候補として強力に後押しし、日本社会党や日本共産党などは革新の屋良朝苗を行政主席統一候補とすることで、両陣営は激しい選挙戦を展開した。

選挙公約で、本土復帰は保革とも一致している。しかし、復帰に向かう手法は、保守が日本政府・与党との一体化を視野に入れた日米協力路線の下で段階的に基地の縮小を進めていく手法を選択したのに対し、革新は「即時無条件全面返還」を訴えた。琉球政府行政主席公選では、革新の屋良朝苗が勝利した。その結果、沖縄住民の悲願である本土復帰は果たせたが、逆に、基地はそのまま存続することになった。

行政主席公選の詳細は、日米双方から開示された外交機密文書、開示された在沖米軍と国務省の間で交わされた当時の機密文書、および当時の沖縄の新聞などを用いて分析する。

「第Ⅷ章 『島ぐるみ闘争』の変容と本研究の総括」では、第Ⅲ章の米軍による沖縄の統治機関と米軍統治下の沖縄の統治機構に関する記述、第Ⅳ章のUSCAR布令第109号による強制土地収用の具体的な3例、第Ⅴ章の朝鮮戦争からベトナム戦争介入に至るまでの米軍基地の拡張・強化と「島ぐるみ闘争」の変容、および第Ⅵ章と第Ⅶの沖縄を二分した琉球政府行政主席公選と第8回立法院議員選挙などのまとめを章別に記述する。それらを用いて、戦後沖縄が米国の施政権下に置かれてから本土復帰を果たすまでの「島ぐるみ闘争」の変容過程を総括する。

第Ⅳ章・第Ⅴ章・第Ⅵ章・第Ⅶ章に基づく本研究の総括である第Ⅷ章の成果を、本土復帰後も解決されることなく続く基地問題の解決策に有用な示唆を与えるための一助になればと考えている。

1.5　結言

　沖縄が本土復帰を果たすまでの 20 年間（1953 年〜 1972 年）で、米軍の
基地建設が始まる第 1 期（1953 年〜 1959 年）と基地建設が完成する第 2 期
（1960 年〜 1967 年）までは、米軍と沖縄住民の生活権と生存権をかけた激し
い「島ぐるみ闘争」が繰り返された。基地建設が第 2 期で終わりを告げると、
第 3 期（1968 年〜 1972 年）は本土復帰を目指した「島ぐるみ闘争」へと沖
縄住民の意識ががらりと変容する。本研究は、こうした沖縄住民の「島ぐるみ
闘争」の変容過程を分析することを本研究の目的とする。そのための検討事項
を以下に列記する。

(1) 米軍が、沖縄基地の建設・整備のために強制土地収用を繰り返した。そ
　　の農地は、先祖伝来の土地であり、また生活の糧でもあった。それゆえ、
　　農民の米軍に対する激しい怒りと抵抗が、第 1 期（1953 年〜 1959 年）
　　の「島ぐるみ闘争」に発展していった。特に、小禄村具志部落と伊江村
　　真謝部落の 2 例が団結力と抵抗の激しさで米軍を悩ませた。それが、後
　　の米軍の強制土地収用にどのように生かされたかについて、宜野湾村伊
　　佐浜部落から検討する。

(2) 初期の整備を終えた沖縄の嘉手納基地と東京の横田基地から北朝鮮軍と
　　中国義勇軍に向けて激しい空爆を繰り返した結果、米国は共産主義諸国
　　の南下からなんとか韓国を防衛した。その後のベトナム戦争では、南ベ
　　トナムを防衛できなかった。そうしたことを教訓に、共産主義諸国に対
　　する包囲網の確立と、中東から石油を安全輸送するためのシーレーンの
　　確保を目的として、米軍は極東で最強・最大の沖縄基地を拡張・強化・
　　再整備した。そのために強制土地収用を継続する米軍とそれを断固阻止
　　しようとする沖縄住民との間に第 2 期（1960 年〜 1967 年）の激しい「島
　　ぐるみ闘争」が繰り返されたのであるが、沖縄基地の完成と供に反米軍闘
　　争は終わりを告げた。第 2 期の「島ぐるみ闘争」を分析することで、当
　　時の沖縄住民の過酷な生活状況を論述する。

(3) 第2期の「島ぐるみ闘争」が終わりを告げたことで、沖縄住民の反米軍意識の高揚が本土復帰意識を醸成し、第3期（1968年～1972年）の「島ぐるみ闘争」に変容する。1968年11月10日の保革二分した琉球政府行政主席公選と第8回立法院議員選挙について検討する。つまり、両選挙の結果が、沖縄の「本土復帰」と日米双方の政治外交に直接影響を及ぼすので、両選挙の結果は、開示された外交機密文書と当時の沖縄の新聞報道などから分析する。また、日米両政府の政治外交交渉の視点から基地問題と施政権返還についても併せて検討する。

(4) 琉球政府行政主席公選で勝利した革新の屋良朝苗は、公約とした本土復帰は果たせたが、沖縄から基地の撤廃は達成することができなかった。そのことに対しては、西里喜行が、日米共同宣言による「72年返還」への敗北感を指摘している。沖縄が本土に復帰する過程では、復帰派と反復帰派のように対立する2派が存在し、行政主席に当選した屋良は復帰派に属し、西里は反復帰派に属する。このように本土復帰1つを取り上げても、復帰派と反復帰派に分かれて対立するが、いずれも沖縄住民であることには変わりなく、また、沖縄のことを真剣に考えていることでも同様である。そこで、対立する復帰派と反復帰派を1つに括って、政治学的な視点から論述する。

【注】

1) 沖縄大百科事典刊行事務局編（1983）『沖縄大百科事典　中巻』、沖縄タイムス社、pp.328-329。

2) 中野好夫・新崎盛暉（1965）『沖縄問題二十年』、岩波書店、p.71。この著書は、戦後沖縄史の通史をまとめた最初の著書として有名である。「5.“島ぐるみ闘争”の爆発」には「土地闘争は祖国復帰運動であり、沖縄解放のための民族運動であった」（p.83）とも記されている。中野と新崎は、本土復帰運動の一部に土地闘争を位置づけていたのである。

3) 三輪俊和（2015）「戦後70年と東アジア平和構想」『北九州医療・福祉総合研究所年報（北九州医療・福祉総合研究所）』、第22号、pp.4-6。

4) 松岡完（1985）「ベトナムをめぐるダレス外交 — 第一次インドシナ戦争と米仏同盟の亀裂 — 」『アメリカ研究（アメリカ学会）』、第1985巻第19号、pp.168-169。

5) 西川吉光（2014）「日米関係と沖縄（4）」『国際地域学研究（東洋大学国際地域学部）』、第

17号、p.160。

6）『日本経済新聞』（2012年2月25日）「沖縄初代知事『基地ある限り、復帰完了せず』」。
https://www.nikkei.com/article/DGXNASJC1900P_Z10C12A2000000/（2018年12月6日
アクセス）。

7）琉球新報社編（2015）『一条の光 屋良朝苗日記・上』、琉球新報社、p.145。

8）宮里政玄（1986）「アメリカの対沖縄政策 ― 方法論をめぐって ― 」『沖縄文化研究（法政
大学沖縄文化研究所）』、第12巻、p.94。

9）小松寛（2015）『日本復帰と反復帰 ― 戦後沖縄ナショナリズムの展開 ― 』、早稲田大学出
版部、p.158。

10）村岡敬明（2018）「米軍統治下の強制土地収用と沖縄住民のナショナリズムの激化 ― 小
禄村具志部落の軍用地問題と宜野湾村伊佐浜部落の土地闘争を事例として ― 」『地方政治研
究・地域政治研究（日本地方政治学会・日本地域政治学会）』、第4巻第1号・第5巻第1号
合併号、pp.59-65。

11）宮里政玄（1986）、同上論文、p.94。

12）同上。

13）グレアム・アリソン著、宮里政玄訳（1977）『決定の本質：キューバ・ミサイル危機の分
析』、中央公論社、pp.34-36。

14）標準作業手続きについて説明する。「組織は「低い」次元の任務を遂行することによっ
て、より「高い」次元の機能を果たす。これらの任務を効果的に遂行するためには標準作業
手続きが必要である。手続きは「標準的」であるから、簡単に変化することはない。こうし
た標準的な手続きがなければ、一致して任務を遂行することはできないのである」（同上書、
p.98）。

15）同上書、pp.39-43。

16）同上書、pp.93-97。

17）グレアム・アリソン著、宮里政玄訳（1977）『決定の本質：キューバ・ミサイル危機の分
析』、pp.167-171。

18）同上書、pp.188-193。

19）宮里政玄（1986）「アメリカの対沖縄政策 ― 方法論をめぐって ― 」『沖縄文化研究（法政
大学沖縄文化研究所）』、第12巻、p.99。

20）同上論文、pp.102-104。

21）同上論文、p.93。

22）同上。

23）同上。

24）同上論文、pp.105-106。

25）同上論文、p.105。

26) 平良好利（2009）「戦後沖縄と米軍基地（3）— 沖縄基地をめぐる沖米日関係 —」『法学志林（法学志林協会）』、第 107 巻第 2 号、pp.74-75。

27) 我部政明（2008）「在日米軍基地の再編 — 1970 年前後 —」『政策科学・国際関係論集（琉球大学法文学部）』、第 10 号、p.2。

28) 同上論文、pp.2-3。

29) 同上論文、p.3。

30) 同上論文、p.23。

31) 同上。

32) 同上。

33) 明田川融（2011）「沖縄基地問題と『密約』」『史苑（立教大学史学会）』、第 71 巻第 1 号、pp.41-50。

34) 鳥山淳（2003）「1950 年代初頭の沖縄における米軍基地建設のインパクト」『沖縄大学地域研究所所報（沖縄大学地域研究所）』、第 31 号、p.223。

35) 鳥山淳（2006）「米国占領下の沖縄における基地社会の形成と政治運動の展開：1945 〜 56 年 — 引き裂かれる『自治』と『復興』 —」『一橋大学大学院社会学研究科博士学位請求論文』。

36) 同上。

37) 鳥山淳（2013）『沖縄／基地社会の起源と相克 1945-1956』、勁草書房、p.4。

38) 鳥山（2006）、前掲論文。

39) 鳥山（2013）、前掲書、p.4。

40) 秋山道宏（2019）『基地社会・沖縄と「島ぐるみ」の運動 — B-52 撤去運動から県益擁護運動へ —』、八朔社、pp.20-22。

41) 友利修（2018 年 9 月 28 日）「誇りある豊かさのために」『ポリタス』（2019 年 8 月 26 日アクセス）。https://politas.jp/features/14/article/617。

42) 秋山道宏（2017）「日本復帰前の沖縄における島ぐるみの運動の模索と限界 — B-52 撤去運動から尖閣列島の資源開発にいたる過程に着目して —」『一橋大学大学院社会学研究科博士学位請求論文』。

43) 平良好利（2012）『戦後沖縄と米軍基地：「受容」と「拒絶」のはざまで 1945 〜 1972 年』、法政大学出版局、pp.3-10。

44) 櫻澤誠（2012）『沖縄の復帰運動と保革対立：沖縄地域社会の変容』、有志舎、pp.14-21。

45) 小松寛（2015）『日本復帰と反復帰 — 戦後沖縄ナショナリズムの展開 —』、早稲田大学出版部、p.155。

46) 新川明（1931 年〜）は、沖縄県北谷村嘉手納（現：沖縄県嘉手納町）出身のジャーナリストである。1955 年琉球大学文理学部国文科を中退し、沖縄タイムス社に入社した。同社編集局長や社長を歴任した。新川は、琉球民族独立総合研究学会の発起人の 1 人でもある。

47）小松寛（2015）、同上書、p.155。

48）同上。

49）謝花昇（1865 年〜 1908 年）は、東風平間切（現：沖縄県島尻郡八重瀬町）出身の社会運動家である。1891 年、東京帝国大学農科大学（現：東京大学農学部）を卒業後、沖縄県庁の技師となり沖縄の農政改革を進めた。しかし、謝花は当時の奈良原繁知事と対立し、沖縄県庁を退職した。謝花は 1899 年、當山久三と沖縄倶楽部を結成し、自由民権運動を展開した。謝花は沖縄の自由民権運動の父といわれている。

50）「日琉同祖論」については、第Ⅴ章の注 17）を参照いただきたい。

51）伊波普猷（1876 年〜 1947 年）は、沖縄県那覇市出身の民俗学者である。伊波は沖縄学の祖といわれている。

52）小松、前掲書、p.156。

53）岡本恵徳（1934 年〜 2006 年）は、沖縄県平良市（現：沖縄県宮古島市）出身の沖縄近現代文学者で琉球大学名誉教授となった。

54）小松、前掲書、p.156。

55）川満信一（1932 年〜）は、沖縄県宮古島市出身のジャーナリストである。琉球大学国文科卒業後、沖縄タイムス社に入社した。

56）小松、前掲書、p.157。

57）同上書、p.158。

58）Hiroshi Komatsu（2018）*"The negotiating process around 'homeland level status' reversion between Japan and Okinawa"*, International Relations of the Asia-Pacific, Volume 18, Issue 1, pp.71-98.

59）西里喜行（1940 年〜）は、沖縄県竹富町出身の中琉日関係史学者である。

60）小松、前掲書、p.158。

61）大田昌秀（1925 年〜 2017 年）は、沖縄県島尻郡具志川村（現：久米島町）出身の社会学者であった。大田は琉球大学教授を経て、1990 年に第 4 代沖縄県知事に就任した。晩年は沖縄国際平和研究所を設立し、平和活動に尽力した。

62）小松、前掲書、p.158。

63）宮里政玄編（1975）『戦後沖縄の政治と法 ― 1945 年〜 72 年 ―』、東京大学出版会、p.261。

64）ここで「琉球共和国」の建国、あるいは道州制や一国二制度に賛成する「琉球独立党」について述べておく。「琉球独立党」は 1970 年 7 月に崎間敏勝を党首として、野底武彦らが中心となって結党した。2008 年 3 月 3 日に党名を「かりゆしクラブ」に変更し、屋良朝助を党首として活動を続けている。

65）宮里政玄編（1975）『戦後沖縄の政治と法 ― 1945 年〜 72 年 ―』、東京大学出版会、p.262。

66）同上。

67）中野好夫、新崎盛暉（1965）『沖縄問題二十年』、岩波書店、p.38。

68）宮里編（1975）、前掲書、p.262。

69）同上。

70）小松寛（2015）『日本復帰と反復帰 ― 戦後沖縄ナショナリズムの展開 ―』、早稲田大学出版部、p.92。

71）Hiroshi Komatsu（2018）*"The negotiating process around 'homeland level status' reversion between Japan and Okinawa"*, International Relations of the Asia-Pacific, Volume 18, Issue 1, pp.71-98.

72）『日本経済新聞』（2012 年 2 月 25 日）「沖縄初代知事『基地ある限り、復帰完了せず』」。

73）小野尋子、清水肇、池田孝之、長嶺創正（2007）「戦後の沖縄集落の住民にとって継承された民族空間及び集落空間秩序の研究 ― 沖縄県那覇市旧小禄村地区の被接収集落の変遷および再建過程を事例として ―」『日本建築学会計画系論文集（日本建築学会）』、第 618 号、pp.51-52。

74）『沖縄タイムス』（1954 年 1 月 28 日）「軍用地に“訴願”始まる、全地主が歩調を一つにして」（読谷村史編集室所蔵）。

75）INFORMAL MEMORANDUM（1954 年 5 月 20 日）*"5 December 1953 Land Incident in Okinawa, From Henry Wehl, CAMO to Robert J. G. McClurkin, Acting Director, Office of Northeast Asian Affaire, Department of States"*, OKINAWA PREFECTURAL ARCHIVES、319-00062-0014-001-001, 319-00062-0014-001-002（沖縄県公文書館所蔵：資料コード 0000106041）。

76）沖縄教職員会軍用地問題対策委員会（1956）「伊佐浜・銘苅・具志実態調査報告書」（読谷村史編集室所蔵）。

77）詳細は、村岡敬明（2018）「米軍統治下の強制土地収用と沖縄住民のナショナリズムの激化 ― 小禄村具志部落と宜野湾村伊佐浜部落を事例として ―」『地方政治研究・地域政治研究（日本地方政治学会・日本地域政治学会）』、第 4 巻第 1 号・第 5 巻第 1 号合併号、pp.59-69 を参照いただきたい。

78）*"Public Reaction to International Situation, Preparing Office 526th CIC Detachment, Ryukyus Command, APO 331"*（1951 年 1 月 19 日）*"Summary Of Information*：OKINAWA PREFECTURAL ARCHIVES"、554-00017A-00014-001-007, 554-00017A-00014-001-008, 554-00017A-00014-001-009, 554-00017A-00014-001-010（沖縄県公文書館所蔵：資料コード 0000105469）。

79）『沖縄タイムス』（1956 年 6 月 21 日）「この叫び世界に届け、全島一斉に住民大会」（読谷村史編集室所蔵）。

第 II 章

本研究で用いた独自資料とその所蔵施設

2.1　本研究で用いた独自資料

　本研究は、戦後の沖縄が本土復帰を果たすまでの 27 年間の米軍統治下で、朝鮮戦争末期の 1953 年から本土復帰を果たす 1972 年までの 20 年間（1953年～ 1972 年）を 3 期に分類して読み解くことである。

　米軍の基地建設が本格的に始まる第 1 期（1953 年～ 1959 年）と基地建設が完成する第 2 期（1960 年～ 1967 年）までは、米軍と沖縄住民の生活権と生存権をかけた激しい「島ぐるみ闘争」が繰り返された。この第 1 期の「島ぐるみ闘争」のときに国務長官に就任したのがダレスである。彼は、アリューシャン列島からフィリピンにつながる極東の反共最前線を突破されると米国本土に脅威が及ぶので、全面戦争の危険を冒しても、核抑止を局地戦争にも適用する「大量報復戦略」を表明した。つまり、ダレス国務長官は、共産主義の 2大国（当時のソ連と中国）が太平洋に出て来られないように封じ込めると言明している。

　こうした米国の強硬姿勢が、強制土地収用による基地建設・整備のための第 1 期（1953 年～ 1959 年）の激しい「島ぐるみ闘争」を繰り返すことになった。しかし、沖縄住民のあまりにも激しい抵抗にあって、基地の存続を危惧した米国は、一旦、琉球政府と土地収用について協定を結ぶことで、第 1 期の「島ぐるみ闘争」に終止符が打たれた。しかし、それも束の間で、2 大共産主義国の南下を防止するために、米軍がベトナム戦争に介入することで、強制土地収用による基地の拡大・強化による再整備がなされた。その時期が第 2 期（1960年～ 1967 年）の「島ぐるみ闘争」の時代である。

　しかし、基地建設が第2期で終わりを告げると、第3期（1968年〜1972年）は本土復帰を目指した「島ぐるみ闘争」へと沖縄住民の意識ががらりと変容する。本研究は、こうした沖縄住民の3期にわたる「島ぐるみ闘争」の変容過程を読み解くために、先行研究では用いられた形跡が見当たらないオリジナルな資料を対象として取り上げた。本研究で対象としたオリジナルな資料は、沖縄県公文書館が収集してきた米国立公文書館の開示資料、および外務省外交史料館の開示資料と読谷村史編 集 室の資料などの中から検索したものである。そこで、それらの資料について、資料発見の経緯や資料の所蔵施設なども含めて記述する。

2.2　米国立公文書館の開示資料と沖縄県公文書館

　沖縄住民の意識の変容を、地域政治的な諸問題、すなわち、軍事基地の建設のための強制土地収用における米軍と沖縄住民の闘争、朝鮮戦争への嘉手納基地からの空爆、および沖縄の統治機構に関係する問題などから読み解く。その際の米国側からの検討資料として在沖米軍が国務省、国防総省、およびGHQと交わした開示の機密文書は、沖縄県公文書館が米国立公文書館から複写や現像などによって収集してきたものを使用した。

　沖縄県公文書館は、1995年に沖縄県が設置して開館した公文書館である。沖縄県の公文書だけでなく、琉球政府や琉球列島米国民政府（United States Civil Administration of the Ryukyu Islands：USCAR）の文書、あるいは沖縄が本土復帰するまでの米軍基地をめぐる日米両国政府の激しい政治外交交渉などを幅広く取り扱っており、戦後の沖縄を知るうえで貴重な存在となっている。こうした資料は、沖縄県公文書館の職員が定期的に開示された資料を求めて米国立公文書館、米国大統領図書館、あるいは琉球大学の宮里政玄名誉教授が留学したメリーランド大学などから収集している。沖縄県が設置した公文書館であるにもかかわらず、PR不足からか、米国立公文書館にわざわざ出向かなくても、研究に足りる十分な資料が完備されているのに、あまりよく知られていないのが実情である。

　著者が本研究で用いた資料は、沖縄県公文書館の米国収集文書中から検索した。たとえば「強制土地収用に関する資料」であれば、時間が限られているので、そのまま広く検索をかけて、1 回 10 万円程度で資料グループを幅広く収集した。それを複数回繰り返し、資料の詳細な検討は帰京後に、昼夜を分かたずに集中して行った。

　こうして得られた沖縄県公文書館の資料コードの資料グループを再度詳細に検索して、第Ⅳ章、第Ⅴ章、および第Ⅵ章を構成する査読論文に用いる表2.1 の具体的な資料を発見したのである。

　表中の「第Ⅳ章　強制土地収用と反米・反米軍意識の形成」「第Ⅴ章　朝鮮戦争からベトナム戦争介入に至るまでの米軍基地の拡張・強化と『島ぐるみ闘争』」などで用いられた米国立公文書館の開示資料は、著者が和訳して米軍や米国側からの検討資料として用いた。

　沖縄住民の島ぐるみ闘争における変容過程は、地域政治的な諸問題（軍事基地の建設のための強制土地収用における米軍と沖縄住民の闘争、朝鮮戦争への嘉手納基地からの空爆、および沖縄の統治機構に関係する問題など）から読み解く。その際の米国側からの検討資料として在沖米軍が国務省、国防総省、およびGHQと交わした開示の機密文書は、沖縄県公文書館が米国立公文書館から複写や現像などによって収集してきたものを使用した。

　まず、第Ⅳ章の開示資料は 1 篇である。それは、在沖米軍から国務省北東アジア部に「1953 年 12 月 5 日の小禄村具志部落の強制土地収用の非公式メモ[1]」の報告がなされた。その中には、小禄村具志部落民の土地の反対闘争が特に激しく、最後まで一致団結して 1 人の落伍者も出さなかったことにUSCARは狼狽した様子が描かれている。こうしたことに対して、以前、国務省のマクラーキン（Robert J.G. McClurkin）局長代理から、「軍用地における土地収用は民主的に進めるように」と忠告を受けていた一文も併せて記述されている。

　第Ⅴ章の開示資料は 1 篇である。朝鮮戦争では、北朝鮮・中国義勇軍への爆撃に沖縄の嘉手納基地が使われた。それゆえ、住民は、沖縄が戦争に巻き込まれるのではないかと危惧しながら不安な毎日を送っていた。そうした沖縄住

44

表 2.1　本研究で用いた米国立公文書館の開示資料

章	タイトル	所蔵と資料コードNo.
第Ⅳ章	INFORMAL MEMORANDUM（1954 年 5 月 20 日）*"5 December 1953 Land Incident in Okinawa, From Henry Wehl, CAMO to Robert J. G. McClurkin, Acting Director, Office of Northeast Asian Affaire, Department of States"*	沖縄公文書館：資料コード 0000106041
第Ⅴ章	*"Public Reaction to International Situation, Preparing Office 526th CIC Detachment, Ryukyus Command, APO 331"*（1951 年 1 月 19 日）*"Summary Of Information OKINAWA PREFECTURAL ARCHIVES"*	沖縄県公文書館：資料コード 0000105469
第Ⅵ章	DEPARTMENT OF STATE（1968 年 6 月 20 日）*"U.S. Policy on Forthcoming Ryukyu Elections"* DEPARTMENT OF STATE（1968 年 6 月 19 日 -a）*"RYUKYU ELECTIONS, I. The Problem, and II. Conclusions"* DEPARTMENT OF STATE（1968 年 6 月 19 日 -b）*"RYUKYU ELECTIONS, III. Recommendations"* DEPARTMENT OF STATE（1968 年 6 月 19 日 -c）*"RYUKYU ELECTIONS BACKGROUND, I. The U.S. Stake"* DEPARTMENT OF STATE（1968 年 6 月 19 日 -d）*"RYUKYU ELECTIONS BACKGROUND, III. Japan, A. Japanese Stake"* DEPARTMENT OF STATE（1968 年 6 月 19 日 -e）*"RYUKYU ELECTIONS BACKGROUND, III. Japan, B. Policy of the GOJ and LDP"* DEPARTMENT OF STATE（1968 年 6 月 19 日 -f）*"RYUKYU ELECTIONS BACKGROUND, III. Japan, C. The Opposition Role"*	沖縄県公文書館：資料コード 0000105533

（著者作成）

民の日常を米陸軍のCICが直接調査し、調査結果をGHQの参謀第 2 部（G-2）に報告していた [2]。

　第Ⅵ章の開示資料は 7 篇である。1 篇目の記述内容は、1968 年 6 月 17 日にブラウン（Winthrop G.Brown）国務省次官補代理が、「来るべき琉球政府行政主席公選における米国の政策 [3]」という議題で、琉球政府の行政主席公選の情勢分析のために東アジア・太平洋問題省庁間作業部会を招集した。そこでは、1968 年 5 月 14 日に東京で開催された日米実務者の協議内容をシエナ（James Siena）陸軍次官代理がまとめた回覧文書 [4] を異議なく承認した。次に、ブラウン次官補代理から上級省庁間作業部会に送付され、そこでも異議なく承認された。最終的に、回覧文書は、国務省を中心に米国政府内の関係部署の責任者が一堂に会して検討された。次の 6 篇は、沖縄の米軍基地を存続させるために、米国政府の琉球政府行政主席公選についてのさまざまな角度からの検討が記されている [5]。

2.3　読谷村史編集室と外務省外交史料館

　第Ⅳ章、第Ⅴ章、および第Ⅵ章で用いられた米国立公文書館の開示資料以外に、本研究で用いられた読谷村史編集室の所蔵資料と外務省外交史料館の開示資料などを章別に表 2.2 に示す。

　沖縄県教職員組合が所蔵する 7 万点の資料（書類、書籍、ネガフィルムと写真、音声テープ、ビデオ等）が、2013 年に屋良朝苗の出身地である沖縄県読谷村の教育委員会「読谷村史編集室」に寄贈された。その資料中の 6,444 簿冊は、「読谷村史編集室」のホームページに「沖縄戦後教育史・復帰関連資料」として目録を公開している [6]。また、寄贈書籍は整理され、読谷村立図書館で閲覧することができる。

　その他の資料の中で、戦後沖縄の教育・米軍基地被害・復帰運動に関するネガフィルムと写真は、保存・公開・利活用を目的としてアーカイブ化する。そのために、著者がクラウドファンディングで資金調達をする [7]。調達した資金を用いて、2017 年 4 月から 2019 年 8 月まで、著者と沖縄県読谷村教育委

表 2.2　本研究で用いた読谷村史編集室の所蔵資料と外務省外交史料館の開示資料

章	タイトル	所蔵と資料コードNo.
第Ⅳ章	『琉球新聞』（1953 年 12 月 6 日）「軍用地問題で一騒動、突然の地均しに小禄具志区民総出で阻止」	読谷村史編集室
	『琉球新聞』（1953 年 12 月 8 日）「小禄村具志軍用地問題、軍へ工事の中止方を部落民 300 名大擧陳情」	
	『琉球新聞』（1953 年 12 月 8 日）「共産主義の扇動ではない、陳情団立法院土地委で証言」	
	沖縄教職員会軍用地問題対策委員会（1956）「伊江島実態調査報告書」	
	沖縄教職員会軍用地問題対策委員会（1956）「伊佐浜・銘苅・具志実態調査報告書」	
第Ⅴ章	『那高通信』（1953 年 11 月 7 日）「学徒の観た祖国復帰」	
	『琉球新聞』（1953 年 11 月 8 日）「声ある声ご、声なき声ご」	
	『琉球新聞』（1953 年 12 月 18 日）「人民のための政黨、決して共産党でない」	
第Ⅵ章	外務省北米局北米課（1968 年 5 月 14 日）「山野特連局長、シュナイダー部長、シエナ陸軍次官代理会議」	外務省外交史料館：資料コード A300-07-01
	外務省北米局北米課（1968 年 6 月 7 日）「日米協議委員会次回会議に関する在京米大使館との非公式協議（国政参加問題の取扱い）」	
	外務省（1968 年 6 月 19 日）「下田駐米大使公電：第 1865 号オキナワ問題」	
	外務省東郷文彦北米局長（1968 年 7 月 25 日）「沖縄国政参加問題の件」	

（著者作成）

員会が連携しながら「沖縄戦後教育史・復帰関連資料（写真）[8]」のデジタルアーカイブ化プロジェクト[9]に取り組んだ。

　まず、1万6,000点のネガフィルムをアーカイブ化する。次に、1つずつキャプションをつけたら、読谷村史編集室のホームページに公開する。この一連のプロジェクトに取り組んでいたとき、「読谷村史編集室」のホームページの目録から、表2.2の第Ⅳ章と第Ⅴ章の資料を発見した。

　第Ⅳ章の資料は、3篇の『琉球新聞』の記事[10]と1篇の『沖縄タイムス』の記事[11]、および2篇の沖縄教職員会軍用地問題対策委員会の調査報告書[12]である。いずれも著者が初めて読谷村史編集室が公開している「沖縄戦後教育史・復帰関連資料」の目録から発見したものである。ここで、『琉球新聞』の記事3篇[13]は、強制土地収用に反対する小禄村具志部落民が誰1人脱落することもなく、反米軍意識を高揚させて反対闘争を継続し続ける実情をそのまま報道している。そして、『沖縄タイムス』の1篇の記事[14]には、小禄村具志部落の住民だけが、USCAR布令第26号に定められた一切の補償金を受け取っていないことが掲載されている。また、1956年の「伊江島実態調査報告書[15]」と「伊佐浜・銘苅・具志実態調査報告書[16]」は、強制土地収用される無力な部落民の実態と、土地収用後の悲惨な生活状況とを、沖縄教職員会軍用地問題対策委員会が現地調査した手書きの記録である。

　第Ⅴ章の新聞記事は3篇[17]あり、いずれも著者が初めて読谷村史編集室が公開している「沖縄戦後教育史・復帰関連資料」の目録の中から発見した。1篇目は那覇高校発行の『那高通信』の中で、復帰に向けた調査と高校生の率直な意見などを掲載している[18]。残りの2篇は、沖縄人民党のスローガンと活動状況などがまとめられている[19]。瀬長亀次郎書記長は、「人民党は、あくまでも現実の人民の苦しみを解放するための大衆の行動党である」[20]とし、「その行動綱領を本土復帰に置き、共産党でもない、また社会党でもない巾の広い人民党は、本土復帰の実現とともに自然解散する」[21]と語った。

　第Ⅵ章の資料は、著者が外務省外交史料館で発見した4篇[22]である。2篇の資料[23]は、行政主席公選で西銘順治を当選させるために、日米両国の裏工作の実態が示されたものである。その他の2篇[24]は、沖縄住民の国政選挙に

参加する件で日米両国が協議した記録である。特に、これまで琉球政府行政主席公選では、裏金問題しか報告されず、1968 年 5 月 14 日の行政主席候補に関する日米実務者協議から駐米大使が外務省に公電する同年 6 月 19 日までの外交資料が不明であった。それを今回の発見で明示することができた。

2.4　査読論文の新聞報道

　本論文の第Ⅳ章、第Ⅴ章、および第Ⅵ章を構成するために、それぞれの章で基軸となる査読論文を 1 篇ずつ執筆した。

　第Ⅳ章を構成する査読論文 [25]が、「日本地方政治学会・日本地域政治学会」から 2018 年 11 月に出版された。内容は、米軍統治下の強制土地収用に関するもので、表 2.1 と表 2.2 の第Ⅳ章の資料を参考文献としている。本論文は、2019 年 3 月 13 日の『琉球新報』の 12 面に、「戦後沖縄史の真相（上）―沖縄教職員会資料より―：補償金約束で団結崩す、米軍の土地収用が変化」が報じられた [26]。なお、『琉球新報』では、編集局で掲載前に参考文献がどこにも使われていないことをチェックしたうえで記事にする。つまり、新聞で報道されたことで、論文の新規性と独創性が担保されることになると考える。

　第Ⅴ章を構成する査読論文 [27]が、「日本臨床政治学会」から 2018 年 12 月に出版された。内容は、極東最大の嘉手納戦略爆撃空軍基地の再整備に関するもので、表 2.1 と表 2.2 の第Ⅴ章の資料を参考文献としている。本論文は、2019 年 2 月 4 日の『沖縄タイムス』の 2 面に、「沖縄への戦火拡大懸念、米軍　朝鮮戦争時に住民意識分析、共産思想の影響評価も」として報じられた [28]。『沖縄タイムス』でも『琉球新報』と同様に、編集局で掲載前に参考文献がどこにも使われていないことをチェックしたうえで記事にすることに変わりはない。

　その他に、同上の 2018 年 12 月に出版された「日本臨床政治学会」の査読論文 [29]の内容で、米陸軍の CIC から GHQ の参謀第 2 部（G-2）に宛てた開示済みの沖縄住民と沖縄人民党の動向調査文書 [30]と当時の沖縄の新聞報道とを比較して、基地建設・整備に対する沖縄住民の反米軍意識について分析したことについて、2019 年 3 月 14 日の『琉球新報』の 16 面に、「戦後沖縄史の真

相（下）― 沖縄教職員会資料より ―：反米意識激化を懸念　米軍、住民意識を4分類」と報じられた[31]。編集局による参考文献等の掲載前チェックは、上記と同様である。

　第Ⅵ章を構成する査読論文[32]が、「日本政治法律学会」から2019年3月に出版された。内容は、琉球政府行政主席公選で、なぜ日米両国政府が西銘順治を強力に支持したかを読み解くもので、表2.1と表2.2の第Ⅵ章の資料を参考文献としている。本論文は、2019年6月5日の『琉球新報』の2面に、「日米、保守候補を支援　68年主席公選、幅広く裏工作」として報じられた[33]。編集局による参考文献等の掲載前チェックは、第Ⅳ章と同様である。

2.5　結言

　本研究は、戦後の沖縄が本土復帰を果たすまでの27年間の米軍統治下で、朝鮮戦争末期の1953年から本土復帰を果たす1972年までの20年間（1953年〜1972年）を3期に分類して対象とした。対象の米軍基地建設が本格的に始まる第1期（1953年〜1959年）は米軍基地の建設と基本的な整備がなされ、第2期（1960年〜1967年）で「太平洋のジブラルタル」と呼ばれるまでに、基地が拡大・強化して完了した。その裏では、強制土地収用によって基地整備を進める米軍と沖縄住民の生活権と生存権をかけた激しい「島ぐるみ闘争」が繰り返された。基地建設が第2期で完了したことで、土地闘争から本土復帰に向けた第3期（1968年〜1972年）の「島ぐるみ闘争」へと沖縄住民の意識ががらりと変容する。

　そうした中で、強制土地収用における「島ぐるみ闘争」を、沖縄住民に主軸を置いた第Ⅳ章の中枢をなす論文と米軍や米国側に主軸を置いた第Ⅴ章の中枢をなす論文にまとめた。次に、琉球政府行政主席公選から本土復帰までは、第1期と第2期とは異なる、新しいスタイルの第3期の「島ぐるみ闘争」の論文が執筆された。

　本章では、第Ⅳ章、第Ⅴ章、および第Ⅵ章の中枢を構成する査読論文の参考文献の調査方法とその独自性を明示した。参考文献の独自性と新規性につい

ては、執筆後の査読論文が沖縄県の新聞で報道されたことで証明されると考え
ている。その理由は、新聞社の編集局で掲載前に参考文献がどこにも使われて
いないことをチェックしたうえで記事にするからである。

【注】

1) INFORMAL MEMORANDUM（1954年5月20日）*"5 December 1953 Land Incident in Okinawa, From Henry Wehl, CAMO to Robert J. G. McClurkin, Acting Director, Office of Northeast Asian Affaire, Department of States"*, OKINAWA PREFECTURAL ARCHIVES, 319-00062-0014-001-001, 319-00062-0014-001-002（沖縄県公文書館所蔵：資料コード 0000106041）。

2) *"Public Reaction to International Situation, Preparing Office 526th CIC Detachment, Ryukyus Command, APO 331"*（1951年1月19日）"Summary Of Information：OKINAWA PREFECTURAL ARCHIVES", 554-00017A-00014-001-007, 554-00017A-00014-001-008, 554-00017A-00014-001-009, 554-00017A-00014-001-010（沖縄県公文書館所蔵：資料コード 0000105469）。

3) DEPARTMENT OF STATE（1968年6月20日）*"U.S. Policy on Forthcoming Ryukyu Elections"*, 059-05001-00005-004-004, 059-05001-00005-004-005（沖縄県公文書館所蔵：資料コード 0000105533）。

4) 同上資料。

5) DEPARTMENT OF STATE（1968年6月19日-a）*"RYUKYU ELECTIONS, I. The Problem, and II. Conclusions"*, 059-05001-00005-004-007, 059-05001-00005-004-008（沖縄県公文書館所蔵：資料コード 000010553）。DEPARTMENT OF STATE（1968年6月19日-b）*"RYUKYU ELECTIONS, III. Recommendations"*, 059-05001-00005-004-009, 059-05001-00005-004-0010（沖縄県公文書館所蔵：資料コード 0000105533）。DEPARTMENT OF STATE（1968年6月19日-c）*"RYUKYU ELECTIONS BACKGROUND, I. The U.S. Stake"*, 059-05001-00005-004-0011（沖縄県公文書館所蔵：資料コード 0000105533）。DEPARTMENT OF STATE（1968年6月19日-d）*"RYUKYU ELECTIONS BACKGROUND, III. Japan, A. Japanese Stake"*, 059-05001-00005-004-0022（沖縄県公文書館所蔵：資料コード 0000105533）。DEPARTMENT OF STATE（1968年6月19日-e）*"RYUKYU ELECTIONS BACKGROUND, III. Japan, B. Policy of the GOJ and LDP"*, 059-05001-00005-004-0022, 059-05001-00005-004-0023（沖縄県公文書館所蔵：資料コード 0000105533）。DEPARTMENT OF STATE（1968年6月19日-f）*"RYUKYU ELECTIONS BACKGROUND, III. Japan, C. The Opposition Role"*, 059-05001-00005-004-0023（沖縄県公文書館所蔵：資料コード 0000105533）。

6)　読谷村教育委員会読谷村史編集室ホームページ「沖縄戦後教育史・復帰関連資料」http://yomitan-sengoshi.jp/（2020 年 11 月 7 日アクセス）。

7)　朝日新聞社クラウドファンディング「A-port」を使用して 100 万円を資金調達した。プロジェクト名は「沖縄復帰 45 年、祖国復帰運動の歴史的記録を後世に伝えたい！」。https://a-port.asahi.com/projects/yomitan-history/（2020 年 11 月 7 日アクセス）。

8)　読谷村教育委員会読谷村史編集室ホームページ「沖縄戦後教育史・復帰関連資料（写真）」。http://photo.yomitan-sengoshi.jp/（2020 年 11 月 7 日アクセス）。

9)　村岡敬明（2019）「読谷村教育委員会との社会連携プロジェクト ― クラウドファンディングで『戦後沖縄教育史・復帰関連資料』をデジタルアーカイブ化 ― 」『沖縄県図書館協会誌（沖縄県図書館協会）』、第 22 号、pp.23-26。

10)『琉球新聞』（1953 年 12 月 6 日）「軍用地問題で一騒動、突然の地均しに小禄具志区民総出で阻止」（沖縄県立図書館所蔵）、『琉球新聞』（1953 年 12 月 8 日）「小禄村具志軍用地問題、軍へ工事の中止方を部落民 300 名大擧陳情」（読谷村史編集室所蔵）、『琉球新聞』（1953 年 12 月 8 日）「共産主義の扇動ではない、陳情団立法院土地委で証言」（読谷村史編集室所蔵）。

11)『沖縄タイムス』（1954 年 1 月 28 日）「軍用地に "訴願" 始まる、全地主が歩調を一つにして」（読谷村史編集室所蔵）。

12)沖縄教職員会軍用地問題対策委員会（1956）「伊江島実態調査報告書」（読谷村史編集室所蔵）、沖縄教職員会軍用地問題対策委員会（1956）「伊佐浜・銘苅・具志実態調査報告書」（読谷村史編集室所蔵）。

13)『琉球新聞』（1953 年 12 月 6 日）「軍用地問題で一騒動、突然の地均しに小禄具志区民総出で阻止」（読谷村史編集室所蔵）、『琉球新聞』（1953 年 12 月 8 日）「小禄村具志軍用地問題、軍へ工事の中止方を部落民 300 名大擧陳情」（読谷村史編集室所蔵）、『琉球新聞』（1953 年 12 月 8 日）「共産主義の扇動ではない、陳情団立法院土地委で証言」（読谷村史編集室所蔵）。

14)『沖縄タイムス』（1954 年 1 月 28 日）、同上記事。

15)沖縄教職員会軍用地問題対策委員会（1956）「伊江島実態調査報告書」（読谷村史編集室所蔵）。

16)沖縄教職員会軍用地問題対策委員会（1956）「伊佐浜・銘苅・具志実態調査報告書」（読谷村史編集室所蔵）。

17)『那高通信』（1953 年 11 月 7 日）「学徒の観た祖国復帰」（読谷村史編集室所蔵）、『沖縄タイムス』（1954 年 2 月 3 日）（読谷村史編集室所蔵）、『琉球新聞』（1953 年 12 月 18 日）「人民のための政黨、決して共産党でない」（読谷村史編集室所蔵）。

18)『那高通信』（1953 年 11 月 7 日）「学徒の観た祖国復帰」（読谷村史編集室所蔵）。

19)『琉球新聞』（1953 年 12 月 18 日）「人民のための政黨、決して共産党でない」（読谷村史編集室所蔵）。

20)　同上記事。

21）『沖縄タイムス』（1953 年 12 月 15 日）「人民黨々大會、"共産主義にあらず"大衆的行動が党の性格」（読谷村史編集室所蔵）。

22）外務省北米局北米課（1968 年 5 月 14 日）「山野特連局長、シュナイダー部長、シエナ陸軍次官代理会議」（外務省外交史料館所蔵）、外務省北米局北米課（1968 年 6 月 7 日）「日米協議委員会次回会議に関する在京米大使館との非公式協議（国政参加問題の取扱い）」（外務省外交史料館所蔵）、外務省（1968 年 6 月 19 日）「下田駐米大使公電：第 1865 号オキナワ問題」（外務省外交史料館所蔵）、外務省東郷文彦北米局長（1968 年 7 月 25 日）「沖縄国政参加問題の件」（外務省外交史料館所蔵）。

23）外務省北米局北米課（1968 年 5 月 14 日）、前掲資料、外務省北米局北米課（1968 年 6 月 7 日）前掲資料。

24）外務省（1968 年 6 月 19 日）前掲資料、外務省東郷文彦北米局長（1968 年 7 月 25 日）前掲資料。

25）村岡敬明（2018）「米軍統治下の強制土地収用と沖縄住民のナショナリズムの激化 ─ 小禄村具志川部落と宜野湾村伊佐浜部落を事例として ─ 」『地方政治研究・地域政治研究（日本地方政治学会・日本地域政治学会）』、第 5 巻第 1 号、pp.59-69。

26）『琉球新報』（2019 年 3 月 13 日）「戦後沖縄史の真相（上）─ 沖縄教職員会資料より ─ ：補償金約束で団結崩す、米軍の土地収用が変化」。

27）村岡敬明（2019）「米軍基地整備のたびに激しさを増す沖縄住民のナショナリズム ─ 朝鮮戦争で再整備された極東最大の嘉手納空軍基地 ─ 」『臨床政治研究（日本臨床政治学会）』、第 9 号、pp.18-38。

28）『沖縄タイムス』（2019 年 2 月 4 日）「沖縄への戦火拡大懸念、米軍　朝鮮戦争時に住民意識分析、共産思想の影響評価も」。

29）村岡敬明（2019）、同上論文。

30）*"Public Reaction to International Situation、Preparing Office 526th CIC Detachment、Ryukyus Command、APO 331"*（1951 年 1 月 19 日）"Summary of Information：OKINAWA PREFECTURAL ARCHIVES", 554-00017A-00014-001-007, 554-00017A-00014-001-008, 554-00017A-00014-001-009, 554-00017A-00014-001-010（沖縄県公文書館所蔵：資料コード 0000105469）。

31）『琉球新報』（2019 年 3 月 14 日）「戦後沖縄史の真相（下）─ 沖縄教職員会資料より ─ ：反米意識激化を懸念　米軍、住民意識を 4 分類」。

32）村岡敬明（2019）「保革一騎打ちの琉球政府行政主席公選と立法院議員選挙における日米両国の外交交渉 ─ 西銘順治行政主席実現のための日米実務者協議を中心として ─ 」『日本政治法律研究（日本政治法律学会）』（査読付）、第 1 号、pp.241-271。

33）『琉球新報』（2019 年 6 月 5 日）「日米、保守候補を支援　68 年主席公選、幅広く裏工作」。

第III章
米軍による沖縄統治

3.1 沖縄の占領

在沖米軍は、施政権を有する米国政府に代わって、沖縄を統治するための機関を設立した。本章で在沖米軍が設立した統治機関を取り上げた理由は、米国の都合で、米軍側の統治機関と沖縄側の統治機構の組織が頻繁に改組され、沖縄の統治機関と統治機構が二重構造を呈しているだけでなく、基地建設の強制土地収用に関するUSCARの布令・布告が複数出されているからである。

著者は、米軍統治下の沖縄が本土復帰を果たすまでの20年間（1953年～1972年）の「島ぐるみ闘争」の変容過程を研究対象としている。そのために、在沖米軍の統治機関と沖縄の統治機構の変遷の歴史を知らなければ、米軍統治下の沖縄を正確に読み解くことが難しい。そうした理由から、本章で米軍の統治機関と米軍統治下の沖縄における統治機構の改組の歴史を取り上げるのである。

まず、占領した沖縄の統治機関の責任者は、在沖米軍の司令官である。在沖米軍司令官は極東の防衛任務の他に、沖縄の米軍基地を建設・整備することも重要な任務となっている。米軍が基地の建設・整備を行うには、沖縄住民の土地を強制収用する以外に方法はない。しかし、強制収用の対象となるほとんどの土地は、沖縄の農民が先祖伝来守り続けながら生計を維持してきたものである。米軍基地の建設・整備のために、その土地を強制収用されると、農民の家族は一瞬にして生活基盤を失うので、強制土地収用反対闘争を続けることと、無力であることがわかっていても沖縄側の統治機構に訴えるしか方法がないのである。

次に、沖縄統治の組織を在沖米軍の統治機関と沖縄住民に直接対応する沖縄の統治機構に分類して、その組織の改組の歴史を論述する。在沖米軍による沖縄の統治機関と沖縄住民に直接対応する沖縄の統治機構を比較すると、それぞれの職務・権限の重みが異なる。一例を挙げると、沖縄の統治機構は米軍の統治機関のアドバイスと承認なくしては、何事も決定することができない仕組みになっているのである。

それゆえ、米軍に強制土地収用された住民が沖縄の統治機構に不当性を訴えたとしても、米軍の統治機関の承認なくしては、その訴えを却下するしかないのである。それ以外に在沖米軍の統治機関に対する米国政府内の対応にも、国務省と軍部との対立が浮き彫りになっているので、発生した事象ごとに慎重に研究を進めていくことが求められる。

3.2 沖縄の統治と占領政策

3.2.1 沖縄の統治機関

1945 年 4 月 1 日に沖縄本島に上陸した米軍は、太平洋艦隊司令長官・太平洋区域司令官兼米軍占領下の南西諸島及びその近海の軍政府総長であるニミッツ（Chester William Nimitz, Sr.）米海軍元帥の名で米海軍軍政府布告第 1 号を公布した。この米海軍軍政府布告第 1 号で、「大日本帝国政府のすべての行使権を停止し、南西諸島及び近海並びにその居住民に関するすべての政治及び管轄権並びに最高行政責任が、占領軍司令官兼軍政府総長、米海軍元帥であるニミッツの権能に帰属する」と宣言した。同年 4 月 5 日には読谷村比謝に琉球列島米国軍政府（United States Military Government of the Ryukyu Islands：USMGR）が開庁し、その最高位に軍政長官、次位に軍政府長官、補佐として軍政府副長官がそれぞれ就任した。

日本軍との戦闘期間中、USMGR は避難民を本島の 12 地区に分散して収容した。北部には、辺土名、田井等、漢那、宜野座、古知屋、大浦崎、および瀬嵩の 7 収容所が設けられた。中部には、石川、前原、平安座、および胡屋の 4 収容所が設けられ、南部には知念収容所が設置された。計 12 か所の収容

所に、1945年10月で、32万5,969人が収容された[1]。収容所の管理・運営は
USMGRが受け持ち、避難民には食料の配布も行った。

　　USMGRの事務所は、とりあえず沖縄戦終結後に具志川村栄野比（現：う
るま市栄野比）に置き、1946年10月の玉城村親慶原（現：南城市玉城親
慶原）を経て、1949年12月には旧上山国民学校（現：那覇市久米）へつぎ
つぎと移転した。

　　宮古諸島は1945年12月8日、八重山諸島は1945年12月28日、奄美群
島・トカラ列島は1946年2月2日にそれぞれ軍政下に入った。

　　1950年12月15日にUSMGRは、琉球列島米国民政府（United States
Civil Administration of the Ryukyu Islands：USCAR）[2] に 改 組 さ れ た。
USCARの最高責任者は民政長官と呼ばれ、連合国軍最高司令官の兼務であっ
たため、実際には在沖米軍司令官が兼務する民政副長官に職務・権限が委任さ
れていた。1957年に民政長官・副長官制が廃止され、琉球列島高等弁務官が
その職務を引き継いだ。

　　1952年2月29日にUSCAR布告第13号「琉球政府の設立」が民生副長官
から布告され、1952年3月13日にUSCAR布令第68号「琉球政府章典」が
民生官から公布され、両者は共に同年4月1日より施行された。

表3.1　琉球政府章典の概略

章	事項
第1章	総則（第1条〜第2条）
第2章	住民の地位，権利及び業務（第3条〜第6条）
第3章	行政府の組織及び運営（第7条〜第17条）
第4章	立法院の組織及び運営（第18条〜第28条）
第5章	裁判所の組織及び運営（第29条〜第30条）
第6章	市町村との関係（第31条〜第34条）
第7章	雑則（第35条〜第36条）
	附則

（著者作成）
（出典：琉球政府立法院事務局『琉球法令集』（1953年5月））
（読谷村史編集室所蔵資料ID：01479）

　USCAR布告第13号は、10か条から構成された琉球政府の設立（Establishment of the Government of the Ryukyu Islands）基本法であり、組織や権限についての基本的な部分を総論的に規定している。その細目は、USCAR布令第68号の琉球政府章典（Provisions of the Government of the Ryukyu Islands）に規定されている。

　琉球政府章典は、表3.1に示すように7章36条から構成される沖縄の憲法的な法令である。琉球政府の組織規定に留まらず、管轄区域や首都（那覇市）の法定化、住民の権利義務、および市町村との関係などについて定めている。沖縄の本土復帰に伴って、1972年5月15日に廃止された。

　1953年4月に琉球政府行政府ビル（現：那覇市泉崎）が完成し、下層の1階と2階に琉球政府、上層の3階と4階にUSCARが入居した。1968年1月にUSCARが浦添市小湾に引っ越し、沖縄の本土復帰の前日の1972年5月14日に閉庁するまでUSCARによる占領と統治が続いた。

　以上USMGR（琉球列島米国軍政府）の開庁からUSCARの閉庁に至るまでの占領と統治の歴史を年代別に表3.2に示す。

表3.2　米軍による占領と統治の歴史

年	統治機関	職務権限者
1945年	琉球列島米国軍政府（USMGR：United States Military Government of the Ryukyu Islands）	①軍政長官 ②軍政府長官 ③軍政府副長官
1950年	琉球列島米国民政府（USCAR：United States Civil Administration of the Ryukyu Islands）	①民生長官 ②民生副長官
1957年		琉球列島高等弁務官

（著者作成）

3.2.2　米軍の占領政策

　沖縄全域を支配下に置いた米軍は、直ちに住民を各地に設置した収容所に強制隔離した。その間に米軍は、旧日本軍の飛行場の拡張をはじめ、住宅施設、倉庫施設、通信施設、演習場などの基地建設を進めていった。現在の基地のほとんどは、このような背景の下に建設された。

　1945 年 10 月 23 日、USMGR は米国海軍政府指令第 29 号「住民再定住計画及び方針」を公布し、軍用地として不必要になった地域を順次住民に開放した。USMGR は、そうした地域を沖縄住民居住地や農耕地として割り当てて、民政秩序の回復と生活の安定を図っていった。ただし、米国海軍政府指令第 29 号は、土地の所有権を認めたものではなく、使用権を認めたものである。居住地や農耕地を割り当てられた者は無償でその土地を使用する権利を有し、所有者がこれを立ち退かせたり、地料を取り立てたりできない。こうした旧居住地への移動は、1945 年 10 月から 3 か月の計画で完了することになっていた³⁾。しかし、広大な土地が住民立入り禁止となっており、特に軍用地の多い中部地域は他村の移動より 1 年以上も遅れた。また、米軍は不要になった軍用地の一部しか開放しなかったので、全住民が故郷に帰ることができるというものではなかった。

　1952 年 4 月の土地所有権認定後は、移住先の確保も困難になった。そのうえ、移住先の地主から借地料を請求されるなどの負担にも悩まされた。たとえば、収用地の地主は軍用地の借地料が支払われないのに、移住地の地主からは借地料の支払いを要求されるという二重苦を背負わされることになった。

　1949 年〜 1950 年までシーツ（Josef Robert Sheetz）陸軍少将が USMGR（琉球列島米国軍政府）の第 4 代軍政長官を任った。マッカーサー陸軍元帥・連合国最高司令官から指示を受けて、米国の沖縄長期保有方針に基づく恒久的米軍基地の建設、および米軍統治下の沖縄の「復興」と「民主化」の政策を実行した。当時の沖縄は、本島内の約 3 割が軍用地として強制収用され、多くの沖縄住民が戦前の居住地に帰ることができない状況を呈していた。シーツ軍政長官は、自らが破壊した沖縄を自らの手で再建復興するのだと宣言し、沖縄に復興資金を投入した⁴⁾。そうした中で、シーツ軍政長官が「復興」と「民主化」の政策を実行に移したので、沖縄住民には「シーツ政策」が善政と映ったようである。たとえば、シーツが行った沖縄の復興政策には、土地所有権の認定や不要軍事基地の解放、民間企業設立の促進、バス事業の開設、教育施設の改善、および 1950 年の琉球大学開学などがある。

　もう一方の民主化政策では、琉球・奄美・宮古・八重山の 4 群島政府が、

1950年8月4日に住民自治の強化を目指して設立された。そして、シーツ軍政長官は、各群島の軍政府を統括する琉球軍政本部を設置して、群島の住民自治の障害となっていた軍政府の権限を縮小した。

　当時の極東情勢は、1949年10月1日に中華人民共和国が成立し、1950年6月25日に朝鮮戦争が勃発するなど、つぎつぎと異変が発生した。そのために急遽、米国は沖縄の米軍基地を極東戦略の最重要拠点基地と位置づけて、1953年から軍用地の強制収用に乗り出して本格的に基地の建設・整備を始めた。そのときになって、沖縄住民は「シーツ政策」というアメを舐めさせられた後、基地の建設・整備のための軍用地の強制収用というムチが使われることに気づいたのであった。

　1951年9月8日に米国カリフォルニア州のサンフランシスコ市で、第二次世界大戦における連合国と日本との間の戦争状態を終結させるための対日平和条約（Treaty of Peace with Japan、昭和27年条約第5号）が締結され、1952年4月28日に発効した。この条約を連合国が批准したことで沖縄などを除く日本国の主権は回復したが、その代償として、対日平和条約第3条[5]により、沖縄とその周辺は日本から分断され、米国の施政権下に置かれたままになった。その結果、沖縄は、敗戦から1972年5月15日に本土復帰するまでの27年間にわたって米軍が統治を続けたのである。

3.3　米軍統治下の沖縄における統治機構

　米軍統治下の沖縄における統治機構の再編の歴史が非常に複雑でわかりづらいので、最初に、その流れを年代別に表3.3に示す。

　沖縄住民に対する統治機構の改組の歴史と権限について簡単に説明する。沖縄における統治機構は、行政主席が実権を握っていると考えるのが一般的である。しかし、実際は事実上の傀儡で、実権はすべてUSCARが握っていた。つまり、立法院が議決した法案であっても、行政主席はUSCARの決定を仰がなければならなかった。USCARが許可しなければ、立法院が議決した法案であっても立法化されることなく、行政主席に差し戻されて、廃案される。こう

表 3.3　米軍統治下の沖縄における統治機構の改組の歴史

自治政府	期間
沖縄諮詢会（Okinawa Advisory Council）	1945 年 8 月 − 1946 年 3 月
沖縄民政府（Okinawa Civilian Administration）	1946 年 4 月 − 1950 年10月
臨時琉球諮詢委員会（Interim Ryukyus Advisory Council）	1950 年 6 月 − 1951 年 3 月
琉球臨時中央政府（Ryukyu Provisional Central Government）	1951 年 4 月 − 1952 年 3 月
琉球政府（Government of the Ryukyu Islands）	1952 年 4 月 − 1972 年 5 月

群島政府	議決機関の議員定数	執行機関
奄美群島政府	13	知事 副知事 行政部門
沖縄群島政府	20	
宮古群島政府	9	
八重山群島政府	7	

（著者作成）

した状況下で、USCAR による軍事基地の建設・整備のための強制土地収用がつぎつぎと実行されていった。

3.3.1　沖縄諮詢会

　1945 年 8 月 15 日、在沖米軍は、沖縄本島 39 か所に収容されていた民間人捕虜から住民代表 128 人を石川に集めて、敗戦を知らせると供に諮詢会の発足を命じた[6]。諮詢会委員は 8 月 20 日の投票で 15 人が選出され、自宅を事務所として活動を始めた。沖縄諮詢会（Okinawa Advisory Council）は、1945年 8 月 20 日に美里村石川の民家を庁舎とし、戦後最初の行政機関として発足した。そして、下記の 3 項目について、USMGR（琉球列島米国軍政府）と沖縄住民との関係を円滑に取り持つ役目を果たした。

（1）USMGR の諮問に対する答申

（2）中央政治機構創設に関する計画の立案

（3）USMGR への陳情具申

3.3.2 沖縄民政府

沖縄諮詢会を継承した沖縄民政府（Okinawa Civilian Administration）は、沖縄群島における行政機構である。軍政府の命令を沖縄住民に伝え、正しく履行するために 1946 年 4 月に設立した。沖縄民政府知事には、沖縄諮詢会委員長の志喜屋孝信が任命された。また、新規に「沖縄議会」が設置された。「議会」といっても議決機関ではなく、知事の諮問に答える権限しか与えられなかった。そして、議員は戦前の沖縄県会議員とUSMGRの任命議員によって構成された。

同時期に奄美群島では「臨時北部南西諸島政庁」、宮古群島では「宮古民政府」、八重山群島では「八重山民政府」が設立された。すべてが出揃ったところで、1949 年に「沖縄議会」が「沖縄民政議会」に改組された。それと同様に、「臨時北部南西諸島政庁」の「法制改定委員会」が「奄美民政議会」、「宮古民政府」の「宮古議会」が「宮古民政議会」、「八重山民政府」の「八重山議会」が「八重山民政議会」にそれぞれ改組された。

3.3.3 臨時琉球諮詢委員会

1950 年 6 月 15 日に発足した臨時琉球諮詢委員会（Interim Ryukyus Advisory Council）は、USMGRの諮問に答えるための機関である。臨時琉球諮詢委員会は 11 人の委員によって構成され、委員長に比嘉秀平（沖縄民政府官房長）、副委員長に富名腰尚武（沖縄民政府情報課長）が選出された。11 人の委員はUSMGRの諮問に答えられるように、群島政府ごとの問題を全琉球的にひとまとめにする役目を担っている。

1950 年 8 月 4 日公布の米国軍政府布令第 22 号「群島政府組織法（The Law Concerning the Organization of the Gunto Governments）」に基づく地方公共団体として、奄美群島政府、沖縄群島政府、宮古群島政府、八重山群島政府の 4 群島政府（1950 年 8 月 4 日〜 1952 年 3 月 31 日）が設置された。それぞれの群島政府は、知事の公選制や住民の直接請求権などが認められている。4 群島の統治機構における議決機関として「群島議会」を置き、執行機関として「群島知事」を置いた。群島議会議員と群島知事は、共に住民の意思による

直接選挙で選出される方式が採択され、任期はいずれも4年であった。4群島政府における統治機構の細目については表3.3に示す。

　さらに、住民の意思が群島政治に反映されるように、下記の（1）～（4）の請求権が各群島の住民に認められている。

（1）条例の制定や改廃の請求権

（2）地方公共団体の事務の監査請求権

（3）地方議会の解散請求権

（4）地方公共団体の首長群島知事・議員・主な公務員の解職請求権

　4群島政府は米国軍政府の許容範囲内で、それぞれの群島内の公共事務を処理し、行政事務を行うこととされており、USCARの厳しい制約の中での事実上傀儡の自治であった。八重山、宮古、奄美など沖縄周辺の群島では、USCARの意向に反して、本土への復帰要求などをたびたび行った。本土復帰を住民が要求した理由として、真の自治権を有していたわけではないが、群島の住民は直接請求権が認められていたので、それが機能しないとわかりながらも十分活用していたのであった。

3.3.4　琉球臨時中央政府

　琉球臨時中央政府（Ryukyu Provisional Central Government）は、1951年4月1日にUSCARによって設立された暫定的統治機構である。「行政主席」と「立法院」の名称は、「臨時中央政府の設立（USCAR布告第3号）」に記された「Chief Executive」と「Legislature」の訳語として、このときに制定された。

　行政権は行政主席に属するとされ、臨時琉球諮詢委員会委員長だった比嘉秀平が任命された。行政副主席には泉有平が任命された。行政府は局制が採られ、14局が設けられた。立法権は立法院に属し、9人の立法院参議によって構成された。

　立法院議長は、米国上院に倣って行政副主席が兼任した。立法院参議は、4群島政府の幹部の中から叶義盛（奄美群島）、田畑守雄（奄美群島）、冨名腰尚武（沖縄群島）、城間盛善（沖縄群島）、嘉陽安春（沖縄群島）、松田賀哲（沖縄群島）、吉元榮光（沖縄群島）、嵩原重夫（宮古群島）、大浜国浩（八重山

群島）の9名がUSCARによって任命された。

　群島政府で知事の公選と住民の直接請求権を認めて懲りたUSCARは、琉球臨時中央政府の設立以降に沖縄住民の意思を琉球政府行政主席の任命に反映させることは、1968年11月10日の琉球政府行政主席公選まで一度もなかった。

3.4　琉球政府

　1952年4月1日に「琉球政府（Government of the Ryukyu Islands）」が発足し、4群島政府の機能は、琉球政府にすべて吸収された。ここで、奄美群島政府だけは、琉球政府の奄美地方庁となった。1952年4月28日に対日平和条約が発効した翌年の1953年8月8日に、ダレス国務長官による奄美群島返還声明が発表され、同年12月24日に奄美地方庁が廃庁された。そして、翌日の12月25日に奄美群島は本土に復帰した。

　琉球政府は、1952年4月1日から本土に復帰する前日の1972年5月14日まで存在した沖縄住民の統治機構であり、民裁判所・立法院・行政府の三権を司っていた。その中で、行政権は、行政主席（Chief Executive）に属するが、実際の権限はUSCARが掌握していた。当時、基地の拡張・強化を最優先していたUSCARは、自らが指名する沖縄住民を行政主席に任命することで、強制土地収用を円滑に進めようとしていた。

　琉球政府の立法機関である立法院（Legislature）は、USCAR布令第68号「琉球政府章典」により1952年4月1日に設立され、琉球政府が消滅する1972年5月14日まで存続した。立法院の権限は、沖縄に適用されるすべての立法事項に行使できるが、USCARによって法令の無効を命じられることもたびたびあった。

3.4.1　行政主席

　行政主席は行政府を代表し、琉球政府公務員法（1953年立法第4号）の適用がない特別職の琉球政府公務員である。ゆえに、琉球政府や外国政府のいかなる役職との兼職も禁じられている。その行政主席の就任資格、職務・権限、

および議会との関係などを以下に記述する。

（1）行政主席の就任資格

　就任資格は、満 35 歳以上で、少なくとも 5 年間は沖縄に居住し、かつ沖縄に戸籍を持っている者で、贈収賄、偽証、またはその他破廉恥罪などの犯罪歴のない者とされている。その行政主席の選出方法も複雑に変遷するので、その詳細をわかりやすく表 3.4 に示す。表 3.4 によって選出された歴代の行政主席名と在任期間を、年代別にまとめて表 3.5 に示す。

表 3.4　行政主席の選出方法の変遷

選出年	行政主席の選出方法
1952 年〜 1957 年	USCAR による直接任命
1957 年〜 1961 年	立法院の代表者に諮って、USCAR が任命
1962 年〜 1965 年	USCAR の受諾できる者を立法院が指名し、USCAR が任命
1965 年〜 1968 年	立法院議員による間接選挙
1968 年〜 1972 年	住民による直接選挙

（著者作成）

表 3.5　歴代行政主席と在任期間

行政主席	在任期間
比嘉秀平	1952 年 4 月 1 日〜 1956 年 10 月 25 日
当間重剛	1956 年 11 月 11 日〜 1959 年 11 月 10 日
大田政作	1959 年 11 月 11 日〜 1964 年 10 月 30 日
松岡政保	1964 年 10 月 31 日〜 1968 年 11 月 30 日
屋良朝苗	1968 年 12 月 1 日〜 1972 年 5 月 14 日

（著者作成）

（2）行政主席の職務・権限

　行政各局の管理運営に責任を負い、USCAR の認可の下に職員を任命する。立法の委任がある場合には、その施行のために必要な規則を定めることができる。

(3) 行政主席と議会との関係

　行政主席は、立法院の法案（予算案等も含まれる）に対して異議のある場合は、理由を明示して立法院に法案を返送することができる（拒否権の行使）。ただし、議会に出席した立法院議員の 2/3 以上の多数で再議決された場合は、USCAR の民政副長官（1957 年から琉球列島高等弁務官）の決定を待たなければならない。また、行政主席は法案提出権や議会の解散権は持っていない。

3.4.2　立法院

　立法院は沖縄住民の選挙によって選ばれた立法院議員によって構成される一院制の議会である。立法院議会は、定例会と臨時会がある。定例会は 2 月 1 日（1958 年までは 4 月の第 1 月曜日）に招集され、会期は 150 日である。臨時会は、必要に応じて行政主席が招集を決定する。また、立法院議員の 1/4 以上の要求があれば、行政主席が招集を決定しなくてはならない。会期はその都度、議決で定める。

(1) 立法院議員選挙

　立法院議員選挙は、米軍統治下で沖縄の立法機関である立法院議員を選出するための選挙である。第 1 回と第 2 回は琉球政府立法院議員選挙法（USCAR 布令第 57 号）にて、第 3 回以降は立法院議員選挙法を根拠法令として実施された。立法院議員の任期は当初 2 年で、後に 3 年になった。任期満了に伴う選挙のことを「総選挙」といい、任期満了日までの 30 日以内に実施された。本土復帰までに 8 回実施された立法院議員の総選挙の結果を表 3.6 に示す。

(2) 選挙権と被選挙権

　選挙権は 20 歳以上、被選挙権は 25 歳以上で沖縄に本籍を有する者に付与された。1968 年の改正で、本土に本籍を有する者にも同様の資格が与えられた。

表 3.6　立法院議員の総選挙の結果

立法院議員総選挙	投票日	定数	備考
第 1 回	1952 年 3 月 2 日	31	中選挙区制、任期が 2 年 6 か月
第 2 回	1954 年 3 月 14 日	29	奄美群島の本土復帰で定数削減、ここから小選挙区制
第 3 回	1956 年 3 月 11 日	29	
第 4 回	1958 年 3 月 16 日	29	
第 5 回	1960 年 11 月 13 日	29	
第 6 回	1962 年 11 月 11 日	29	任期が 3 年
第 7 回	1965 年 11 月 14 日	32	定数が 32 人
第 8 回	1968 年 11 月 10 日	32	

（著者作成）

3.5　結言

　1945 年 4 月 1 日に、米軍が沖縄本島に上陸した。同年 4 月 5 日に米軍が USMGR（琉球列島米国軍政府）を開庁してから 1972 年 5 月 15 日に本土復帰を果たすまで、沖縄は米軍統治下に置かれた。その期間における米軍の統治機関と沖縄の統治機構の組織の改組と権限の変遷を以下に記述する。

（1）米軍が沖縄での占領政策を円滑に遂行するために、1945 年 4 月 5 日に USMGR を開庁した。USMGR は、1950 年 12 月 15 日に USCAR に改組され、1972 年 5 月 14 日まで存続した。USMGR と USCAR は、沖縄の統治機構の組織や権限について規制した。一例として、USCAR 布告第 13 号は、10 か条から構成された琉球政府の設立基本法で、組織や権限についての基本的な部分を総論的に規制している。その細目は、USCAR 布令第 68 号の琉球政府章典に規定されている。

（2）USMGR は 1945 年 8 月に沖縄諮詢会の開設を命じ、それが 1946 年 4 月に沖縄民政府の開庁につながった。すでに開庁している群島政府の機能を吸収するために、1950 年 6 月に臨時琉球諮詢委員会が開設された。

USMGR も 1950 年 12 月に USCAR に改組され、その指示で 1951 年 4 月に琉球臨時中央政府が開庁された。琉球臨時中央政府が群島政府の機能を吸収して 1952 年 4 月に琉球政府が開庁され、1972 年 5 月の本土復帰まで機能した。

(3) 1951 年 9 月 8 日に米国カリフォルニア州サンフランシスコで、連合国と日本との間に対日平和条約が締結され、1952 年 4 月 28 日に発効した。対日平和条約第 3 条により、沖縄とその周辺は米国の施政権下に置かれたままになった。

【注】

1) 一般社団法人沖縄県軍用地等地主会連合会（土地連）（2011 年 8 月 9 日）「難民収容所」https://www.okinawa-tochiren.jp/310.html（2019 年 1 月 8 日アクセス）。

2) USCAR は最初 400 人の陣容でスタートしたが、その後 200 人まで削減された（『琉球新報』（1953 年 11 月 16 日）「米人記者の観た沖縄（4）」：ペルリ提督の確信を立證、米人は永久に沖縄に留まる」）。

3) 一般社団法人沖縄県軍用地等地主会連合会（土地連）（2011 年 8 月 9 日）『割当土地制度』https://www.okinawa-tochiren.jp/312.html（2019 年 1 月 8 日アクセス）。

4) 米国政府は、1949 年〜 1950 年までの 2 年間に 7,443 万ドルの援助金を沖縄に投入した（琉球銀行調査部（1984）『戦後沖縄経済史』、琉球銀行、p.1369）。

5) 対日平和条約第 3 条では、「日本国は、北緯 29 度以南の南西諸島（琉球諸島及び大東諸島を含む）、孀婦岩の南 の南方諸島（小笠原群島、西之島及び火山列島を含む。）並びに沖の鳥島及び南鳥島を合衆国を唯一の施政権者 とする信託統治制度の下におくこととする国際連合に対する合衆国のいかなる提案にも同意する。このような提案が行われ且つ可決されるまで、合衆国は、領水を含むこれらの諸島の領域及び住民に対して、行政、立法及び 司法上の権力の全部及び一部を行使する権利を有するものとする」と規定されている。

6) 仲地博（2001）「戦後沖縄自治制度史（一）」『琉大法学（琉球大学法文学部）』、第 65 号、p.95。

第IV章

強制土地収用と反米・反米軍意識の形成

4.1 米軍による強制土地収用

4.1.1 強制土地収用の法的根拠

　1951年9月8日、第二次世界大戦における連合国と日本との間で戦争状態を終結させるための対日平和条約が締結された。連合国（54か国）から講和会議に不参加のインド・ビルマ・ユーゴスラビア（3か国）と講和会議に参加したけれども調印しなかったソ連・ポーランド・チェコスロバキア（3か国）を減じた48か国が対日平和条約を批准したことで、沖縄とその周辺を除いた日本の主権が回復した。すなわち、対日平和条約の締結によって、戦時国際法の1つである「ハーグ陸戦条約[1]」が失効したのである。その結果、対日平和条約第3条により、沖縄とその周辺は日本から分断され、米軍統治下に置かれたままとなった。これから論じる沖縄の米軍基地整備のための強制土地収用に関する布令と布告を、公布年月日順にまとめて表4.1に示す。

　1952年11月1日に琉球列島米国民政府（USCAR）の民政副長官（在沖米軍司令官兼務）がUSCAR布令第91号「契約権」を公布し、賃貸借契約による既収用地の継続使用を図った（p.72参照）。しかし、収用地の契約期間が20年と長期間のうえ軍用地料があまりにも低額であったために地主が契約に応ぜず、米軍の使用権原の取得は失敗に終わった。なお、同布令は、琉球政府行政主席と土地所有者との間で契約を締結し、その土地を琉球政府行政主席が、改めて米軍に転貸する仕組みになっていた。

　次に、米軍が失敗に終わったUSCAR布令第91号の契約による使用権原を改正して、改めてUSCAR布令第109号「土地収用令」を1953年4月3日に

表 4.1　軍用地の強制土地収用のための布令と布告

公布年月日	布令と布告	内容
1952 年 11 月 1 日	布令第 91 号「契約権」	賃貸借契約による既収用地の継続使用
1953 年 4 月 3 日	布令第 109 号「土地収用令」	土地を軍用地として使用するための強制収用手続き
1953 年 12 月 5 日	布告第 26 号「軍用地域内の不動産の使用に対する補償」	補償額に不満の場合は、75％を受け取り確認及び賃貸料供託金の提出期日から 39 日以内に民政府副長官に訴願する。
1957 年 2 月 23 日	布令第 164 号「米合衆国土地収用令」	地主の所有権は残されるが、その土地の地価に等しい額を一括して支払い、土地の使用権は永久に米軍側に保持される。布令第 164 号の公布で、布令第 109 号「土地収用令」は廃止
1959 年 2 月 12 日	布令第 20 号「賃借権の取得について」	軍用地の取得、地代の評価、その支払い方法

（著者作成）

公布した。なお、同布令は、土地を軍用地として使用するための強制収用手続きを定めた契約方法について規定したものである。たとえば、土地の契約が失敗に終わったとしても、地主に収用の告知さえすれば、地主は 30 日以内に受諾するか拒否するかを、再度決定しなければならない。地主が拒否した場合でも、米軍は収用宣告書を出すことにより、使用権原を一方的に取得できる仕組みになっている。

　USCAR 布令第 109 号は、本来既収用地の使用権原を取得するために制定されたものである。しかし、当時は米軍基地の建設・強化による再整備が進められていたために、同布令は、もっぱら軍用地の再整備のための新規収用のみに適用された。その理由は、ソ連と中国という二大共産主義国の脅威から、極東と東南アジアの自由主義諸国を防衛するための極東戦略上の要として、なんとしても沖縄基地を十分に拡張・整備し、強固な要塞島を建設する必要に迫られていたからである。

　USCAR布令第109号の最初の適用地として、1953年4月に真和志村安
謝部落、天久部落、および銘苅部落で、強制的に土地収用が実行された。
USCARは真和志村の農民から有無をいわさず土地収用できたことで、1953
年12月5日に小禄村具志部落でも強制土地収用を実行した。一方、伊江村真
謝部落では、爆撃演習場を設置するために1953年7月15日と1955年3月
11日の2回に分けて強制土地収用が行われた。

　ところが、真和志村の土地の収用状況と違って、小禄村具志部落民の土
地の反対闘争は特に激しく、最後まで一致団結して1人の落伍者も出さな
かったことにUSCARは狼狽した。そのときの様子を在沖米軍は、「小禄村
具志部落の強制土地収用の非公式メモ[2]」として国務省に報告している。小
禄村具志部落民の強制土地収用における反対闘争の経緯は、当時の新聞報道
[3]と開示された米国国立公文書記録管理局（National Archives and Records
Administration）の機密文書の中から前記の国務省に宛てた「非公式メモ」を
発見することができたので、両者を用いて当時の状況を読み解いた。もう一方
の伊江村真謝部落の強制土地収用に対する反対闘争では、離島であるがゆえに
琉球政府や団体の支援が得られなかった。後に、阿波根昌鴻[4]率いる真謝部
落民が沖縄本島を南北に縦断しながら乞食托鉢行進をして、生活圏と生存権を
奪う在沖米軍の傍若無人な振舞いを沖縄全島民に訴えた。

　強制土地収用された軍用地主から請願を受けた立法院は、沖縄人民党の瀬
長亀次郎[5]委員長が中心となって1954年4月30日に「軍用地処理に関する
請願」を全会一致で決議した。決議した内容は土地問題解決の「四原則」にま
とめて、その対応を米国政府に要請した。それにもかかわらず、1955年7月
19日に宜野湾村伊佐浜部落で、再度強制土地収用が繰り返された。

　その当時、沖縄教職員会の会長であった屋良朝苗[6]は、「軍用地問題対策委
員会」を立ち上げて、強制土地収用された後の伊佐浜部落民の生活調査を実施
している。そのときの「実態調査報告[7]」が読谷村史編集室に残されていた。
残されていた「実態調査報告」は、強制土地収用後の伊佐浜部落民の生活状況
を把握する唯一の貴重な資料である。なぜなら、米軍の強制土地収用に反対す
る住民の資料は見つかるが、収用後の住民の生活状況を知るための資料は、著

者が読谷村史編集室で発見した「軍用地問題対策委員会」がまとめた伊佐浜部
落民の「実態調査報告」しか見当たらない。その資料を、「4.5.2　強制土地収
用後の伊佐浜部落民の実態調査」に有効利用した。

　小禄村具志部落や伊江村真謝部落の強硬な土地収用に対する反対闘争が
あったにもかかわらず、宜野湾村伊佐浜部落やその他の地域の土地がつぎつぎ
と軍用地として強制収用されていった。一連の軍用地の強制土地収用に、度重
なる米軍人の婦女子への暴行、あるいは、米軍機の不時着や墜落事故などが加
わったことで、沖縄住民の反米軍意識が高揚した。やがて沖縄住民の反米軍意
識は、反対闘争を沖縄全島に拡散させていった。その背景には、当時メディア
の中心にいた複数の新聞社が一斉に農民の生存権を脅かす強制土地収用に対す
る反米軍意識の高揚が沖縄全島に拡散していく過程を報道し続けた。こうした
報道記事が、軍用地主の大きな後ろ盾となった。その反面、USCARにとって
は、看過できない目障りな存在になったことも事実である[8]。

　宜野湾村伊佐浜部落の強制土地収用後の生活状況は、沖縄教職員会が実施
した実態調査資料を用いて明らかにした。小禄村具志部落、伊江村真謝部落、
宜野湾村伊佐浜部落などの成果から、基地建設のために手段を選ばぬ強制土地
収用によって生活が困窮し、生存権が脅かされる沖縄の農民の苦しみと激しい
怒りが浮き彫りになってくる。そして、その怒りが反米軍意識を高揚させ、第
1期の強制土地収用をめぐる「島ぐるみ闘争」となって現れてくるのである。

4.1.2　強制土地収用による基地建設で発生した問題

　沖縄米軍基地の拡張・強化と恒久化を目指した基地建設は、1950年の朝鮮
戦争から米軍がベトナム戦争に介入する1965年ぐらいまでが最盛期であっ
た。その後、沖縄の米軍基地が、極東と東南アジアの国々の防衛任務が果たせ
るように拡張・強化されて、極東で最強・最大の戦略爆撃空軍基地と兵站基
地、および軍港などを備えた要塞島に変貌していった。ベトナム戦争は、米国
の支援する南ベトナムの首都サイゴン（現：ホーチミン市）が陥落したことで、
1975年4月30日に終焉を迎えた。

　こうした沖縄の基地問題と米軍統治については、松本英樹の論文によって

以下のことが解明されている[9]。

　占領当初、米国務省と軍部の間で沖縄の統治をめぐって激しい対立があり、基地建設の規模やその維持管理に関する方針すら固まっていなかった。

　軍部は、沖縄を排他的戦略支配の下に置くことが米国の国家安全保障にとって不可欠であると主張した。そして軍部は、1946年1月に連合国軍最高司令官の名で「若干の外郭地域を政治上、行政上日本から分離することに関する覚書」を出して、沖縄を日本本土の占領政策から除外した。こうした軍部の意向とは逆に、米国務省は、沖縄を非武装化して日本に返還する方針を持っていた。

　しかし、冷戦の深化と供に米国国務省の方針も転換し、1949年5月に沖縄の長期的保有方針がトルーマン（Harry S.Truman）大統領に承認されると、沖縄で恒久的な軍事基地建設が開始されることになった。この段階で沖縄は、米国の極東軍事戦略の中に組み込まれたのである。1952年4月、沖縄などを除く日本は「対日平和条約」の発効により主権を回復するが、沖縄の施政権は米国が有し、以前と変わりなく米軍統治下に置かれた。日本は自国の領土として、沖縄の最終処分権、すなわち、潜在主権のみを有することとなった。施政権国である米国と潜在主権国である日本との関係をわかりやすく、以下の2項目にまとめる。

(1) 施政権国である米国の施政が終了した場合には、潜在主権国である日本の施政権が回復される。

(2) 施政権国である米国の条約に定められている以外の処分は、潜在主権国である日本の同意なしにはできない。

　対日平和条約第3条により、米軍はハーグ陸戦条約失効後も、引き続き沖縄基地が使用できるようになった。そして、1953年4月3日には、土地の強制収用手続を定めたUSCAR布令第109号「土地収用令」をUSCARが公布し、強制土地収用により新たな基地の建設・整備がなされていったのである。

　米軍基地の建設・整備のための強制土地収用で発生する問題は、仲地清[10]や鳥山淳[11]などの先行研究によって明らかにされている。しかし、仲地や鳥山などの先行研究における手法は、沖縄住民側からの資料や調査による一方向

のアプローチがほとんどで、沖縄住民側と米軍側、すなわち、統治される側と統治する側の双方向からのアプローチはほとんど見当たらないのが現状である。著者は、沖縄県公文書館に所蔵されている米国収集資料と当時の沖縄の新聞、あるいは、沖縄のそれぞれの地域に残されている当時の資料などを用いて、沖縄住民側と米軍側の双方向から比較分析した。

　そうした比較分析の結果、米軍の土地収用における強硬姿勢が沖縄住民の反米軍意識の高揚に火を点け、それが「島ぐるみ闘争」に発展していった。沖縄住民の反米軍闘争が米軍基地の使用に支障をきたすことを恐れた米国務省のマクラーキン局長代理は、住民との話し合いに応じながら、できるだけ穏やかに軍用地の収用を進めるように、米軍に忠告していたことを明らかにした（p.30 参照）。

4.2　契約権の公布から土地収用令まで

　USCARは、1952 年 11 月 1 日にUSCAR布令第 91 号「契約権」を公布（表4.1 p.68 参照）して、1950 年 7 月 1 日〜 1952 年 4 月 27 日分の賃貸借契約による既収用地の継続使用を地主に要求した。しかし、収用地の契約期間が 20年と長期間のうえ、軍用地料が年間平均 1 坪当たりB円（米軍発行の軍票）で1 円 8 銭（1B円＝ 3 円）、山林・原野などは面積のいかんにかかわらず 1 筆10 円（1 筆＝ 1 地権者）と、あまりにも低額であったために地主は賃貸借契約に応じなかった。米軍の使用権原の取得は失敗に終わった。同布令は、琉球政府行政主席と地主との間で契約を締結し、米軍に転貸する仕組みになっていた。提示された軍用地料がいかに低額であったかを知るために、当時の一般的な消費物価を記述する。たとえば、煙草が 1 箱 10 円、食塩が 1 斤 7 円、白米が 1 斤 44.53 円、甘藷（かんしょ）が 1 斤 3 円、および大豆が 1 斤 52.60 円（1 斤＝600g）[12]などである。

　USCAR布令第 91 号の「契約による軍用地の使用権原の取得」が失敗に終わったので、USCARは、地主の同意が得られない場合でも収用権を得るための方策として、1953 年 4 月 3 日、USCAR布令第 109 号「土地収用令」を公

布（表4.1 p.68 参照）した。USCAR布令第109号は「土地収用に関して地主との協議が纏まらないときは、民政府副長官が土地収用の告知を行い、それから30日後に収用宣告書を登記所に提出して登記することによって、USCARが権利を取得する」と定められている。この布令は、USCARが土地の新規強制収用にのみ適用した。

　USCAR布令第109号「土地収用令」の公布によって、USCARは1953年4月に真和志村銘刈部落（現：那覇市）、1953年12月に小禄村具志部落（現：那覇市）、1953年7月と1955年3月に伊江村真謝部落（現：国頭郡）、および1955年7月に宜野湾村伊佐浜部落（現：宜野湾市）などから強制的に土地収用を開始した。武器を持たず必死に反対を訴える住民を米軍兵士は銃剣で武装して排除し、ブルドーザーを使って家屋を押しつぶし、耕作地を含めて平坦にならしていった。

　USCAR布令第109号による強制土地収用でUSCARが賃借権を得た後、1953年12月5日にUSCARは、USCAR布告第26号「軍用地域内の不動産の使用に対する補償」を公布（表4.1 p.68 参照）した。USCAR布告第26号では、「補償額に不満の場合は、75％を受け取り確認及び賃貸料供託金の提出期日から39日以内に民政府副長官に訴願しなければならない」と記されている。

　多くの強制土地収用が執行される中で、1957年1月4日にレムニッツアー（Lyman Louis Lemnitzer）[13]民政長官は、「軍用地料の一括払い及び新規収用は米国の最終方針である」[14]との声明を発表した。この発表は沖縄住民の反米軍闘争にますます拍車をかけることになった。1957年2月23日にUSCARがUSCAR布令第164号「米合衆国土地収用令」を公布（表4.1 p.68 参照）したことで、USCAR布令第109号「土地収用令」は廃止された。USCAR布令第164号の内容は、地主の所有権は残されるが、その土地の地価に等しい額を一括して支払い、土地の使用権は永久に米軍側に保持されるとなっていた。それは事実上の土地の買い上げであり、領土権をも侵害するものであった。

4.3 小禄村具志部落における強制土地収用

4.3.1 小禄村具志部落の強制土地収用の歴史

　1953年4月3日に公布したUSCAR布令第109号「土地収用令」を適用して、同年12月5日に「銃剣とブルドーザー」で小禄村具志部落波座間原の強制土地収用を執行した。その実態について記した新聞記事[15]を用いて、強制土地収用の概要を以下に示す。

　1953年11月18日、米軍から琉球政府行政主席に文書で「波座間原の工事を開始するから、該当する地域内にあるすべての農作物をできるだけ早く収穫するように必要な手続きをとって貰いたい。村吏員の調査で、この建設地域内には建物や墓地等がないことを確認している。この地域は、那覇飛行場総合計画地域に含まれているので、農作物の損害賠償金は支払われない」と通知してきた。

　同年11月29日の具志部落幹部会で、「すでに部落の北側の農地が弾薬庫に取られており、南側では石油タンク工事が始まって、次第に農地が減ってくる。このままでは一坪の畑も残らない不安があるので、これ以上具志部落の農地が失われないように猛反対しよう」と申し合わせた。その後、部落の常会で、「米軍が万一波座間原の工事を始めたら、鐘を叩いて合図をする。合図を聞いたら具志部落民はすぐ現場に駆けつける」と申し合わせ、その一方で軍上層部へ陳情するために部落民の間で署名運動を行った。

　1953年12月5日午前7時30分ごろに小禄村具志部落波座間原（1万5,000坪）で、米軍がブルドーザーを持ち込んで道路開削工事を始めた。工事を阻止すべく具志部落民200名余りが現場に駆けつけて、ブルドーザーの前に座り込んだ。米軍側は情勢の悪化に備えて300名余の武装兵を現地に送り込み、警察本部でも西平隊長以下50名ほどの警官が急派されるなどの騒動があった。

　午前中はUSCARの調査官が現場で小禄村の長嶺秋夫[16]村長らから事情聴取をしていたが、12時半に武装兵の手でブルドーザーの前に座り込んだ部落

民を排除し、解散させた。武装兵は部落民の立ち入りを禁止して、波座間原の警備を続行した。

　部落民は具志部落のクラブに集まって、終日対策を協議した。小禄村具志部落の上原亀治部落長らによると、波座間原は収用予定地に指定されていて、1953 年 10 月 24 日に USCAR の後藤土地課長から村長に口頭で「波座間原の工事には是非協力してほしい。賃貸料もすでに払ってあるので、軍用地である以上工事は進める」との通知があった。

　以上が 12 月 5 日朝の具志部落事件が発生するまでの経緯である。

　ここで、小禄村具志部落強制土地収用の歴史について略記する。「戦前の具志部落は小禄村の真南に位置して平原が海岸まで続いており、『小禄間切口説』に詩われているように、肥沃な土地を有した豊かな農村であった。農業が中心で、キビを主に作って、一樽 100 斤詰めの砂糖が 3,000 樽以上も出荷されていた。園芸作物の栽培も盛んで、スイカやカボチャが那覇の市場に出荷されていた」[17]。この地に旧帝国海軍が中国との戦争準備のため、1931 年に小禄飛行場を建設した。その後、戦禍の拡大により、小禄村のかなりの土地が飛行場の拡張と軍用施設建設のために収用された。1945 年 4 月 1 日の米軍上陸後、同年 6 月 4 日に小禄飛行場は米軍に接収されて、那覇飛行場（現：那覇空港）と改称された。さらに、施設の拡張で小禄村の土地の 70.45％が収用された[18]。こうした背景下で、1953 年 12 月 5 日に小禄村具志部落波座間原の強制土地収用事件が、再度起こった。僅かに残った農地では生活が成り立たず、生存権が危ぶまれるので、具志部落民は農業以外の職を求めて公務員・会社員・金融機関などに進出した。

　波座間原事件当時、上原蒲戸具志部落土地委員長は次のように語った[19]。

　　1953 年 12 月 5 日の朝 7 時半頃に波座間原の近くに住んでいる上原佐仁が「今朝からブルドーザーが作業を始めている」と私（上原蒲戸具志部落土地委員長）に伝えてきた。早速鐘を叩いて部落民を集めて現場に行ったときは、すでに 300m ばかり道路ができていた。作業をしている米軍人に「作業を中止して欲しい」と交渉したら、「今日は一応引き揚げよう」と軍用地の柵内に引き下がった。間もなく MP（Military Police：憲兵隊）と CID（United States Army Criminal

Investigation Command：米国陸軍犯罪捜査隊）が現われ、部落民の連絡で長嶺村長もやってきた。長嶺村長とCIDの交渉では、「軍用地問題は我々にはわからない。オグデン（David A. D. Ogden）[20]民政副長官か、その代理官が来るまで待つように」との事だった。具志部落民はそのまま座り込んで待っていたら、12時半頃突然300名余の武装兵によって排除された。

　ブラムリー（Charles V. Bromley）主席民政官は、「極東アジアの人々に対する責任を負うために、我々の計画遂行を阻む者に対して譲歩することは決してない。我々はかかる阻止運動に対しては、これを取り除く手段をとるであろう。我々は瀬長亀次郎やこれと同様な思想を持つ人達からの抗議に対しては、これを認めることはできず、又かかる思想を拡げることも断じて許さないであろう」[21]という声明を発表した。

　この声明以外に、「今日、我々は104.6エーカーの軍用地を返還することにしたが、瀬長亀次郎ら人民党員は小禄村における僅か1エーカー半の土地について反対運動を起こそうとしている。今回の土地開放で、小禄村では46エーカー（56,304坪）の土地返還が行われることになっている。瀬長亀次郎は共産主義的方法をとって、同調者と共に我々の大きな計画を阻止しようとしている。すなわち、瀬長亀次郎を通じて収用反対運動が行われようとしている小禄村の1エーカー半の土地は、米軍が最も必要としているものである。この土地に対して、1952年4月28日までは借地料を支払ってあり、我々がこの土地を使用するということは事前に通告してある。USCARの布告第26号は、土地の返還についても委細に説明してある」[22]とコメントしている。

　上記の声明とコメントの中で、ブラムリー主席民政官は、「共産主義者の瀬長亀次郎を始めとする人民党員が無知な民衆を扇動して、小禄村における僅か1エーカー半の土地について反対運動を起こそうとしている」[23]と主張している。この主張は、強制土地収用される小禄村具志部落民を共産主義者と一方的に決めつけることで、土地問題の本質をイデオロギー問題にすり替えようとするものであると、著者は考える。

　もう1つのブラムリー主席民政官の問題発言は、「1952年4月28日までの借地料を支払ってあり、我々がこの土地を使用するということは事前に通告し

てある。USCAR の布告第 26 号は、土地の返還についても説明してある」[24]
というコメントである。

　著者からすれば、小禄村具志部落民は、USCAR の一方的な布令第 109 号
や布告第 26 号で先祖伝来の農地を奪われ、生活権のすべてを失っただけでな
く、生存権さえ危ぶまれている。僅かな借地料で家族がどのように生活し、子
どもの教育をどうしていけばよいのか。基地建設の強制土地収用を正当化する
ブラムリー主席民政官の発言は、具志部落民の基本的人権を無視した反民主主
義の論理であるといわざるを得ない。具志部落民と同様に、真謝部落民や伊佐
浜部落民も生活権を失い、生存権が危ぶまれる環境に置かれていたことを付記
する。

4.3.2　琉球政府行政主席への陳情

　波座間原一帯の軍工事反対を訴える小禄村具志部落の農民約 300 名の陳情
団が、1953 年 12 月 7 日午前 10 時ごろ、「土地を守る者は民主主義を守る」
や「吾等は土地を守る」などのプラカードやノボリを押し立てて琉球行政府に
押しかけ、比嘉秀平[25]（ひがしゅうへい）行政主席に要望事項と決議文を手渡して工事中止を訴
えた[26]。

　陳情団は上原蒲戸具志部落土地委員長、上原亀治具志部落長、上原太郎青（うえはらたろう）
年分会部長、国吉辰雄土地委員（くによしたつお）の 4 代表を行政主席室に送り、比嘉行政主席、
泉有平行政副主席、宮里勝内政局長（みやざとまさる）、仲村兼信警察局長（なかむらけんしん）、稲嶺成珍行政課長（いなみねせいちん）
らと懇談した。4 代表は、比嘉行政主席らに具志部落民が土地を立ち退くまで
の状況を説明し、決議文を手渡した。そして、4 代表は行政主席に部落民の気
持ちを訴えた後、「波座間原一帯の軍工事の問題に対する感想を聞きたいので
部落民に会ってもらいたい」[27]と要望した。それに対して比嘉行政主席は、「部
落民には貴方達から伝えて貰っては」[28]と答えた。しかし、4 代表の「折角来
たのですから是非会って貰いたい」[29]との再度の要望に応えて、比嘉行政主席
は行政府横の広場に座り込んだ部落民に会って善処を約束した[30]。

　当日陳情団から比嘉行政主席に提出された決議文ならびに要望事項は次の
とおりである[31]。

（1）決議文

　我々が終戦以来米軍当局に対し可能な限り多大の協力をしてきたこともむなしく1953年12月5日午前8時現在、我々具志部落民に残された唯一の土地であり、最後の土地である波座間原総坪数15,000坪の我々の土地に突然強制的な工事を開始し、具志部落1,500余名の工事反対要求を無視した。

　我々具志部落民は老いも若きも非常呼集の鐘で波座間原現場に駆けつけ工事を即座に中止するよう願い出た。民主主義を強調する米軍当局は我々の質問意見の具申を無視し、オグデン民政副長官代理のコンド大佐は即座に退去命令を申し渡した。我々具志部落民は道徳と博愛を重んずる米軍に対し、その理由説明を要求したにもかかわらず、我々の「質問は受け付けない」と一蹴され、武装兵約350名は子供・老人・婦女子・青年を含む我ら具志部落民を足蹴にし、床尾鈑（銃床の末端に取り付けた鉄板）で叩きつけながら、銃剣を突きつけ、機関銃・機関砲・催涙ガス・手榴弾などの使用も辞せずとの態度を示した。かかる非人道的な仕打ちに対し、無力な我々は涙ながらにその場を退去せざるを得なかった。

　1953年11月29日具志部落民大会の決議による波座間原一帯の軍工事反対、土地の強制取り上げ反対の声を人間の正しい要求とかたく信じ、さらにこの決議を再確認し、無非道な軍工事の即時中止を要求する。右具志部落1,500余名の名において決議する。

（2）要望事項

　比嘉行政主席の話の大要は次のとおりである[32]。

　代表から、皆さんの切実な要望について詳しく聞いた。米軍が必要とする土地に対しては反対を唱えることはしないで、必要だという土地については立ち退き後の生活の問題をどうして貰うかについて相談した方がよいと思う。先ず結論をいうと、私も皆さんの希望に出来るだけ沿うように努力したい。小禄は多くの土地を軍使用地に提供し非常に苦しんでいることはよく承知しており、再三私も現地視察を行った。この間も各局長を通じ、具志、儀間の視察を行ったが、私も非常に心配している。しかし、国際情勢は米国がここに軍事基地を作らなければならない情勢にある。吾々も自由主義諸国家、あるいは吾々

自身を護るために協力しなければならない。しかし、その犠牲を一方だけで受け持たず、みんなで受け持たなければならない。皆さんの悲しみはよく判るが、土地を割いても生活が困らぬよう、路頭に迷わぬよう解決を図って行きたい。皆さんは悪天候にもかかわらず具志から見えられた気持ちはよく判る。皆さんの代表と村当局、私、それに政府関係各局と密接に連絡を取り、この問題の円満解決に努力したい。皆さんの気持ちを伝えるだけで解決する問題ではなく、どう解決すればよいかを皆さんの代表と打合せ、又皆さんとも連携を取りたい。皆さんの決議文もはっきり読んでいるので各代表とゆっくり対策を練りたいが、皆さんも代表や村長に解決の具体策を示して貰いたい。

　なお、比嘉行政主席のあいさつが終わった後、上原蒲戸具志部落土地委員長が以下の要望事項を比嘉行政主席に朗読した[33]。

・現在までの経過報告に対する行政主席の意見を伺いたい。
・軍工事進行中の地域は何らの契約も結ばれておらぬから、適切な契約が結ばれるまで波座間原一帯の軍工事を中止して貰いたい。
・軍工事進行中の土地に対する適切な処置及び賠償金の支払い。
・現在の農耕地を現在のまま継続耕作できる様保証されたい。
・支払済み金がいかなる性質の金であるか、対日平和条約発効前の使用料であると我々は認めて受領した。
・具志部落民の生きるための要求に対し、武力による解決方法を今後一切やめてもらいたい。

4.3.3　立法院の軍使用土地特別委員会での証言

　1953年12月7日の正午ごろ、具志部落の約300名の陳情団は、琉球行政府から立法院に押しかけた。具志部落の有志らは同日午後2時から開かれた立法院の軍使用土地特別委員会の緊急協議会に出席して部落の強制土地収用について証言した[34]。

　緊急協議会には上原軍使用土地特別委員長、肥後・安里・兼次・桃原・与儀・石原・瀬長・新垣各委員らが出席し、具志部落の陳情に関する証言を聴取した後にUSCAR布告第26号「軍用地域内の不動産の使用に対する補償」に

対する善後策を協議した。

　協議の結果、各委員らは、適正な借地料の早期設定を要望し、政治的な折衝によって適正な借地料の設定を促進するという従来の基本的方針をあくまで推し進めると共に、適正な借地料に関する住民の要求を早急に法文化することを申し合わせた。なお、緊急協議会の後、立法院土地特別委員らは、小禄村具志部落の現状を視察した。

　緊急協議会の傍聴席にあふれた具志部落民の表情は深刻で憂色に閉ざされ、具志部落民代表は証言の前に宣誓書を朗読して署名するなど緊張した空気を呈していた。そのときの証言内容は次のとおりである[35]。

　　上原蒲戸具志部落土地委員長 ― 自分の財産でありながら片っ端から米軍が取り上げている。具志部落としては、前から軍に協力しており、既に部落の北側には石油タンクが設置されている。もし、今度の工事で南側に弾薬庫でも作ったら、部落は危険物に挟まれて生活できなくなる。祖先代々伝わった土地を軍は勝手に収用しているものと、私は解釈している。今まで随分協力して来ているが、軍が何の恩典をも施さないことに憤慨するものである。このままでは到底我々は生きてゆく見込みがない。我々は部落の常会で土地取り上げ反対を決議し、軍がどう云っても波座間原一帯の土地は守ろうと決議した。この土地を失えば明日から一体どうすればよいのか！我々の要求は通らず、1953年12月5日の強制土地収用は涙を呑んで引き下がったが、部落民が共産主義者の扇動を受けたということは絶対になく、ただ、我々の死活問題だから自分の土地を守ろうとしているだけである。

　　兼次軍使用土地特別委員 ― 絶対に土地を使用させないのか。それとも適正な賃貸料、補償さえできれば貸してもよいのか。

　　上原正春（具志部落民代表）― そうです。適正な賃貸料さえ支払ってくれたら、貸してもよい。

　　上原軍使用土地特別委員長 ― 対日平和条約発効以前の使用料は受け取ったのか。

　　上原正春（具志部落民代表）― 受け取った。将来の賃貸借には関係ないと云ったから受け取った。

　　上原盛功（具志部落民代表）― 私は共産主義者でも何でもない。土地の取り

上げについては、部落民全体が絶対反対である。立ち退いた場合、一体誰が責任をもって生活を保障してくれるのか（傍聴席に群がった部落民から拍手の嵐が巻き起こる）。

　上原文吉（具志部落民代表）——抵抗すれば殺されるかも知れないという恐怖に脅えながら、我々は泣いて波座間原を退去したが、早く何とか解決して貰いたい。

　上原軍使用土地特別委員長—今日（1953年12月7日）の証言で具志部落民が、決して共産主義の扇動に乗ったわけではないことがはっきりした。

　国吉清（真具志部落民代表）——我々が大挙して押しかけたのは、決して示威ではない。窮状を訴えて解決を促進して貰うために、具志部落を代表してきたのである。

4.3.4　小禄村具志部落に対するUSCARの国務省への報告

　2013年1月31日に開示された沖縄統治に関する米国政府文書は、米国立公文書記録管理局（National Archives and Records Administration：NARA）の国立公文書館から沖縄県公文書館が収集してきた。このたび、その膨大な開示文書の中から著者は、「小禄村具志部落の強制土地収用の非公式メモ」[36]を発見した。1954年5月20日、非公式メモは在沖米軍のウェール（Henry Wehl）から国務省北東アジア部のマクラーキン局長代理に「1953年12月5日の沖縄土地事件（著者訳）」[37]として報告されており、その概要は以下のとおりである。

（1）小禄村具志部落の特定地域（波座間原）は、米軍が施設として必要とする「マスタープラン」の土地に含まれている。波座間原の地主に、1950年7月1日から1952年4月27日までの賃貸料は支払い済みである。1952年4月28日（日本との平和協定締結日）から1953年6月30日までの賃貸料の支払いについては、地主が毎年の賃貸借契約を拒否し、受け取らない。米軍の土地使用を所有者が保留している間は、所有者の耕作が許可されていた。

（2）1953年以降の那覇飛行場の再建では、有事の空軍施設への道路建設のために小禄村具志部落波座間原の2.38エーカーの土地を必要とした。その

とき、波座間原では 1.38 エーカーの農地にキャベツが栽培され、収穫期になっていた。1953 年 10 月 28 日、所有者に米軍の要件を通知し、作物の収穫に 30 日間を与えた。1953 年 11 月 30 日、小禄村の村長（長嶺秋夫）は、共産主義者が地主に農作物を収穫しないよう助言し、それを阻止できなかったことをUSCARの民政副長官に報告した。

(3) 1953 年 12 月 4 日、USCARの民政副長官は、不必要となった「マスタープラン」の土地を放棄するという方針に沿って、主要道路の 2,3 エーカーだけを残して、小禄村の 46 エーカーの農地を返還すると発表した。1953 年 12 月 5 日、道路建設のために民政副長官の許可を得て収用作業を開始した。キャベツは収穫されて、ブルドーザーが作業に入る前に現場の横に積み重ねられていたが、約 250 人の村人たちが、再度ブルドーザーの下にキャベツを戻した。この時点で、USCARの民政副長官は、2 個中隊の出動を許可した。出動した軍隊はラインを形成し、村民を土地の外側に押し戻した。暴力はなかったので、けが人も出なかった。

(4) 2 個中隊の出動許可は、障害を排除するためであった。もし、MP（憲兵：Military Police）が投入されていたら、望ましい心理的効果は達成できなかったと考えられる。また、琉球警察に同胞を排除させるのは望ましくない。なぜなら、失敗が許されない命令だからである。

(5) 以前にマクラーキン局長代理から「軍用地は住民との話し合いで収用し、暴力的な行為はしないように」と忠告されていたにもかかわらず、小禄村具志部落の土地収用でも、忠告が守られることはなかった。那覇市在住で、小禄村具志部落の現状を見ていたベル（Otis W. Bell）宣教師は、「Play Fair with Okinawans !（沖縄住民に公正を！）」というタイトルで、1954 年 1 月 20 日発行の全米キリスト教会協議会の学術誌『The Christian Century』に具志部落での強制土地収用における在沖米軍の暴力行為の実態を投稿した[38]。その学術誌を通して、全米のキリスト教信者が、米軍の沖縄での暴力行為を知ることとなった。

(6) 現在（1954 年 5 月）、米軍が必要とする沖縄の土地の権益を取得するための歳出予算の伺いは、USCARの民政副長官から民政長官に提出されてい

る。この伺いは、琉球南部で利用可能な土地の地主に一括支払いをするに足りる十分な金額で、数か月間で予算執行の申請が許可されるように必要な調整を期待する旨のコメントをつけた。

　在沖米軍のウェールから国務省北東アジア部に報告された「1953年12月5日の小禄村具志部落の強制土地収用の非公式メモ」の中に、マクラーキン局長代理から、以前、軍用地における土地収用は民主的に進めるようにと忠告を受けていた一文が記述されている。その忠告を無視して、USCARは「銃剣とブルドーザー」、およびMPとCIDまで投入する暴挙に出たのである。こうした小禄村具志部落におけるUSCARの暴挙の顛末は、ベル宣教師の論文によって全米の人びとが知ることとなった。それを受けて、1954年3月2日に国際人権連盟のボールドウィン（Roger Nash Baldwin）議長から日本の自由人権協会の海野晋吉理事長宛てに1通の手紙が届いた。手紙には、「米軍が沖縄で一方的な強制土地収用を行っているとの報告がある。そのことに関する資料を送付いただければ、本国の当局と交渉したい」[39]と書かれていた。自由人権協会の調査で、1坪の地代でコカコーラ1本、煙草1個も買えないような低価格で、農地がUSCARに強制収用されていた事実が全米で明らかにされた[40]。

　以上のことから、小禄村具志部落の強制土地収用に対する部落民のやむにやまれぬ土地収用反対闘争を、USCARのブラムリー主席民政官が共産主義者の扇動によるイデオロギー闘争にすり替えた。そのことが、著者には、反米軍意識の高揚における強制土地収用反対闘争が沖縄全土に広がらぬようにと願うUSCARの焦りと読み取れるのである。

4.3.5　USCAR布告第26号に動じなかった小禄村具志部落民

　当時の『沖縄タイムス』に、次のような記述がある。沖縄土地事務所では、USCAR布告第26号「軍用地域内の不動産の使用に対する補償」に基づいて、「小禄村具志部落を除く地域の訴願手続きはスムーズに運んだが、それでも全地主がUSCARの決定額を不服とする訴願では歩調を揃えているようである。読谷村都屋部落と波平部落の17,288坪（1筆[41]）では、補償額32,296円（USCAR決定）に対する訴願書がオグデン副長官に送付されている」[42]。つま

り、この記述からわかるように、小禄村具志部落の住民だけが、USCAR布令第 26 号に定められた一切の補償金を受け取っていない。また、補償額には全地主が不満を持っており、USCAR布令第 26 号に規定された補償額に異議申し立てを行っている。地主から送付された訴願書は、米国土地収用委員会で審理された後、最終的な裁定が下された。

軍用地の強制収用についてはUSCARと地権者双方にいかなる理由があったとしても、小禄村具志部落の代表者が「USCARによる強制土地収用については、部落民全体が絶対反対である。部落民が農地から立ち退いた場合、一体誰が責任をもって生活を保障してくれるのか」[43]と立法院で証言したことに対して、傍聴席に群がった部落民から拍手の嵐が巻き起こった。立法院で具志部落の代表者は、先祖伝来の土地を強制収用されて生活権を奪われていく農民の悲惨な実情について証言した。

『琉球新聞』[44]は、米軍の基地建設のための強制土地収用の実態を最も激しく、また赤裸々に報道した新聞社であった。数少ない報道機関の中で、当時の新聞[45]は情報伝達の中心的役割を担っていた。著者は、琉球新聞が基地建設の強制土地収用と、その補償をめぐった農民の反米軍闘争を題材的に取り上げることで、全沖縄住民に土地収用反対闘争と反米軍意識を高揚させる役目を果たしていたと考えている。

4.4 伊江村真謝部落における強制土地収用

4.4.1 爆撃演習場のための強制土地収用

1953 年 7 月 15 日にUSCARは、「伊江村の真謝部落と西崎部落に半径 900mの地上標的を作るので、土地を明け渡せ」[46]と通告してきた。真栄里豊太郎村長（在任 1947 年 5 月〜 1953 年 11 月）が、工事中止の陳情で那覇に出張している間に、USCARは工事予定地域の調査を終え、上官への報告用と偽って立ち退き予定の地主にサインさせた。この書類は、後に立ち退き同意書であったことがわかった。USCARは以下の 4 項目について約束し、真謝部落の 4 家族を立退かせた[47]。

（1）侵害を受けたときは補償する。

（2）農作物を自由に収穫させる。

（3）生活には不自由させない。

（4）補償金をもらえばかえって生活は楽になる。

　USCARとの約束を信じて移転した4家族への立ち退き料は、実費の半分しか支払われなかっただけでなく、1954年6月20日から始まった工事で焼き払われた農作物の補償もまったくなかった[48]。

　1954年9月になると、USCARは、西崎部落の74戸と真謝部落の78戸の立ち退きと、半径1,500mの爆撃演習場建設のために180万坪の土地収用を大城竹吉村長（在任1953年12月〜1957年3月）に通告してきた[49]。これは西崎部落の半分と全真謝部落に相当する面積で、伊江村民にとっては死活問題である。同年10月15日には大城村長、村議会議員、土地委員、両部落民ら80名が、USCARに陳情を行った[50]。1954年12月1日には、「立ち退き戸数が15戸まで縮小されたので、速やかに立ち退くように、与儀達敏行政副主席が来村して説得した」[51]。しかし、真謝部落民は、説得に応じなかった。

　1955年3月11日に武装兵約300名が、真謝部落の15戸の家屋をブルドーザーで取り壊し、爆撃演習場を設置した。ブルドーザーで取り壊された15戸の真謝部落民には「テントが貸与され、琉球政府から1人1日20B円の生活保護と飲料水の補給が受けられるようになっていた。しかし、爆撃演習場内で土曜日の午後と日曜日に農耕が許可されているという理由で、琉球政府の生活保護が15日で打ち切られてしまった。実際には、土曜日の午後と日曜日も爆撃演習がかなりあって、農耕はほとんどできなかった」[52]。こうなると真謝部落民は、飢えを凌ぐために実力行使で演習場内の農地に入り、爆撃演習下で農耕を行うしかなかった。

　演習場の柵内で農耕する場合は通行証をつけるようにUSCARが真謝部落民に手渡したが、彼らは拒否した。1955年6月13日にUSCARは、演習場の柵内で無断農耕する通行証不携帯の真謝部落民32名を飛行機で嘉手納基地に送り、翌日の6月14日にコザ警察署で弁護士なしの米軍即決裁判で、全員に3か月の懲役（ただし、執行猶予1年）を言い渡した[53]。当時、軍用地問題で

共闘していた沖縄人民党が弾圧され、瀬長亀次郎と幹部らは投獄されていたうえに、伊江島が離島のために沖縄本島からの支援も受けられずにいた。

　すでに見たように、1953年12月5日の「銃剣とブルドーザー」による小禄村具志部落、および1954年6月20日と1955年3月11日の伊江村真謝部落の強制土地収用に対して、両方の部落民は、それぞれ反米軍意識をむき出しにして激しい反対闘争を繰り返した。軍用地に対する強制土地収用の反米軍闘争が徐々に沖縄住民に浸透し、また立法院議員や団体などからの支援も受けられるようになってきた。それらが第1期（1953年〜1959年）の「島ぐるみ闘争」につながっていった。また、小禄村具志部落や伊江村真謝部落の強制土地収用における反米軍意識の高揚が、1955年5月に土地を守る「四原則」を琉球政府から米国政府へ直訴させる原因にもなった。

　1955年7月21日から1956年2月の旧正月まで、沖縄のガンジーと称された阿波根昌鴻と真謝部落民は、那覇の琉球政府前を出発し、南部の糸満、中部、北部の辺戸まで強制土地収用反対のプラカードを掲げて、非暴力による乞食托鉢行進[54]を行った。そして、USCARによる土地強奪の不当性を沖縄の全住民に訴えた[55]。この行進が、沖縄全島民の反米軍意識を高揚させて「島ぐるみ闘争」につながったとして、一般に広く知れ渡っている。

　1956年7月18日に土地を守る「四原則」を貫徹することを目標として「全沖縄土地を守る協議会」が結成された。会長には屋良朝苗、事務局長には阿波根昌鴻が選出されたが、長続きせずに8か月で解散した[56]。1961年に阿波根昌鴻を会長として、伊江村真謝部落で「伊江島土地を守る会」が新たに結成された[57]。同時に、強制土地収用の反対闘争を引き継いでくれる後身の育成のための「団結道場[58]」も併せて建設した。

4.4.2　真謝部落民の悲痛な声

　伊江村真謝部落の軍用地被害地主が、「爆弾が投下される演習場で、農民の生命である土地を取り戻すために無抵抗の苦闘を続けている。『自分の土地を守ることは、国土を守ることだ』との固い民族意識を根底にした決意のほどがひしひしと感ぜられる」[59]。こうした決意と苦闘の訴えが、1956年9月16日

に実施された沖縄教職員会の「伊江島実態調査報告書」にまとめられているので、以下にその内容を要約して記す[60]。

(1) 真謝部落民の苦衷と政治家の責任

　真謝部落民は米軍の武力によって家は焼かれ、土地は強制収容され、生活の補償はなく、生きるために250kg爆弾投下の下で農耕を続けている。第2次世界大戦以上の悲惨と苦衷が続いているのに、行政主席や立法院議員は責任を感じないのか。

(2) 非人間的行為

　農民の家を焼き払ったり、破壊したりした者は罰せられないで、生きるために自分の畑で食料を取っていたら、捕らえて罪人にするとは何事か。こうした行為を沖縄の政治家や農民は、黙っていなければならないのか。それこそ恥知らずで厚顔な人ではないだろうか。

(3) 非理屈な言い分

　米人は自由諸国を防衛するためには、一部の人びとの犠牲はやむを得ないと言っているが、これは4人の子供を立派に教育するためには、1人の子供の身売りはやむを得ないというのと同じである。

　上記は伊江島が離島であるために、誰の支援も受けられず、生活の糧としてきた土地をUSCARに取られ、思い余って那覇にある琉球政府に陳情に行った。しかし、真謝部落民が最後の頼みの綱とした行政主席と立法院議員にも支援の言葉すらもらえずに帰島した。上記の（1）〜（3）は、伊江村真謝部落の軍用地被害地主が沖縄住民に向けて発した強い声明文とも取れる決意書である。この決意書に書かれたUSCARの非道さ、および行政主席と立法院議員の無責任さなどを訴えながら、阿波根昌鴻と真謝部落民の乞食托鉢行進が沖縄本島を南北に縦断するのである。

4.5 宜野湾村伊佐浜部落における強制土地収用

4.5.1 伊佐浜部落における強制土地収用の経緯

1954年12月、USCARは布令第109号「土地収用令」に基づいて、米軍基地建設のための土地収用を伊佐（通称伊佐浜）・友名・新城・安谷屋の4区に通告してきた。「誰だって田んぼを取られることには反対だ。しかし、13万坪の水田を持っている4区のうち、伊佐浜以外の3区は、伊佐浜部落が反対すると、我々の区の軍作業員までも首になるとか、補償金も貰えなくなると米軍に脅かされていた。伊佐浜部落の住民140人は、行政主席や村長なども頼りにならない」[61]ことがわかっていたので、1955年1月18日に仕方なく土地収用を承諾した。

本音は誰しも土地収用には反対なので、立法院議員が来てくれるなら座談会を持ってもいいということになった。そこで、1955年1月28日、沖縄社会大衆党の西銘順治[62]議員と沖縄人民党の大湾喜三郎議員が立法院の公用車で伊佐浜に駆けつけた[63]。立法院議員が来てくれたということで、部落の全員が座談会に集まってきた。そして、伊佐浜の部落民たちの訴えを聞いた西銘議員が全党挙げて伊佐浜の土地闘争の支援を呼びかける他、立法院でも支援決議を働きかけることを約束した[64]。西銘議員が帰った後、伊佐浜部落民が全体会議を開き、男性は一旦土地収用を承諾したけれども、女性は反対だということで土地闘争を継続することとした[65]。

その理由として、男性は1955年1月18日に仕方なく土地収用を承諾していた[66]ので、その場に参加していなかった女性が反対だということになれば賛否が半々になる。そのことに着目したことが挙げられる。また、当時の伊佐浜は「沖縄一の美田」と呼ばれた水田地帯なので、本音は部落の全員が土地収用に反対であった。

1955年1月31日、沖縄社会大衆党所属の議員らは伊佐浜を訪れて実情を聴取し、全党挙げて伊佐浜の強制土地収用の反対闘争を支援することとなった[67]。同日、伊佐浜の女性全員が行動を起こして、比嘉秀平行政主席に面会

した。伊佐浜の女性たちは、土地収用反対の意思を伝達し、行政主席が住民側に立ってくれるように要請した。沖縄人民党が沖縄社会大衆党のように支援に積極的になれなかった理由として、沖縄人民党委員長であった瀬長亀次郎が、1954年10月に共産主義者隠匿の罪で懲役2年の刑に服し、立法院議員資格を剥奪されていた（沖縄人民党事件）ことが挙げられる。当時の沖縄人民党は、大湾喜三郎議員が1人で瀬長亀次郎のいない組織の再建に当たっていた。

　こうした状況で、1955年3月11日にUSCARは、伊佐浜水田地帯の一角で整地作業を始めた。それを見た伊佐浜部落民は総出で、ブルドーザーのパワー・シャベルが空中高く上がった隙を見計らってその下に座り込み、作業を中止させた[68]。すると武装兵が出動して来て、銃剣を突きつけ、銃床で殴って、座り込みの伊佐浜部落民を退去させた[69]。しかし、作業も同時に中止され、このときはそれで済んだ。USCARは伊佐浜部落民の抵抗力を試したようである[70]。

　水田の強制収用が予定された同年7月18日、伊佐浜部落には早朝から数千人の支援者が駆けつけた。そのために、その日はUSCARも手を出さなかった。強制土地収用は、支援者達の多くが帰宅して、地元民以外に2,300人の支援者しか残っていない同年7月19日午前3時ごろ、水田地帯の一角から重車両の動く音が聞こえてきた。しかし、真っ暗闇で、その姿は見えない[71]。近づいてきたときによく見ると、武装兵を満載したトラックと、ブルドーザーが13万坪の水田地帯を包囲していた[72]。

　一方、伊佐浜海岸には浚渫船が近づいて、海底から吸い上げた砂を海水と一緒に水田に流し込み、水田は見る間に砂で埋め立てられた。その周りは有刺鉄線が張りめぐらされ、伊佐浜部落の支援に駆けつけた人たちは武装兵に阻まれて近づくことすらできなかった。伊佐浜部落民も手の施しようがなく、金網が張りめぐらされた32戸の家屋に座り込み、最後の抵抗を試みたが、武装兵は銃剣を突きつけて追い払った後、ブルドーザーが32戸の家屋を取り壊していった[73]。

　それは戦争さながらの陸海両面作戦で、ジョンソン（Walter M. Johnson）副司令官の陣頭指揮の下に実行された。

4.5.2 強制土地収用後の伊佐浜部落民の実態調査

　沖縄教職員会は軍用地問題対策委員会を立ち上げて、軍用地として強制収用された土地の住民に対して聞き取り調査を行った。当時教職員会の会長であった屋良朝苗が現地視察第2班（10名）の一員として、伊佐浜部落の移転先で沢岻安良土地対策委員長、田里友一、田里ナエ他3婦人など6名と聞き取り調査に参加した。そのときの手書き記録が「伊佐浜部落の実態調査報告」[74]として、読谷村史編集室に残っていた。

　在沖米軍から国務省北東アジア部に報告された「小禄村具志部落の強制土地収用の非公式メモ」にもあるとおり、国務省から土地収用は民主的に進めるように注意されていた。在沖米軍は小禄村具志部落の事件で懲りていたので、伊佐浜部落では最初に土地収用の承諾を得た。しかし、土地収用後の伊佐浜部落民の移転先は、住民の期待に応えるどころか問題山積の土地であった。当時の状況を示す「伊佐浜部落の実態調査報告」の概略を以下に記述する[75]。

（1）移転先

・美里村高原部落と胡差（コザ）市安慶田部落との境でキャステロキャンプ跡地（海外からの引き揚げ者の収容所であるインヌミヤードゥイ：現沖縄市高原）のため、表土が削り取られて石粉が敷き詰められており、小石原となっている。開墾も並大抵でなく作物も伸びないほど土地は痩せて、吹きさらしの台地である。

・農地総面積7,087坪の内購入された農地は5,808坪（移動前は坪単価25円～30円であったが、現在坪単価60円）、小作契約地は1,279坪（キャステロキャンプ跡地なので、開墾のための1年半は無償貸与、その後は賃貸）である。

（2）住宅

・15世帯の93人（小学生11人、中学生2人、高校生4人）。家族数が4人以下4.5坪、5人～6人5.5坪、7人～8人6坪、9人～10人7坪のトタン葺き住宅を琉球政府が無償提供した。日常生活を送るのも厳しいので、無償提供家屋にすべての世帯が自己資金で増築した。

・吹きさらしの台地なので非常の際を考えて、15世帯の住宅の中央部に島瓦

葺き 15 坪の家を 1 棟建てた。1956 年 9 月 8 日のエマ台風で全壊 5 戸、半壊 8 戸、一部被害 2 戸を出し、15 世帯の全員が中央部に建てた 1 棟の島瓦葺き 15 坪の建物に避難した。

・エマ台風後、琉球政府の社会局から調査があり、全壊家屋に 5 日分位の食糧の補給、半壊家屋にトタン・テント・パイプなど古材の補給があった。現在全力を挙げて、半壊家屋の立て直し中であるが、トタン葺き家屋での生活は困難である。

(3) 移転するまで

・伊佐浜の立ち退き後、一まず大山小中学校に仮移住したが、夏休み（1955 年 7 月 20 日〜 8 月 30 日）が終わると再び立ち退かなければならない。

・真喜志の海岸寄りの軍用地を護岸工事すれば農耕地になると琉球政府を通じて米軍に開放を陳情したが、許可は出なかった。

・政府は代替地の対応をしてくれなかった。代表を派遣して八重山に適地を求めたが、受け入れ態勢ができていないと断られた。

・キャステロキャンプ跡地に移転した 15 世帯の 93 人は、未亡人が多く、年寄と子供を抱えた貧困家庭であった。「銃剣とブルドーザー」で強制収用された伊佐浜部落は 32 世帯、140 人が生活していたので、キャステロキャンプ跡地に移転した 15 世帯の 93 人を除く 17 世帯の 47 人は、ブラジルに移住した。

(4) 移転直後の援護状況

・1955 年 9 月〜 1956 年 3 月まで、毎月 1 人当たり 635 円 94 銭が支給された。1956 年 4 月〜 6 月までは、補正予算で従来どおり支給されることになった。しかし、4 月以降 16 名が補償の対象から除外された。7 月以降は移住地特別資金から出してもらえるように要請した。

・移転料として 1 戸平均 3 万 8,000 円と、かまどや農作物の移動費として平均 3,500 円の補償があったが、移動地の購入、家屋の増築、生活費などで使い果たした。

（5）生活の実態

・農地は開墾中なので食糧はすべて買っている。2 食は藷（いも）だが、藷の値上がり
　で困っている。

・移転直後は、飲料水は越来村（ごえくそん）から消防車で運んでいたが、その後、越来ダ
　ムから水道を引いている。水道料金として、各世帯月 130 円支払っている
　が延滞気味である。

・税金は 1956 年度免税、1957 年度は賦課されている。

・収入もなく、琉球政府からの援助もないので、親類縁者や教職員会からの
　援助、および美里村からの米軍の余剰物資の援助などに依存しながら生活
　している。

（6）現在の気持ち

・一度土地を失ったが最後、次の生活の基礎を築き上げるのは大変で、悲惨
　である。今後、我われのように強制土地収用される者があってはならない。
　軍用地料の一括払いは絶対希望しない。

・暴風雨後、政府から調査に来たが、援助のためより、家族構成や収入など
　を調べて補助削減の資料を作成する態度にしか見えなかった。

　上記の伊佐浜部落民の実態調査報告書から読み取れる問題点は、伊佐浜部
落民がキャステロキャンプ跡地に移転した後のUSCARの対応である。移転
後、開墾も並大抵でない吹きさらしの痩せた台地が、USCARから伊佐浜部落
の 15 世帯の人びとに農業用として割り当てられた。農民に農作業ができない
土地を割り当てたということは、USCARが伊佐浜部落の 15 世帯の人びとの
生活権を奪い、生存権さえ脅かしたことに他ならない。しかし、国務省のマク
ラーキン局長代理の忠告をUSCARが率直に聞き入れて、具志部落民に誠意を
見せた話し合いをしていれば、その後に発生した伊佐浜部落の強制土地収用事
件にしても、15 世帯の人びとの生活権まで奪うような無謀な行為は回避でき
た筈である。それができなければ、やがて 15 世帯の人びとの生存権が危ぶま
れることにつながるので、武器を持たない無力な沖縄住民の生き残りの手法と
しては、命の続く限り「島ぐるみ闘争」を継続していくことしかない。それが
著者には、当時の沖縄住民に残された究極の選択のように思えてくるのであ

る。

4.6　土地を守る「四原則」

　1954年1月7日の米国議会に向けた一般教書演説でアイゼンハワー
（Dwight David Eisenhower）大統領は、「アジアにおいて共産主義の脅威があ
るために、米国は無期限に沖縄に留まらなければならないだろう」[76]と述べた。
沖縄の施政権を返還する意思がないことを一般教書演説で確認した陸軍省は、
軍用地料の「一括払い」をUSCARに命令した。同年3月17日にUSCARは、
軍用地料の「一括払い[77]」の計画を発表した。

　一般教書演説から大統領の軍事戦略を考えれば、米国は二大共産主義国で
あるソ連と中国の南下からアジアの自由主義諸国を防衛するための一大軍事基
地を沖縄に建設するために、軍用地をめぐるトラブルを避けながら、安価で恒
久的な基地の維持を意図していることは明白である。軍用地主は、「一括払い」
が実質的な土地の買い上げを意味し、農民の生活手段を奪うものとして強く反
発した。それだけではない、常に戦争の危機から逃れることは難しい。

　ここで、戦後、自由主義陣営の盟主である米国と共産主義陣営の盟主であ
るソ連の対立における覇権主義と軍拡競争の冷戦が、極東で力の均衡に基づく
安全保障体制に及ぼす影響について言及する。戦後アジア諸国は、植民地支配
から解放され、自主的な独立を達成する過程で、米ソの冷戦における安定的均
衡が極東では維持できずに、極めて不安定に推移してきた。その例が、朝鮮戦
争やベトナム戦争に見られるような米ソの代理戦争であり、自由主義諸国と共
産主義諸国の軍事的対立が避けられなかった。こうした不安定さに素早く対応
するために、米国は沖縄に、極東で最大・最強の軍事基地を建設したのであ
る。

　軍用地主らの請願を受けた立法院は、沖縄人民党の瀬長亀次郎委員長が中
心となって1954年4月30日に「軍用地処理に関する請願」を全会一致で決
議し、土地問題解決のために、以下の土地を守る「四原則」を策定した[78]。
（1）米国の土地の買い上げ、または永久使用、使用料の一括払いは絶対に行

わないこと。

(2) 現在使用中の土地については、適正にして完全な補償がなされること。使用料の決定は、住民の合理的な算定に基づく要求額に基づいてなされ、かつ評価及び支払いは一年毎になされなければならない。

(3) 米軍が加えた一切の損害については、住民の要求する適正賠償額を速やかに支払うこと。

(4) 現在米国の占有する土地で、不要な土地は早急に開放し、かつ新たな土地の収用は絶対に行わないこと。

　1954年4月30日、行政府、立法院、市町村長会、軍用地等地主連合会は「四者協議会」を結成し、土地を守る「四原則」に沿ってUSCARとの交渉を進めることとなった。しかし、USCARは「統治権を行使する間、公共の必要のために要請されるならば、いかなる私有地をも取得するのが基本原則である」と、既定方針を変えず、この原則の変更は現地民政副長官の権限外である」[79]と取り合わなかった。同年11月1日にオグデン民政副長官は、「土地問題四原則（土地を守る四原則）は非現実的である」[80]との書簡を直接立法院に送っている。立法院へ送った書簡の文面から、USCARが土地収用における「既定方針」を変更することは断じてないとの強い決意が読み取れる。

　立法院が米軍から土地を守る「四原則」を策定した半年後、その策定の中心人物であり、沖縄人民党委員長で立法院議員でもあった瀬長亀次郎が、1954年10月6日に突然逮捕された（沖縄人民党事件）。逮捕容疑は、以下のとおりである。

　1954年7月15日、USCARは奄美群島出身の沖縄人民党員2人に域外退去命令を出したにもかかわらず、2人は官憲の目をかいくぐって潜伏した。その後、1人は逮捕され、もう1人は琉球列島外に脱出した。USCARは、2人を匿った容疑で、沖縄人民党委員長で立法院議員でもあった瀬長亀次郎を逮捕した。USCARの裁判所はたった1人の証言を証拠として、弁護士なしで裁判にかけた。瀬長は裁判で「被告人瀬長の口を封ずることはできるかもしれないが、虐げられた幾万大衆の口を封ずることはできない。日本の独立と平和をかちとるために捧げた瀬長の生命は大衆の中に生きている」[81]と述べ、懲役2年

の刑に服した。

　USCARの強硬な土地収用に対する沖縄住民の抗議運動がますます勢いを増していく中で琉球政府は、1955年5月、ワシントンに代表団を送り、米国政府に土地を守る「四原則」を直訴した。このような状況にあっても、USCARは、宜野湾村伊佐浜部落の強制土地収用や各市町村への新規土地収用などを予告してきた。

　米国下院軍事委員会は1955年10月、プライス（Charles Melvin Price）議員を団長とする沖縄調査団を派遣し、沖縄で公聴会と軍用地視察を行い、米国議会に調査報告を提出した。報告は土地収用に反対する沖縄住民の主張を拒んで、極東の前進基地としての沖縄の重要性を説き、収用した軍用地における賃貸料の一括払いの妥当性を確認する内容であった。

　1956年4月に出所後、瀬長は同年12月の那覇市長選挙に出馬し、当選した。しかし、USCARは補助金凍結で兵糧攻めにしたが、那覇市民は「米軍が瀬長市長を虐めるから税金を納めに来たサー」[82] と言って、納税率は最高97％に達した[83]。ここに見られるように、瀬長亀次郎が生涯大事にしたのは「沖縄の団結」であった。

　1956年6月9日にUSCARは、米国議会の沖縄調査に関する「プライス勧告（軍用地料の一括払いと新規収用勧告）」の一部を公表した。プライス勧告によって沖縄住民の反対運動はさらに盛り上がりを見せた。1956年6月25日、那覇市で10万人余[84]、コザ市（現：沖縄市）で5万人余[85] の住民の大規模大会が開催[86] され、そこで土地を守る「四原則」の貫徹が確認された。それ以降、土地を守る「四原則」は、沖縄の全島民を巻き込んだ「島ぐるみ闘争」のスローガンとなって、激しい反米軍闘争に発展していった。これが先行研究では定説となっている「島ぐるみ闘争」である。沖縄住民の猛烈な反対闘争に対し、1956年8月7日、米軍は中部地域にオフ・リミッツ（Off Limits：軍人・軍属の民間地域への立ち入り禁止）を発動し、軍人相手の営業の多い基地関連業界に経済的圧力を加えた。

　さらに、留まるところを知らない米軍（USCAR）は、瀬長亀次郎市長を1957年11月25日に追放した。1958年1月12日の那覇市長選挙でUSCAR

の推す保守候補の平良辰雄は、瀬長が議長を務める民主主義擁護連絡協議会（民連）の推す革新候補の兼次佐一に敗れ、つづけて同年3月16日の第4回立法院議員総選挙でも保守の琉球民主党が革新の民連と沖縄社会大衆党に惨敗した。「このただならぬ状況を鎮静化させるべく、同年4月11日にムーア[87]（James Edward Moore）高等弁務官が、軍用地政策の見直しを発表した」[88]。その裏で、米国政府が沖縄政策の見直しに着手し、沖縄の基地統合から施政権返還まで検討していたことが、ロバートソン（Walter Spencer Robertson）国務次官補からダレス国務長官に報告されたメモから明らかになった[89]。

　1958年6月10日、軍用地料の一括払いに反対する住民世論を受けて、安里積千代立法院議長を団長として、当間重剛行政主席、桑江朝幸土地連会長、与儀達敏民主党総裁、渡慶次賀善市町村長会副会長、赤嶺義信法務局長の第2次渡米代表団6人がワシントンへ出向いて、米国政府と軍用地問題の折衝を重ねた。第2次渡米代表団の帰国後、ブース（Donald Prentice Booth）高等弁務官は軍用地料一括払いの全廃を表明し、沖縄に「琉米合同土地問題現地折衝会議」を設置した。「琉米合同土地問題現地折衝会議」は、1958年8月11日〜11月3日までに5回の討議を重ねた結果、琉米間で「新土地補償計画」の合意が得られ、共同声明を発表した[90]。同年11月26日に米国政府でも承認された。以下に共同声明の内容を記述する。

（1）米国が必要とする土地は、琉球政府が地主と契約し、総括契約賃借は米国と締結する。契約は5年契約と不定期の契約の2種類とし、米国の強制収用はやむを得ないときに限り認める。

（2）琉球政府による土地借地安定法の立法化を図る。

（3）返還された軍用地の復元補償をする。

（4）軍用地内の物件補償をする。

　1959年1月に「土地借賃安定法」と「米国が賃借する土地の借賃の前払いに関する立法」の民立法が制定され、同年2月12日にUSCAR布令第20号「賃借権の取得について」が公布（表4.1 p.68参照）されるなど、琉米合意に基づく新土地政策が実施されていった。新土地政策が実施されたことにより、軍用地地主をはじめとする全住民による第1期の強制土地収用をめぐる「島ぐ

るみ闘争」は、一応の成果を収めて終結した。

4.7　結言

　1951年9月8日、第二次世界大戦における連合国と日本との間で戦争状態を終結させるための対日平和条約が締結された。本土は1952年4月28日の対日平和条約の発効によって施政権を回復した。しかし、沖縄は同条約第3条により、ハーグ陸戦条約失効後も引き続き沖縄とその周辺は米軍統治下に置かれたままになった。それを受けて、1953年に土地の強制収用手続を定めた「土地収用令」をUSCARが公布し、強制土地収用による新たな基地建設が行われていった。

　1954年1月7日、アイゼンハワー大統領の一般教書演説の内容から、陸軍省は、大統領が沖縄の施政権を返還する意思がないことを確認した。米軍統治下でつぎつぎ執行される強制土地収用と、それに反対する地域住民との反米軍闘争が、やがて沖縄住民全体に拡散されて、「島ぐるみの闘争」に発展していった。その原点となった基地の建設・整備のための強制土地収用が引き起こす問題を地元の新聞報道とUSCARの国務省への報告書などから読み解いたので、その成果を以下に記述する。

（1）USCAR布令第109号の「土地収用令」に基づいて小禄村具志部落波座間原の土地を「銃剣とブルドーザー」で1953年12月5日に強制収用した。翌朝、具志部落民は琉球政府行政主席に要望事項や決議文を手渡して工事中止の陳情し、比嘉行政主席も部落民に対し善処を約束した。同年12月6日の午後、立法院の「軍使用土地特別委員会」の緊急協議会に出席して部落の土地収用について証言した。その内容は「立ち退いた場合の生活保障がないので、土地の強制収用には部落民全体が絶対反対である」として、一糸乱れぬ反対姿勢を示した。具志部落民の強硬姿勢に驚いたUSCARは、本国の国務省に送った「非公式メモ」から対応に苦慮している様子が読み取れる。さらに、沖縄在住のベル宣教師が、強制土地収用における軍政批判論文を本国で公表したことにより、全米の人びとが在

沖米軍の人権を無視した暴挙を知ることとなり、USCAR にとっては大きな痛手となった。

(2) 立法院の「軍使用土地特別委員会」のメンバーは、具志部落の陳情に関する証言を聴取した後に USCAR 布告第 26 号に対する善後策を協議した。この協議会において適正な借地料に関する住民の要求を早急に法文化することを申し合わせた。その後、立法院では「軍用地処理に関する請願」を全会一致で採択し、土地を守る「四原則」を策定した。さらに、代表団が米国政府に土地を守る「四原則」を直訴した。それに逆行して、米国の下院軍事委員会はプライス議員を団長とする沖縄調査団を派遣し、極東の前進基地建設の重要性から沖縄の土地を守る「四原則」を真っ向から否定する「プライス勧告」を公表した。そのことが、土地収用反対闘争と反米軍意識を沖縄全土に拡大させて「島ぐるみ闘争」を激化させる大きい要因になったと言える。

(3) 伊江村真謝部落民は、飢えを凌ぐために実力行使で爆撃演習場内の農地に入り、爆撃演習下で農耕を行ったことで、USCAR との対立はますます激化していった。演習場の柵内で農耕する場合は通行証をつけるように、USCAR が 15 戸の真謝部落民に手渡した。しかし、彼らは拒否した。1955 年 6 月 13 日に、USCAR は、演習場の柵内で無断農耕する通行証不携帯の真謝部落民 32 名を飛行機で嘉手納基地に送り、翌日の 14 日にコザ警察署で弁護士なしの軍即決裁判で、全員に 3 か月の懲役（ただし、執行猶予 1 年）を言い渡した。当時、軍用地問題で共闘していた沖縄人民党が弾圧され、瀬長亀次郎と幹部らは投獄されていたうえに、伊江島が離島のために他の団体の支援も受けられずに行き詰まっていた。そこで、沖縄のガンジーと称される阿波根昌鴻と真謝部落民は、1955 年 7 月 21 日から 1956 年 2 月の旧正月まで、強制土地収用に対する反対のプラカードを掲げて沖縄本島を乞食托鉢行進で縦断した。乞食托鉢行進によって、沖縄全住民が米軍の非道な強制土地収用の実態を知るところとなり、その後の「島ぐるみ闘争」に結びついたのである。

(4) 宜野湾村伊佐浜部落の強制土地収用で、住民代表が土地収用をやむなく

承諾したことを受けて、USCAR は移転先を準備し、補償金も出す約束を
した。当時、伊佐浜は沖縄一の美田地帯であったことから、部落民の本
心は土地収用に反対であった。こうした状況の中でも立法院議員の支援
が受けられるようになったので、伊佐浜部落民は、再度全体会議を開催
した。その結果、男性は一旦土地収用を承諾したけれども、女性は反対
だということで土地闘争を継続することを決定した。伊佐浜部落民が承
諾から闘争継続に反転しても、米軍は計画どおり 1955 年 7 月 19 日に強
制収用を実行した。強制収用された 140 人の住民の内、キャステロキャ
ンプ跡地に移転した 15 世帯 93 人の悲惨な生活状況は、沖縄教職員会が
行った「伊佐浜部落の実態調査報告」に記録が残されている。伊佐浜部
落の 140 人の住民の内、キャステロキャンプ跡地に移転した残り 17 世帯
の 47 人は、ブラジルへの移住を余儀なくされた。

(5)　当時の沖縄で報道の中軸をなしていたのは、新聞である。その新聞報道
　　が、反軍用地運動における沖縄住民全体の反米軍闘争に火を点けた。軍
　　用地料の一括払いに反対する住民世論を受けて、第 2 次渡米代表団 6 人
　　がワシントンへ出向いて、米政府と軍用地問題の折衝を重ねた。代表団
　　が帰国した後、ブース高等弁務官は軍用地料の一括払い全廃を表明し、
　　沖縄に「琉米合同土地問題現地折衝会議」を設置して討議を重ね、合意
　　に基づく共同声明を発表した。合意を受けて、軍用地の強制収用はなく
　　なったが、1965 年に始まるベトナムへの軍事介入などから基地の拡張・
　　強化のための土地収用はやむことがなかった。それ以外に、学校や住宅
　　地域での軍用機の騒音や墜落、米軍関係者による婦女暴行、あるいはサ
　　ンゴ礁やジュゴンの生息海域での基地建設における生態系破壊などの問
　　題が数多く発生し、いまだに終息する兆しが見えてこない。

【注】
1)　ハーグ陸戦条約とは、1899 年にオランダ・ハーグで開かれた第 1 回万国平和会議におい
　　て採択された条約である。同条約は、第 2 回万国平和会議 (1907 年) で改定され今日に至る。
　　交戦者の定義、宣戦布告、戦闘員・非戦闘員の定義、捕虜・傷病者の扱い、使用してはなら

ない戦術、および降服・休戦などについて規定されている。すなわち、攻撃手段の制限と占領、および交戦者の資格と捕虜の取扱いを規定している。ここで、戦闘員と非戦闘員とは区別され、非戦闘員である民間人を攻撃してはならないというのが交戦法規のうちで最も重要な原則である。しかしながら、米軍占領下の基地建設は、ハーグ陸戦条約第46条「私有財産の没収禁止」に違反するとの指摘がある（『衆議院会議録議事情報』（1985年12月17日）「沖縄県における『米軍用地収用特措法』に基づく強制使用の二十年間の延長に関する質問主意書（瀬長亀次郎衆議院議員）」。

http://www.shugiin.go.jp/Internet/itdb_shitsumona.nsf/html/shitsumon/a103024.htm （2019年11月1日アクセス）他多数）。

2）INFORMAL MEMORANDUM（1954年5月20日）*"5 December 1953 Land Incident in Okinawa, From Henry Wehl, CAMO to Robert J. G. McClurkin, Acting Director, Office of Northeast Asian Affaire, Department of States"*, OKINAWA PREFECTURAL ARCHIVES, 319-00062-0014-001-001, 319-00062-0014-001-002（沖縄県公文書館所蔵：資料コード0000106041）。

3）小禄村具志部落に関する米軍の強制土地収用の実態を報じた当時の新聞報道には、下記の記事がある。当時の新聞記事以外では、小禄村具志部落の強制土地収用の実態に触れた記述はどこにも見当たらない。当該の新聞記事は、沖縄県立図書館の郷土資料室や読谷村史編集室で閲覧できる。

・『沖縄タイムス』（1953年12月6日）「軍隊が出動して解散、小禄の立退部落民騒ぐ、重機の前に居座り」。

・『琉球新報』（1953年12月6日）「地ならし待ってくれ、小禄村具志区民一千名が畑で騒ぐ、武装米兵も出動包囲」。

・『琉球新聞』（1953年12月6日）「軍用地問題で一騒動、突然の地均しに小禄具志区民総出で阻止 軍、武装隊を繰り出して締め出す」。

・『琉球新報』（1953年12月8日）「生活の保障要求し具志部落民、主席へ陳情」。

・『琉球新報』（1953年12月8日）「武力はご免だ、立法院での証言内容」。

・『琉球新聞』（1953年12月8日）「小禄村具志軍用地問題、軍へ工事の中止方を部落民300名大擧陳情」。

・『琉球新聞』（1953年12月8日）「共産主義の扇動ではない、陳情団立法院土地委で証言」。

・『沖縄タイムス』（1954年1月28日）「軍用地に"訴願"始まる、全地主が歩調を一つにして」など。

4）阿波根昌鴻（1901年〜2002年）は反戦運動家である。阿波根は、伊江村真謝部落の反軍用地闘争のリーダーとして、沖縄全土に在沖米軍の非情さを訴えて回った。この訴えは「乞食托鉢行進」と呼ばれている。

5）瀬長亀次郎（1907年〜2001年）は、米軍機関紙『うるま新報』社長・那覇市長・衆議院

議員を務めた。瀬長は、1954年人民党事件でUSCAR当局に逮捕され、2年間投獄された。

6）屋良朝苗（1902年〜1997年）は、沖縄群島政府文教部長・沖縄教職員会会長・第5代琉球政府行政主席・初代沖縄県知事を務めた。

7）沖縄教職員会軍用地問題対策委員会（1956）「伊佐浜・銘苅・具志実態調査報告書」（読谷村史編集室所蔵）。同実態調査報告書の内容は、那覇市市民文化部歴史資料室編（2005）『那覇市史 資料篇第3巻5 戦後の社会・文化2』に翻刻されているが、原本の内容すべてが翻刻されているわけではない。同実態調査報告書の原本は、読谷村史編集室で閲覧いただきたい。

8）当時USCARは、沖縄メディアの報道内容を米国務省に日々報告していた。USCARの報告メモには、自らに対して好意的な報道をしたメディアに「◎」や「○」印を、批判的な報道をしたメディアに「×」印を付していた。USCARが米国務省に沖縄メディアの報道内容を報告していたのは、円滑な沖縄統治を遂行するために、沖縄住民の政治意識を把握しておくことが狙いにあったと思われる。

・CAMO in Okinawa（1954年2月12日）"*DAIRY OKINAWAN PRESS SUMMARY（Okinawa Times）*", OKINAWA PREFECTURAL ARCHIVES, 319-00062-0014-001-003, 319-00062-0014-001-007（沖縄県公文書館所蔵：資料コード0000106041）。

・CAMO in Okinawa（1954年2月14日）"*DAIRY OKINAWAN PRESS SUMMARY（Ryukyu Shimbun）*", OKINAWA PREFECTURAL ARCHIVES, 319-00062-0014-001-003（沖縄県公文書館所蔵：資料コード0000106041）。

9）松本英樹（2004）「沖縄における米軍基地問題 ─ その歴史的経緯と現状 ─」『レファレンス（国立公文書館調査及び立法考査局）』、第54巻第7号、pp.37-38。

10）仲地清（1995）「復帰後の沖縄の政治 ─ 軍用地問題を通してみた復帰後の政治潮流 ─」『名桜大学紀要（名桜大学）』、第1号、pp.9-17。

11）鳥山淳（2003）「1950年代初頭の沖縄における米軍基地建設のインパクト」『沖縄大学地域研究所所報（沖縄大学地域研究所）』、第31号、pp.223-242。

12）一般社団法人沖縄県軍用地等地主会連合会（土地連）「民政府布令第91号」https://www.okinawa-tochiren.jp/316.html（2019年3月1日アクセス）。

13）ライマン・レムニッツアー（1899年〜1988年）は、USCAR第6代民政長官、アメリカ欧州軍総司令官、NATO（北大西洋条約機構）欧州連合軍最高司令官を務めた。

14）一般社団法人沖縄県軍用地等地主会連合会（土地連）「講和条約発効後の軍用地」https://www.okinawa-tochiren.jp/294.html（2019年3月1日アクセス）。

15）『沖縄タイムス』（1953年12月6日）「軍隊が出動して解散、小禄の立退部落民騒ぐ、重機の前に居座り」（読谷村史編集室所蔵）。

16）長嶺秋夫（1908年〜2002年）は、第8代〜第9代小禄村村長・立法院議員・立法院議長を務めた。

17) 小禄村誌発刊委員会（1992）『小禄村誌』、pp.117-119。

18) 小野尋子、清水肇、池田孝之、長嶺創正（2007）「戦後の沖縄集落の住民にとって継承された民族空間及び集落空間秩序の研究 ― 沖縄県那覇市旧小禄村地区の被接収集落の変遷および再建過程を事例として ―」『日本建築学会計画系論文集（日本建築学会）』、第618号、pp.51-52。

19) 沖縄教職員会軍用地問題対策委員会（1956）、前掲資料。『沖縄タイムス』（1953年12月6日）、前掲記事。

20) デイビッド・オグデンは、USCAR第4代民政副長官を務めた。

21) 『琉球新聞』（1953年12月6日）「軍用地問題で一騒動、突然の地均しに小禄具志区民総出で阻止軍、武装隊を繰り出して締め出す」、『沖縄タイムス』（1953年12月6日）、前掲記事（読谷村史編集室所蔵）。

22) 同上記事。

23) 同上記事。

24) 同上記事。

25) 比嘉秀平（1901年～1956年）は、琉球政府の初代行政主席や琉球民主党の初代総裁を務めた。

26) 『琉球新報』（1953年12月8日）「生活の保障要求し具志部落民、主席へ陳情」（読谷村史編集室所蔵）。

27) 『琉球新聞』（1953年12月8日）「小禄村具志軍用地問題、軍へ工事の中止方を部落民300名大擧陳情」（読谷村史編集室所蔵）。

28) 同上記事。

29) 同上記事。

30) 同上記事。

31) 『琉球新報』（1953年12月8日）、「生活の保障要求し具志部落民、主席へ陳情」（読谷村史編集室所蔵）。

32) 『琉球新報』（1953年12月8日）、前掲記事、『琉球新聞』（1953年12月8日）、前掲記事（読谷村史編集室所蔵）。

33) 同上記事。

34) 『琉球新報』（1953年12月8日）「武力はご免だ、立法院での証言内容」（読谷村史編集室所蔵）。

35) 『琉球新聞』（1953年12月8日）「共産主義の扇動ではない、陳情団立法院土地委で証言」（読谷村史編集室所蔵）。

36) INFORMAL MEMORANDUM（1954年5月20日）"*5 December 1953 Land Incident in Okinawa, From Henry Wehl, CAMO to Robert J. G. McClurkin, Acting Director, Office of Northeast Asian Affaire, Department of States*", OKINAWA PREFECTURAL ARCHIVES、

319-00062-0014-001-001, 319-00062-0014-001-002（沖縄県公文書館所蔵：資料コード 0000106041）。

37）同上資料。

38）Otis W. Bell（1954 年 1 月 20 日）"*Play Fair with Okinawans!* ", The Christian Century, Vol. 71, pp.76-77.

39）『朝日新聞（朝刊）』（1955 年 1 月 13 日）「米軍の『沖縄民政』を衝く」。この朝日報道は、戦後初めて日本本土に伝えられた沖縄報道として知られている。

40）同上記事。

41）「筆」は土地の広さの単位ではなく、土地登記簿上で 1 人の所有の土地であれば広くても、逆に狭くても一人の土地という意味で「1 筆」とカウントする土地登記の決まりである。

42）『沖縄タイムス』（1954 年 1 月 28 日）「軍用地に"訴願"始まる、全地主が歩調を一つにして」（読谷村史編集室所蔵）。

43）『琉球新聞』（1953 年 12 月 8 日）「小禄村具志軍用地問題、軍へ工事の中止方を部落民 300 名大擧陳情」（読谷村史編集室所蔵）。

44）ここで『琉球新聞』の歴史を説明する。『琉球新聞』は、もともと『琉球日報』と名乗っていた。『琉球日報』は真和志市（現：那覇市）で 1950 年 2 月 12 日に創刊され、創刊メンバーには社長：新城松雄、編集長：岡村哲秀、通信記者：浦崎康華らがいた。その後、高良一の手に移って『沖縄日報』となった。1953 年には、仲宗根仙三郎が買収して『琉球新聞』と改題したが、1955 年春に廃刊した。

45）戦後沖縄のマスコミ史については、下記の書籍文献が詳しい。
　　・大田昌秀、辻村明（1966）『沖縄の言論 ― 新聞と放送 ―』、至誠堂。
　　・門奈直樹（1996）『アメリカ占領時代沖縄言論統制史 ― 言論の自由への闘い ―』、雄山閣出版。

46）伊江村史編集委員会編（1980）『伊江村史（上巻）』、p.61。

47）阿波根昌鴻（1973）『米軍と農民 ― 沖縄県伊江島 ―』、岩波書店、p.21。

48）伊江村史編集委員会編、前掲書、p.64。

49）同上。

50）阿波根、前掲書、p.35。

51）伊江村史編集委員会編、前掲書、p.64。

52）同上書、p.63。

53）阿波根、前掲書、pp.113-117。

54）乞食托鉢行進は、非暴力の行進であったにもかかわらず、沖縄本島を南から北に縦断する間に 100 人余の逮捕者を出した。（沖縄県国頭郡伊江村「団結道場」https://www.iejima.org/document/2015011000237/（2020 年 4 月 24 日アクセス））。

55）阿波根昌鴻（1973）『米軍と農民 ― 沖縄県伊江島 ―』、岩波書店、p.126-128。

56）阿波根昌鴻（1992）『命こそ宝 沖縄反戦の心』、岩波書店、p.24。

57）同上。

58）団結道場には、伊江島土地闘争の貴重資料が保管されている。

59）沖縄教職員会軍用地問題対策委員会（1956）「伊江島実態調査報告書」（読谷村史編集室所蔵）。

60）同上。

61）国場幸太郎（2000）「沖縄の1950年代と現状 ― 米軍基地反対闘争の発展 ―」『情況』（情況出版社）、第11巻8号（2000年8月・9月合併号）、p.75。

62）西銘順治（1921年〜2001年）は、第18代・第19代那覇市長、沖縄自由民主党総裁、衆議院議員、第3代沖縄県知事を務めた。

63）琉球新報社編（1998）『西銘順治日記 ― 戦後政治を生きて ―』、琉球新報社、p.132。

64）国場、前掲論文、p.76。

65）同上。

66）『JORNALニッケイ新聞』（2018年3月14日）「銃剣とブルドーザー＝米軍に美田奪われた伊佐浜移民（1）：男たちに任せておけない」。
http://www.nikkeyshimbun.jp/2018/180314-71colonia.html（2019年11月1日アクセス）。

67）琉球新報社編、前掲書、p.134。

68）国場、前掲論文、p.76。

69）屋良朝苗（1968）『沖縄教職員会16年 ― 祖国復帰・日本国民としての教育をめざして ―』、労働旬報社、p.120。

70）国場、前掲論文、p.76。

71）宜野湾市教育委員会（2006）「銃剣とブルドーザー、伊佐浜の土地闘争」『市史だより がちまやぁ』、第9号、pp.2-3。

72）同上。

73）宜野湾市教育委員会（2006）「銃剣とブルドーザー、伊佐浜の土地闘争」『市史だより がちまやぁ』、第9号、pp.2-3。

74）沖縄教職員会軍用地問題対策委員会（1956）「伊佐浜・銘苅・具志実態調査報告書」（読谷村史編集室所蔵）。

75）同上。

76）明石陽至（1960）「アメリカの対アジア政策 ― その展望と動向 ―」『国際政治（日本国際政治学会）』、第13号、p.45。

77）「一括払い」とは、米軍が定めた年間借地料（地価の6％）の16.6年分、つまり地価相当額を一括して支払うことによって、永代借地権を設定するものである（中野好夫、新崎盛暉（1965）『沖縄問題二十年』、岩波書店、p.74）。

78）中野好夫、新崎盛暉（1965）『沖縄問題二十年』、岩波書店、p.75。

79) 琉球政府行政主席官房情報課編（1959）「軍用地処理に関する請願決議」『軍用土地問題の経緯』、pp.100-101。

80) 波多野澄雄、河野康子、明田川融（2017）『沖縄返還関係資料：軍用地問題（1952 年〜1955 年）』、第 1 回第 1 巻、現代史料出版、p.85。

81) 佐次田勉（1998）『沖縄の青春 ― 米軍と瀬長亀次郎 ―』、かもがわ出版、p.70。

82)『しんぶん赤旗』（2016 年 8 月 30 日）「きょうの潮流」。

83) 同上。

84) 那覇会場の住民大会は、『沖縄タイムス』（1956 年 6 月 26 日）「“領土を守れ”、日本国民へ声明文」、『沖縄タイムス』（1956 年 6 月 26 日）「ナハ五万をこす人の波、高潮に達した住民大会」などで詳細に報道されている。

85) コザ会場の住民大会は、『沖縄タイムス』（1956 年 6 月 26 日）「夜空にこだます“国土を守れ”、第二回住民大会」などで詳細に報道されている。

86) 屋良朝苗（1968）『沖縄教職員会 16 年 ― 祖国復帰・日本国民としての教育をめざして ―』、労働旬報社、p.130。

87) ジェームス・ムーア（1902 年〜 1986 年）は、1957 年 7 月に初代高等弁務官として着任した。

88) 仲本和彦（2014）「ロジャー・N・ボールドウィンと島ぐるみ闘争」『沖縄県公文書館研究紀要（沖縄県公文書館）』、第 16 号、pp.51-52。

89) 仲本、前掲論文、p.52。

90) 平良好利（2004）「『沖縄軍用地問題』の政策決定過程 ― 一九五〇年代後半を中心に ―」『沖縄文化研究（法政大学沖縄文化研究所）』、第 30 巻、pp.217-220。

第 V 章

朝鮮戦争からベトナム戦争介入に至るまでの
米軍基地の拡張・強化と「島ぐるみ闘争」

5.1　朝鮮戦争の勃発まで

　朝鮮半島は現在でも 38 度線を挟んで、同じ民族でありながら韓国と北朝鮮に分かれて対峙している。まず、こうなった理由を考えてみる。

　帝政ロシアは南下政策による日露戦争（1904 年〜 1905 年）で敗北し、日本に朝鮮半島や満州の統治権を奪われた。その後、1917 年のロシア革命によって帝政ロシアは崩壊し、1922 年にソ連（ソビエト社会主義共和国連邦：Union of Soviet Socialist Republics）が誕生した。1910 年に朝鮮半島は、日韓併合によって植民地となり、第二次世界大戦で日本が無条件降伏するまで続いた。

　1945 年 2 月の米英ソ首脳によるヤルタ会談で、米国はソ連が単独で朝鮮半島を占領することに危機感を抱き、北緯 38 度線で分割することを提案した。ソ連もその提案を了承した。米ソの合意を知らなかった朝鮮人民は、日本が 1945 年 8 月 14 日に「ポツダム宣言」を受諾し、9 月 2 日にミズーリ戦艦上で降伏文書に調印した後の 1945 年 9 月 6 日に「朝鮮人民共和国」の建国を宣言した。しかし、「朝鮮人民共和国」の建国は、米ソの拒絶で頓挫した。

　その後、1948 年 8 月 15 日に米国の支援を受けて、ソウルで李承晩が「大韓民国（韓国）[1]」の成立を宣言した。韓国に対抗して、同年 9 月 9 日にソ連の支援を受けて、金日成が「朝鮮民主主義人民共和国（北朝鮮）」を成立させた。こうして朝鮮半島は南北の 2 国に分断された。しかし、韓国の李承晩大統領は「北進統一」を、北朝鮮の金日成首相は「国土完整」を主張して、共に朝鮮

半島における南北統一国家の樹立を狙っていた。

5.2　北朝鮮軍の爆撃に使われた嘉手納基地

　1950年6月25日に北朝鮮軍が韓国に南侵したことにより、朝鮮戦争の火
ぶたが切って落とされた。3年後の1953年7月27日に板門店で休戦協定が
締結されるまで、北朝鮮・中国義勇軍と韓国・国連軍の間で激しい戦闘が繰り
広げられた。当初から劣勢だった韓国・国連軍は戦況を一気に優勢に転換する
ために「仁川上陸作戦」を決行して、平壌から釜山まで伸びた北朝鮮・中国義
勇軍の補給・連絡路（兵站線）を寸断する作戦に出た。そして、北朝鮮・中国
義勇軍に対して、東京の横田基地と沖縄の嘉手納基地からB-29とB-36爆撃
機による空爆が連日行われた。

　代表的な先行研究として、高一の「朝鮮戦争とその後：北朝鮮からみた停戦
協定態勢」が挙げられる[2]。高は、朝鮮戦争が植民地支配からの解放後の国づ
くりをめぐる南北の主導権争いであるとし、朝鮮戦争を開戦から停戦協定締結
までを概観している[3]。しかし、それで片づけてよいのだろうか。停戦協定を
平和協定に変更するまで、戦争は継続中で停戦を迎えたとは言いがたい。

　朝鮮戦争で北朝鮮・中国義勇軍への爆撃に沖縄の嘉手納基地が使われた。
それゆえ、米軍の嘉手納基地を抱えた沖縄住民は、沖縄が朝鮮戦争に巻き込ま
れるのではないかと危惧しながら不安な日常生活を送っている[4]。朝鮮戦争か
らその後のベトナム戦争などで爆撃に使われた嘉手納基地が極東で最強・最大
の戦略爆撃空軍基地まで急成長していく過程を読み解いた先行研究が比較的少
ない。当然、普天間基地についても同様である。嘉手納基地と普天間基地を完
成させるために、米軍による強制土地収用が何度も繰り返された。そのことで
沖縄住民の反米軍意識が、ギリギリまで高揚され、米軍との間に避けがたい深
い溝となって、激しい「島ぐるみ闘争」が繰り返された。

　北朝鮮・中国義勇軍への空爆に嘉手納基地のB-29とB-36爆撃機が使用さ
れたことで、USCARは、沖縄が中国義勇軍から報復爆撃されるかもしれない
として、防空対策の強化を発表した[5]。

当時、CICでは、朝鮮戦争に出撃する米軍人はもとより、沖縄住民の心理状況も把握しておかなければならないと考えていた。なぜなら、米軍人は戦争の当事者であり、沖縄住民は軍事基地の拡張・強化のための強制土地収用に反対して激しい「島ぐるみ闘争」を繰り返していたからである。特に、沖縄住民の「島ぐるみ闘争」が基地の存続を危うくすると、CICは危惧していた。

5.3 米陸軍 CIC から GHQ への報告

5.3.1 米陸軍 CIC の調査報告

1951年1月19日付の米陸軍のCICは、朝鮮戦争時における沖縄の新聞報道や住民から聴取した意見などを「Public Reaction of International Situation（国際情勢における沖縄住民の反応）」（著者訳）[6]にまとめて、1951年1月24日にGHQのG-2に機密情報として報告した。報告した機密情報は、朝鮮戦争当時の沖縄における米軍側の動向と沖縄が朝鮮戦争に巻き込まれるのではないかという住民の不安感を煽る貴重な開示文書である。その機密情報は、著者が米国立公文書館から沖縄県公文書館が収集してきた膨大な資料群の中から発見した。著者が発見したCICの情報の内容を以下に記述する[7]。

（1）沖縄に空爆の恐れあり。

USCARが防空対策を発表してから、沖縄住民は第三次世界大戦の勃発が不回避で、突然沖縄が空爆されることを恐れている。在沖米軍は防空網を完璧に張りめぐらし、防空壕を軍人とその家族のために数多く建設しているのに、なぜ米軍が敵の攻撃から沖縄住民を守るために防空壕を建設しないのか？そのことについて、沖縄住民は疑問に思っている。沖縄住民は、空爆時に防空壕の代わりに溝や壁の後ろに身を隠し、夜は屋内にいなければならない。つまり、沖縄住民には、空爆から身を守るすべがない。沖縄住民を放置しておいて、それでいいのか？言い換えれば、USCARではなく、沖縄群島政府（沖縄・宮古・八重山の3群島政府は1952年4月に琉球政府に統合、奄美群島政府だけは、1953年12月25日に本土に復帰）が、沖縄住民に防空壕を設ける責任を負っているのではないだろうか。一部の沖縄の知識人は在沖米軍に協力的なので、

在沖米軍も彼らだけは守るだろう。

（2）沖縄住民は、第三次世界大戦の勃発を危惧している。

　沖縄の政治家達は、「第三次世界大戦が不可避であり、来るべき戦争は、沖縄住民に第二次世界大戦よりも大きな苦しみをもたらす」と述べている。彼らは、「戦争すれば将来の見通しは暗く、生活水準が低下し、沖縄住民が30～40年間にわたって悲惨な生活を送ることになる」と思っている。沖縄の一般大衆は、ヨーロッパとアジアの急激な政治の悪化と第三次世界大戦の不可避について、不安を感じても、未来を楽観視しているか、あるいは、運を天に任せているのか、関心をほとんど示さない。

　沖縄住民は、米国が、ソ連に屈しないと信じている。そして、敗戦で解体された日本の再軍備が、朝鮮戦争後の極東に安定をもたらし、それが共産主義国の攻撃の抑止になる。

　そうした状況下で、国連軍が韓国から安全に撤兵するためには、日本の再軍備が急がれる。少数の共産主義者とその支持者達を除いて、大多数の沖縄住民は、世界中で共産主義を撃破する米国に協力的である。

（3）子どもたちにクリスマスプレゼントがなかった。

　国際情勢が悪化すると、沖縄住民は心配と不安を感じる。最近、在沖米軍が旧那覇市内に大規模な防空壕を建設しようとして、門中墓の移動を命令したという噂が広まった。

　小学生たちは、在沖米軍から毎年贈られるクリスマスプレゼントがなかったのでがっかりしている。教師たちは、なぜ、1950年に限って在沖米軍が小学生へのクリスマスプレゼントを忘れてしまったのか説明できなかった。その裏で沖縄住民は、在沖米軍が小学生へのクリスマスプレゼントを忘れてしまうぐらい朝鮮戦争の状況が悪化しているのではないかと危惧している様子がうかがえる。そのことが、沖縄住民が第三次世界大戦を心配する理由となっている。

（4）上地一史 [8]（『沖縄タイムス』[9]）

　平良辰雄 [10] 沖縄群島政府知事は、「公式であれ、非公式であれ、緊急措置について在沖米軍は、なんらかの提案をしなければならない。極東情勢について

沖縄の権力者に助言をし、最悪の場合に備えて沖縄を守る準備をしておく必要
がある」と述べていた。

（5）池宮 城 秀 意 [11]（『うるま新報』[12]）

　沖縄の共産主義者に支配された人民党機関紙である『人民』と、そのプロパ
ガンダである『うるま新報』の池宮城編集長が報道した記事を以下に示す。在
沖米軍は、『人民』と『うるま新報』が共に共産主義者の新聞であり、両社の
編集長は反米思想の持主であることを確認した。

　朝鮮戦争で軍事行動している米軍にはうんざりしている。彼らには気骨が
ない。北朝鮮・中国義勇軍が韓国から撤退して、国連軍が 38 度線を越境して
満州国境まで進攻することは、事前に決定されていたようである。国連軍は主
に米軍で構成され、他の各加盟国は 1 部隊を派遣しているにすぎない。駐韓
の国連軍と米軍は脅かしだけで、中国義勇軍とは真剣に戦っているとは思えな
い。

（6）那覇高校の教員たちの意見

　朝鮮戦争後の国際情勢では、第三次世界大戦に発展するかもしれない。し
かしながら、その状況にどう対応すべきかわからない。私たちは、原爆より
も、食糧不足を懸念している。

（7）翁長助静 [13]（真和志市長 [14]）

　食糧は沖縄住民の生死を決定する。私たちを餓死させないように在沖米軍
に請願する。食糧と引き換えであれば、軍当局に積極的に協力する。

（8）新 城 松 雄 [15]（『琉球日報』[16]）

　『琉球日報』には、以下のような記事が掲載されている。

　朝鮮戦争が、第三次世界大戦まで発展するとは思わない。世界のどこで戦
争が始まったとしても、沖縄までは広がってはこない。中国義勇軍を爆弾（原
子爆弾）で殲滅すれば、駐韓米軍が北朝鮮軍を軍事境界線まで押し戻すので、
朝鮮戦争が世界的な紛争に発展することはないだろう。

（9）沖縄住民の聞き取り調査

（a）朝鮮戦争が、第三次世界大戦に発展することは避けられない。沖縄群島
　　政府知事と議会が緊急事態に備える準備をしなければならない。しかし、

沖縄群島政府知事と議会が沖縄住民の信頼に応えられるかどうか疑問である。在沖米軍の助力が当てにできないので、沖縄群島政府知事の下で防空壕を建設するしかない。防空壕建設後の訓練をサポートしてくれるように在沖米軍に依頼したが、彼らも防空壕の建設と防衛で手一杯であると断ってきた。

(b)　沖縄住民は、米国の国力と財力を信じている。朝鮮戦争後の第三次世界大戦は、米国の勝利に終わるだろう。そして、沖縄基地には防衛力があるので、第二次世界大戦よりも空爆による被害は少ないだろう。唯一の問題は、沖縄への補給ラインが途切れることである。そうなると食糧は輸入されず、沖縄住民が飢餓に陥ることになる。本土の新聞は、「琉球政府が食糧やその他の必須アイテム（日用品）を備蓄する努力をしている」と報道している。また、『沖縄タイムス』の編集局長は、「在沖米軍が、沖縄住民に少なくとも6か月間の食糧を確保する必要性がある」と強調している。

CICの聞き取り調査に対して、沖縄住民は、「6か月間の食糧確保の保証が得られるなら、在沖米軍と協力して、厳しい状況にも耐えられる」と回答している。

(c)　沖縄人民党は、「民主化に対する要求が警察を弱体化させ、沖縄住民の話題に上るまで暴力団をはびこらせている。警察が治安を維持できないのであれば、自治体が自警団を組織するしかない」と公安委員会の対応を批判している。

(d)　沖縄住民の意識は、下記の4グループに分類される。その中に、共産主義統治に賛成する者はほとんどいない。

・琉球諸島（日本帰属後の沖縄県の島々の総称）に対する米国の信託統治権を支持し、米国の民主的支配の下で繁栄と自由が享受できると信じている者。

・人種や文化の絆のために沖縄の日本帰属を求める者。

・政治的、経済的独立を支持する者。

・米国の統治権には関心を示さず、日常生活で手一杯の大多数の人びと。

（10）　日本からの不法侵入者

　1951年1月の第2週目に東京から沖縄に不法侵入した闇市ブローカーの知人の共産主義者は、「国連軍が韓国から撤退する前に、日本政府は、日本共産党を非合法化すると噂している。同時に、日本の警察が強化されて、地下活動する共産党員の多くが逮捕されている。数名の日本共産党員は、隠蔽と地下活動のために日本語がわかる韓国、沖縄、台湾などに脱出する」と言っている。その知人の共産主義者は、「日本が第三次世界大戦に巻き込まれるのは避けられない」という意見である。最近の会話の中で、「第三次世界大戦は、日本軍が米国のサポートで復活し、日本人、台湾人、インド人、韓国人、フィリピン人を含むアジアの連合軍は、極東と東南アジアの共産主義諸国と戦い、米国とその同盟国は、西ヨーロッパでソ連を盟主と仰ぐ共産主義諸国と戦う。こうした戦争は、米国が民主主義国家のリーダーシップを取って大勝利するだろう」と知人の共産主義者は話していた。

5.3.2　米陸軍CICの調査報告から読み取れること

　第三次世界大戦の勃発は、『琉球日報』を除いて、沖縄住民の大多数が危惧している。第三次世界大戦が起きたら第二次世界大戦と比べ物にならない大きい被害が想定される。米軍が強制土地収用によって基地建設をしなければ、沖縄住民は先祖伝来の土地を失うこともなく、反米軍闘争も発生しなかっただろう。また、建設・整備した嘉手納基地から北朝鮮・中国義勇軍への爆撃がなされなかったら、第三次世界大戦の勃発を心配することもなかっただろう。

5.4　米国人記者の観た沖縄

　米国人記者は、沖縄住民による自治と基地が支える沖縄経済、および米軍の極東における要塞島建設などについて、住民の見解を求めた。それに対して、「沖縄住民は自らを日本人と考えており、また、実際上沖縄や琉球文化は全く日本のそれと異なるところがない。ほとんどの住民が日本語だけを話し[17]、習慣や宗教も日本と同じである」[18]と回答した。特に若い世代は、高等

教育を授けてくれる唯一の国は日本だと思っていた[19]。

　1950年8月に、比嘉秀平行政主席は琉球大学の創立記念式典で「内容設備とも日本の諸大学に遠く及ばなくても、若者は、琉球大学で高等教育を受けて、沖縄の発展に尽くしてもらいたい」[20]と祝辞を述べた。また、当時の沖縄経済は、住民の半数が直接的、あるいは間接的に雇用環境を米軍にかなり依存していた[21]。

　最後に、米国人記者の「沖縄とはなにか」の質問に対して、ステアリー（Ralph F.Slearley）少将は、「沖縄は極東の要である。また、沖縄は守るに易く攻めるに難しい素晴らしい基地である。強力な空軍は、陸軍や海軍の協力を得て全極東の作戦を支配する」[22]と回答した。

　米国人記者の取材から読み取れることは、沖縄住民と米軍のステアリー少将のコメントとの間に、国際情勢の認識面で埋めようのない大きな乖離が読み取れる。その乖離は、支配する側の米軍司令官と、支配される側の沖縄住民との間にそそり立つ権力という名の、沖縄住民には越えられない高い壁である。

　当時の『琉球新聞』の社説にも、「過去の沖縄の指導者達は、率直な意見を述べたことはなく、いつも遠慮がちで引っ込み思案な答弁に終始したが、今後は、USCARに対して遠慮なく個人の考えを表明すべきではないだろうか」[23]という記述があった。この記述からも読み取れるように、行政上の最終決定権をUSCARに握られている行政主席の弱い立場を如実に物語っているのではないだろうか。

5.5　沖縄人民党 vs USCAR のイデオロギー対立

　沖縄人民党は、USCARとイデオロギー対立を繰り返した唯一の政党である。朝鮮戦争を戦った在沖米軍にとっては、ソ連と中国という二大共産主義国の南下の脅威から東南アジアの自由主義諸国を防衛するために、できるものなら目障りな沖縄人民党を排除したいという想いが色濃く現れている。逆に沖縄人民党は、沖縄から米国人は出ていけと主張している。在沖米軍は極東の最前線基地に君臨しながら、沖縄人民党と真っ向からイデオロギー対立して歩み寄りが

見られず、解決の糸口さえ見いだせない状況にあった。

5.5.1　沖縄人民党の主張

　1947 年 7 月に、沖縄人民党は党員数 100 名の政党として発足した。1952 年 3 月 2 日の第 1 回立法院議員選挙に瀬長亀次郎が沖縄人民党から立候補し、トップ当選を果たした。同時に、党員数も 2,000 人まで増えた [24]。

　沖縄人民党は、「人民解放 [25] の理論をもって活動の指針とする。目標達成のために、対外的には日本に復帰し、対内的には米国資本と結びついて利益を上げる買弁関係やその資本そのものを打倒しなげればならない」[26] と謳っている。また、主な政策として、信託統治反対、即時本土復帰、労働法規の速やかな制定、軍用地料決定に地主代表の参加、可耕地の完全開放、最低賃金制の確立、生産力擁立のための輸入食糧の人民管理、教育費の全額米軍負担などを挙げている [27]。ここで、「買弁」とは、アヘン戦争に敗れた清朝末期の 1800 年代から中華人民共和国が成立する 1940 年代にかけて、欧米商社の対中ビジネスを仲介して暴利を貪る中国商人を嘲笑した言葉であったが、その後は外国資本に追随し、自国の利益を損なう行為や人物を指すようになった。

　当時の新聞は、沖縄人民党のことを「階級政党だけに言うことはかなり先鋭的である」[28] とコメントしている。1952 年ビートラー（Robert S.Beightler）民政副長官は「『沖縄人民党は共産党なり』の烙印を押したが、当の沖縄人民党は、これを否定も肯定もしなかった」[29]。その理由として、瀬長書記長は、「行動綱領を掲げた政党が肯否定すべき問題でなく、沖縄人民党は、あくまでも現実の人民の苦しみを解放するための大衆の行動党である」[30] と説明した。さらに瀬長書記長は、行動綱領の最終目標を『本土復帰』に置き、「共産党でもない、また社会党でもない幅広い人民党は、本土復帰の実現とともに自然解散する」[31] と述べた。

　その後、瀬長書記長は「保守政党を除く進歩的な社会党、労働党、共産党などから、激励は受けるが、基本的な組織にまでつながりを持つことはあり得ない。また、三大目的の本土復帰、占領行政継続反対、その傀儡の比嘉行政府打倒を目標としている」[32] と語った。こうした米軍の基地政策に真っ向から反対

を唱え、それを政策として綱領に示した。

5.5.2　USCARの沖縄人民党批判と主張

　ビートラー民政副長官が立法院の招請を受けて、1952 年 8 月 19 日午後 3 時より立法院本会議場で 40 分間演説をした[33]。演説内容は、「共産主義者は、民主主義が保証する自由そのものを破壊する為に民主的な手段を巧みに利用している。その方法は脅迫であり、暴力政治であり、その結果は圧制政治である。一度共産主義に染まると、決してその束縛から逃れる事はできない。独裁政治は、統制が完成された時、解放を決して許さない」[34]と述べた。そのうえで、ビートラー民政副長官は「共産主義による政府の転覆は、テロ行為や非合法的圧力を以って自らの要求を官憲に強要する『人民戦線』の結成から始まるのである。議員に圧力を加える為に、立法院の玄関に勤労者の一団が押し寄せたことで、請負業者が威嚇され、呵責なく追及された。行政主席さえもこの沖縄人民党による『人民戦線』の威嚇戦術の圧迫から免れることはできなかった。最近、行政主席を労働争議に参加させる為に、100 名の人民党員が待っていた。それが沖縄人民党の意志を、公共の指導者と奉仕者に強制する手段の一例である」[35]と述べた。

　ビートラー演説の大部分は、国際共産主義がいかに恐るべき病根であるかに焦点を置いたものだった。特に、沖縄人民党の主義および目的が、国際共産主義と立場や方向性を同じくすることは疑う余地がないとビートラー民政副長官は批判した[36]。

　さらに、ビートラー民政副長官は、「米国は組合の組織発展の先駆者である。経営者は資本を供給し、労働組合は技術の種類と程度に見合った労働力を提供する。ゆえに米国の労働組合は、決して一政党の支配下にある訳ではない。労働者が政党の政治的支配下に組織化されるなら、それは政治の自由を脅かす武器となる。それ相応の勢力があれば、その指導者は意のままに国家を操ることができる」[37]と論述した。

　そのうえで、「最近、沖縄人民党は、沖縄の労働者を一丸とする組合組織の指導を宣言した。沖縄人民党の指導者達がゼネストを起こし、彼らの要求を認

めさせるために立法院前に数千人の労働者に召集をかけたら、政府の行動の自由が束縛されることは疑う余地がない」[38)]と述べた。最後にビートラー民政副長官は、「沖縄人民党の罪は、米国が沖縄を植民地化しようと主張していることである」[39)]と結論づけた。

5.5.3 沖縄人民党と民政副長官の対立が意味するもの

嘉手納基地は、朝鮮戦争でB-29とB-36の出撃に使われ、国連軍の中で重要な役目を果たしてきた。それだけでなく、嘉手納基地は、核兵器の貯蔵庫が設置されており、そこから引き出した中距離核弾道ミサイル（IRBM）を搭載して出撃する戦略爆撃機が常駐する空軍基地としての顔も持っている[40)]。その沖縄に空爆の恐れありとUSCARが防空対策を発表したことで、沖縄住民は、共産主義国による突然の空爆に危機感を抱くようになった。

こうしたことを熟知している沖縄人民党は、第二次世界大戦から朝鮮戦争に至る米軍の展開から、第三次世界大戦に進行するときは共産主義国との戦争となり、それが核戦争に発展することを懸念した。それゆえ、沖縄人民党は、本土復帰、占領行政継続反対、および比嘉行政府打倒などを訴えたのである。

USCARのビートラー民政副長官は、ソ連と中国という二大共産主義国の脅威から極東・東南アジアの自由主義諸国を防衛するために、できるものなら沖縄人民党を排除したいという想いが色濃く出ている。それに対して、瀬長書記長は、「人民党は、あくまでも現実の人民の苦しみを解放するための大衆の行動党である」[41)]と説明し、さらに、「共産党でもない、また社会党でもない幅広い人民党は、本土復帰の実現と共に自然解散する」[42)]と反論した。

上記のように、USCARのビートラー民政副長官と人民党の瀬長書記長との間で繰り返される正反対の主張が、イデオロギー対立を生む源泉となっているのである。

5.6　保革3政党の軍用地問題に対する見解

　保守の琉球民主党[43]は親米協調路線に立ち、革新の沖縄社会大衆党や沖縄人民党とは対決姿勢を顕にしてきた[44]。

　琉球民主党の上原永盛[45]議員は、「5,321坪に亘る軍用地の借地料が2年間で18円20銭というのは誰が聞いても不当であり、そのことについては、USCAR側も不当であることを認めている。軍用地問題の対策を講じる土地委員会は、米国から俸給を貰うから不安な点もあるが、この土地委員会、地方の連合会、および立法院の軍使用土地特別委員会の三者が一体となって米軍にあたれば、必ずやUSCARは土地問題について納得するだろう。もし、それでも米軍が土地収用令を出すという事態になれば、潔く土地委員達に辞めてもらう。しかし、軍用地問題は今後逐次明るい方向に向かっていくことは間違いないと信ずる」[46]と論述した。

　上原永盛議員は、その根拠として「USCARのバロン（S. T. Baron）財政部長が土地問題の予算獲得のために米国議会で証言中である」ことを挙げた。さらに、「民政副長官であるオグデン少将も沖縄住民のために善処したいという意向を示しているので、民主党としては近いうちに朗報がもたらされると信じている。そこに期待して、しばらく辛抱してもらいたい」[47]と述べた。

　沖縄社会大衆党[48]は、1952年に軍用地問題の早期解決、主席公選の早期実施、労働法規の整備、および本土復帰の促進などをUSCARと琉球政府に申し入れることを決定した[49]。

　沖縄社会大衆党の桃原亀郎[50]議員は、「本土復帰問題、中部地区の再選挙問題などの未解決事案に決着をつける。その他に、比嘉行政主席は沖縄住民を代表して個別に土地を契約して、すでに軍用地の3分の1の収用が終了したと述べているが、実に由々しき一大事である。立法院でも超党派で軍用地問題解決のための特別委員会を設けて対策を練っているが、なかなか困難である。国際法における自由権と生存権を訴えていくのが沖縄住民に与えられた唯一の方法であるように思われる。そのためには、早急に本土復帰するべきである。軍

用地問題はあまりにも大きすぎて、本土復帰以外に解決策が見当たらない」[51]と論述した。

沖縄人民党[52]の瀬長亀次郎書記長は、「米国は基地建設のために、まだ、沖縄の土地を取ろうと言っている。そのために住民はどれほど悲惨な目にあっているか。まったく、生存も危ない現状である。軍用地問題の解決には、全米国人に沖縄の土地から去ってもらいたい」[53]と激白した。

保革3政党による軍用地問題の政策には、それぞれ見解に相違が見られる。保守の琉球民主党は「USCARが軍用地問題の予算獲得のために米国議会で証言中なので、しばらく辛抱してもらいたい」[54]という見解を示したのに対して、革新の沖縄社会大衆党は「軍用地問題はあまりにも大きすぎて、本土復帰以外に解決策はない」[55]と結論づけた。その一方で、沖縄人民党は「軍用地問題の解決には、全米国人に沖縄の土地から去ってもらいたい」[56]と過激な発言で結んだ。

5.7　保革3政党の政策実現化手法

立法院を代表する政党には、保守政党として琉球民主党（1952年〜1959年、後の沖縄自由民主党）があり、革新政党として沖縄社会大衆党と沖縄人民党の計3政党が存在した。この保革3政党の方針は、いずれも「本土復帰」では一致していた。

本土は1952年4月28日の対日平和条約の発効により施政権を回復しているが、沖縄は対日平和条約第3条によって、引き続き米国の施政権下に置かれた。そのために、沖縄には日米安全保障条約が適用されていない。また、保革の3政党は米軍統治、すなわち異民族支配からの脱却を目指していたのであるが、その目算は、「沖縄の独立」ではなく、「本土復帰」にあったということである[57]。

沖縄と本土では、政治状況に違いがある。本土の場合、「55年体制」の成立後は、自由主義を掲げる自由民主党と社会主義を掲げる日本社会党のイデオロギー対立が政治を主導していた。それに対して沖縄の政党は、保革の3政党

とも意識の強弱はあっても、米軍統治の打破勢力としての側面は変わらず、保革の政策距離は比較的近かった。また、当時最も反米軍的な政党であった沖縄人民党にしても、「共産主義」の実現を直接に掲げていたわけではなかった。

　政策的距離が近い中で、沖縄における保革の対立軸が鮮明になったのは、1968年11月10日の琉球政府行政主席公選における「本土復帰」の手法の違いのみである。保守の沖縄自由民主党は、祖国との一体化を図りながら本土復帰を段階的に進めていく手法を選挙公約とした。それに対して革新は、大衆運動を盛り上げることによって、一気に本土復帰を実現する手法、すなわち「即時無条件全面返還」を選挙公約にした。両者の選挙公約を比較すると、革新の「即時無条件全面返還」の方が実現性は乏しいが、軍事基地反対の島ぐるみ闘争を繰り返していた沖縄住民の心はつかみやすい。

5.8　米国政府が最重要視する沖縄基地

　1953年に共和党のアイゼンハワーが大統領に就任すると、ダレスは国務長官に就任した。1954年1月7日、アイゼンハワー大統領は議会に向けた一般教書演説で、「アジアに共産主義の脅威があるので、米国は無期限に沖縄にとどまらなければならないだろう」[58]と述べた。それを受けて、ダレス国務長官は、アリューシャン列島からフィリピンにつながる極東の反共最前線を突破されると米国本土への脅威となるので、「大量報復戦略（Massive Retaliation Strategy）の適用」を表明した[59]。「大量報復戦略」とは、全面戦争を望まない敵に対し、核兵器による「大量報復」をほのめかすことで、敵のすべての動きを封じ込める。ダレス国務長官は、その核抑止理論を局地戦争に適用することを表明した[60]。

　1958年5月1日の国家安全保障会議でダレス国務長官は、「我々には、共産勢力による韓国への侵攻の再発を防止する十分な抑止力がある。その抑止力は、米軍の核戦力で構成される」[40]と述べ、嘉手納基地に核兵器の貯蔵庫が設置されていることを認めたうえで、戦略爆撃空軍基地の重要性を語った[40]。

5.9　米軍のベトナム戦争への介入と沖縄住民の復帰意識の芽生え

　1960年4月28日、本土復帰に向けた大衆運動の組織化を図るために、沖縄県祖国復帰協議会（復帰協）が結成された。1964年6月26日には、復帰協主催の「自治権獲得県民大会」が立法院で開催された。

　1965年11月14日の第7回立法院議員選挙では、革新が那覇市で圧勝した。しかし、同年12月19日の那覇市長選挙は、保守の現職である西銘順治が当選した。

　このように、保革が入り乱れて混沌とした選挙を続けている中で、1965年1月の佐藤栄作首相訪米以降、日米両国政府による沖縄の施政権返還交渉が大詰めを迎えていた。河野康子は、1965年夏以降の日米交渉の焦点は以下の3項目に絞られたとしている[63]。

(1) 沖縄の施政権の返還と基地機能との妥協点。

(2) 中距離核弾道ミサイル（IRBM）の貯蔵庫が設置された嘉手納基地[64]と、普天間基地、海兵隊のキャンプ・シュワブとキャンプ・ハンセン、および陸軍・海軍のホワイトビーチなどを含む沖縄基地の自由使用。

(3) 1970年に期限切れを迎える日米安全保障条約の帰趨。

　上記の3項目について検討するために、米国はワーキング・グループを立ち上げた。ワーキング・グループの構成メンバーは、国務省・国防省・ホワイトハウス・陸軍省・統合参謀本部で、1966年6月14日に第1回会合を開催した[65]。議長には、国務省東アジア・太平洋問題担当のシュナイダー（Richard Lee Sneider）日本部長を選出し、沖縄の米軍基地を存続させるための取り決めと、日本への施政権返還交渉の実現性との政策を報告書にまとめた。河野は、この報告書が、最終的な施政権返還への道を開くことになったとしている[66]。その他に、1965年1月に佐藤首相が訪米したとき、ジョンソン大統領との会談で、施政権返還について沖縄住民と日本国民の願望への理解を求めたが、進展は見られなかった[67]。

　1965年8月19日に佐藤首相が沖縄訪問した際、ベトナム戦争反対の住民

デモを支援する反対勢力が、返還問題を利用して沖縄の民主党と本土の自由民主党との立場を悪化させる可能性が明白になってきた[68]。そこで、同年12月7日、佐藤首相はラスク（David Dean Rusk）国務長官に対して、「沖縄の施政権返還問題は、ベトナム戦争が継続している限り、米国の理解と協力なくしては解決できないので、沖縄の施政権返還問題について米国政府を混乱させることがないよう、しばらくの間、機能別返還や周辺諸島の返還のようないかなるものも提唱しない」[69]と述べた。つまり、米国政府への配慮から、佐藤首相は沖縄の返還交渉を取り下げたのである。

　それでも日米間で沖縄の返還交渉が徐々に進展している中で、沖縄では、1965年12月16日に復帰協主催の「任命主席退陣・主席公選要求県民大会」が開催された。同年12月30日には、立法院本会議において、「行政主席の直接選挙および自治権の拡大に関する要請決議案」と「被選挙権を剥奪している布令の廃止を要求する決議案」が全会一致で議決された。こうしたことを受けて、沖縄住民が強制土地収用の反対闘争に明け暮れた第1期（1953年〜1959年）と第2期（1960年〜1967年）の「島ぐるみ闘争」も、本土復帰を目指す大衆運動の組織化を巡る第3期（1968年〜1972年）の「島ぐるみ闘争」へと変容を遂げていくのである。

　1965年以後のベトナム戦争では、強制土地収用によって大々的に嘉手納基地の拡張整備工事が行われ、1967年5月に主滑走路の拡充と補助滑走路が完成したことで、沖縄駐留米軍基地の全整備が完了した[70]。1972年5月15日、沖縄の施政権が日本に返還された後も、空軍の嘉手納戦略爆撃基地、海兵隊の普天間基地を含むキャンプ・シュワブとキャンプ・ハンセン、および陸・海軍のホワイトビーチなどに4軍が駐留を続けて現在に至る。

　米軍基地拡張・強化の裏では、沖縄住民の「島ぐるみ闘争」の激しさから基地の存続を危惧したジョンソン大統領が、1968年2月1日、アンガー[71]高等弁務官に立法院で「1968年11月に琉球政府行政主席公選を実施する」[72]と発表させた。そして、同年11月10日に沖縄住民による琉球政府行政主席公選が実施されたのである。こうした米国の細やかな対応が、沖縄の施政権返還によって恒久的な軍事基地の自由使用を勝ち取ったともいえるのである。

　10 年ごとに期限切れを迎える 1970 年の日米安全保障条約については、自動延長された。なお、本条約は、期限切れを迎える 1 年前までに日米のいずれかが破棄予告しなければ、自動的に延長される仕組みになっている。

5.10　沖縄住民の本土復帰意識の変容

5.10.1　住民意識の変容

　日本本土は 1952 年 4 月 28 日の対日平和条約の発効により施政権を回復したが、沖縄は同条約第 3 条により、ハーグ陸戦条約失効後も引き続き米国の施政権下に置かれた。そのため、沖縄の施政権はUSCARが持っていた。ここで、沖縄住民の復帰意識について、「民主主義」の概念を取り入れて説明する。

　「民主主義」は日本国憲法で、「主権が国民に存する」と定義されている。そうなると、米軍統治下の沖縄には「民主主義」が存在しないことになる。「米軍の出先機関であるUSCAR支配と沖縄住民の自治とは互いに排反関係となり、USCARが如何に民主主義を訴えたとしても、米軍支配による一方的な専制なので、住民による民主制とは言いがたい」[73]。

　戦後米国の対日基本政策は、帝国陸・海軍を徹底的に解体することと民主主義を根付かせることにあった。その実現のためにGHQは、日本国憲法に国民主権を明示し、婦人の参政権を認めた。さらに、財閥解体、農地改革、および家制度の解体などを実行した。こうした一連の対日基本政策が完了した後、本土は 1952 年 4 月 28 日の対日平和条約の発効により施政権を回復した。しかし、すでに何度も繰り返しているように、沖縄などは日本の領土から分断され、同条約第 3 条により、米国の施政権下に置かれることになった。そして、朝鮮戦争では、嘉手納基地がB-29 とB-36 の出撃に使われ、北朝鮮・中国義勇軍への爆撃が繰り返された。

　沖縄住民からすれば、日本国民として本土並みに住民の自治権を承認することが第一なので、極東で最強・最大の軍事基地を抱えた米軍統治を認めることはできない。こうした沖縄住民の反米軍意識が高揚する中の、1956 年 6 月 20 日に住民大会が開催された。その会場で、「プライス勧告拒否」と「土地を

守る四原則貫徹」が採択された。著者が示した「島ぐるみ闘争」の時代区分を割り振ると、朝鮮戦争の前後は第1期（1953年〜1959年）の「島ぐるみ闘争」に該当する。

その後、米軍がベトナム戦争に介入したことで、第2期（1960年〜1967年）の「島ぐるみ闘争」が再燃した。しかし、1967年に軍事基地の拡張・強化による再整備が完了したことで、強制土地収用をめぐる第2期の「島ぐるみ闘争」は終わりを告げた。

次に、沖縄では本土復帰に向けた大衆運動の組織化をめぐる第3期（1968年〜1972年）の「島ぐるみ闘争」が盛り上がりを見せた。そうなった背景には、第2期（1960年〜1967年）の強制土地収用における軍事基地の再整備が完了したことで、第2期の「島ぐるみ闘争」が下火になり、徐々に第2期から本土復帰に向けた第3期（1968年〜1972年）へ徐々に移行していくのである。

以下の第2期の「島ぐるみ闘争」における3項目が直接影響を及ぼして、第2期から第3期へと「島ぐるみ闘争」が徐々に移行期を迎えていったと考えられる。

(1) 1960年4月28日に結成され、本土復帰をスローガンとした第3期の沖縄県祖国復帰協議会（復帰協）を中心とした住民運動が拡大してきた。沖縄の主要諸団体と連携した復帰協は、毎年4月28日に祖国復帰要求、反戦反基地闘争、自治権拡大運動、および生活擁護・人権擁護運動などを掲げて第3期の「島ぐるみ闘争」を急成長させた。

(2) 1960年12月14日の国際連合総会で、「植民地独立付与宣言（Declaration on the Granting of Independence to Colonial Countries and Peoples）」が可決された。宣言の付帯条項では、「単独での主権国家樹立」「独立国家との自由な連合の樹立」、および「独立国家への統合」などをもって合法的な自治権を達成すると定義している。

(3) 国連決議に基づいて、1962年2月1日の第19回立法院議会は、「施政権返還に関する要請決議案」を保革全会一致で採択した。決議の主な内容は、「米国による沖縄統治は、領土の不拡大及び民族自決の方向に反し、国連憲章の信託統治の条件に該当せず、国連加盟国たる日本の主権平等

を無視し、統治の実態もまた国連憲章の統治に関する原則に反するものである。いかなる理由があるにせよ力によって民族が分離され他国の支配下に置かれることが、近代世界において許されるべきものではない。われわれは、日本領土内で住民の意思に反して不当な支配がなされていることに対し、国連加盟国が注意を喚起されることを要望し、沖縄に対する日本の主権がすみやかに回復されるように尽力されんことを強く要望する」[74] というものであった。

1965年11月14日の第7回立法院議員選挙の争点は、行政主席公選要求への取り組みであった。本選挙は、沖縄社会大衆党などの革新が那覇市で圧勝した。選挙戦の最中に開催された復帰協主催の「主席公選要求・指名阻止県民大会」では、民主党（後の沖縄自由民主党）の松岡政保[75] 総裁への選挙妨害が発生し、民主党は、復帰協主催の主席公選要求運動から脱退した[76]。

1965年12月16日に復帰協主催の「任命主席退陣・主席公選要求県民大会」が開催された。参加者からは「復帰問題やベトナム戦争と那覇市長選挙は別問題であるという西銘市長を許してはならない」[77] という声が上がるなど、那覇市長選挙と主席公選問題を結びつけようとする動きが見られた。しかし、同年12月19日の那覇市長選挙は、現職の西銘順治が当選した。その理由として、「西銘の『市長としての実績』と『具体的な政策』が那覇市民に支持されたことが挙げられ、第7回立法院議員選挙と那覇市長選挙は別問題だということが実証された」[78]。

1965年12月30日の立法院本会議において、「行政主席の直接選挙および自治権の拡大に関する要請決議案」と「被選挙権を剥奪している布令の廃止を要求する決議案」が全会一致で議決された。

第3期（1968年〜1972年）の「島ぐるみ闘争」が激化する中で、基地の存続を危惧したジョンソン大統領が、1968年2月1日にアンガー高等弁務官に立法院で「1968年11月に琉球政府行政主席公選を実施する」と発表させた。そして、選挙戦の火ぶたが切って落とされ、同年11月10日に保革一騎打ちの選挙が実施された。琉球政府行政主席公選に引き続き、本土復帰するまでを描く。

　「本土復帰」は、米軍統治と軍事基地問題とに辟易していた沖縄住民共通の認識であるので、そのこと自体、政党のイデオロギーが入り込む余地はなかった。沖縄住民の意識の変容が「本土復帰」を希求したことを裏づける資料として、沖縄の当時の新聞報道と瀬長亀次郎の回想録とから3例を探し出すことができた。それを次項で読み解く。

5.10.2　住民意識が「本土復帰」に向けて変容した理由

　第1期（1953年〜1959年）から続く軍事基地の拡張・強化による再整備が1967年に完了したことで、強制土地収用をめぐる第2期（1960年〜1967年）の「島ぐるみ闘争」は終結した。終結に近づく第2期（1960年〜1967年）の「島ぐるみ闘争」の後半になると、強制土地収用による軍事基地の拡張・強化による再整備がほぼ完成期を迎えることで、あれほど激しかった沖縄住民の反米軍闘争が徐々に沈静化していった。次に、第3期（1968年〜1972年）の本土復帰に向けた「島ぐるみ闘争」へと沖縄住民の意識が徐々に変容していった。その意識が変容する理由について以下で検討する。

（1）軍事演習による度重なる事故

　基地の建設・整備の問題はほぼ解消したが、ベトナム戦争に介入するために、在沖米軍の軍事訓練が激しさを増してきた。たとえば、朝鮮戦争以降、読谷飛行場はパラシュート降下演習場となった。軍事演習による事件・事故は絶え間なく起こり、読谷村を中心とした地域住民は、空からの落下物に不安と恐怖の日々を過ごしていた。1964年には、約4tのコンクリート塊やジープ、および武器などが座喜味・親志・喜名集落に落下して大きな損害を与えた[79]。1965年6月には、重さ2t半のトレーラーが読谷村親志の民家そばに落下し、小学5年生の棚原隆子さんがトレーラーの下敷きになって死亡した[80]。それでも降下訓練が繰り返され、家屋の損傷、農地の被害、および学校や通学路などが危険にさらされた。

（2）本土復帰意識への変容を裏づける3事例

　「本土復帰意識」を裏づける第1の資料として、那覇高校の生徒のアンケート調査の結果が挙げられる。

　1953年7月27日に、朝鮮戦争の休戦協定が板門店で締結された。その年の那覇高校では、生徒410名が「本土復帰」に対してどのような考えを持っているのかを知るために、本土復帰の賛否、本土復帰賛成の理由、および本土復帰の時期などの3項目について調査をした[81]。

表5.1　本土復帰の賛否を問う調査結果

本土復帰の賛否	百分率（％）
賛成	91.3
反対	6.1
わからない	2.6

（著者作成）

　まずは、本土復帰に「賛成」か、あるいは「反対」かについて調査を実施した。「分からない」という答えの中には、賛否を決めかねる者が含まれていることを、あらかじめ記述しておく。その調査結果を表5.1に示す。

　表5.1の調査結果を見ると、本土復帰賛成が90％以上を占め、反対を圧倒していることが明らかになった。そこで、「米軍統治」ではなく、なぜ「本土復帰」に賛成票を投じたのだろうか。賛成票を投じた者に①教育上、②民族上、③政治上、④経済上、⑤風紀上の中から、いずれか1項目をピックアップさせて、賛成票を投じた理由を書かせた[82]。記述された調査結果を回収して、それぞれの項目ごとの百分率を表5.2に示す。

　高校生に直接関係が深い①教育上からの理由が一番多かった。それは、間接的な本土との教育交流や、教育設備と図書の欠乏がそのような選択をさせたと記述されている。次の②民族上からという理由説明は、風俗や習慣の共通性や、歴史および言語などから見て、日本民族であるという民族意識の強さが影

表5.2　本土復帰賛成の理由

本土復帰賛成の理由	百分率（％）
①教育上から	45.7
②民族上から	23.5
③政治上から	15.5
④経済上から	11.3
⑤風紀上から	4.0

（著者作成）

響したのであろう。③政治上からの答えは、USCARの布告・布令による琉球政治が本土のそれと異なるところに不満や不自然さを感じたことによると考えられる。また、④経済上の理由は労働賃金が安すぎることや物価の高騰による貨幣価値の低さが影響したようである。⑤風紀上は米軍人と地域との

環境（盛り場）の乱れから選択したようである。

　表5.2に示す理由から大半の高校生は本土復帰を望んでいることがわかったので、最後に本土復帰を希望する時期について調査した[83]。その結果を表5.3に示す。

　「1日も早く本土に復帰したい」が、時期尚早を表現する「今は早すぎる」の2.73倍を占めた。また、「今は早すぎる」をチェックしながらも「なるべく早く本土に復帰したい」と書いている者もいたことを付記する。

表5.3　本土復帰の時期

本土復帰する時期	百分率（％）
1日も早く	71.0
今は早すぎる	26.0
何時でもよい	3.0

（著者作成）

　表5.1から表5.3の本土復帰に対する高校生の意識調査の結果を総括すると、教育上、民族上、政治上、経済上、風紀上の理由から90％以上が本土復帰を希望していることがわかった。本調査結果から、今後ますます本土復帰を求める声が強くなってくることが予想される。

　「本土復帰意識」を裏づける第2の資料として、沖縄人民党のスローガンと活動状況が挙げられる。

　政策が似たり寄ったりでイデオロギー対立が見られないと指摘されている保革の二大政党とは異なる政策を掲げているのが、沖縄人民党である。沖縄人民党の創立大会は、1947年7月20日に石川市立初等学校（現：うるま市）で開催された。創立大会では30人の中央委員を選出し、その中から浦崎康華委員長と5人の常任委員を選出した。その後、人民自治政府の樹立や民主的各級選挙の速やかなる実施などのスローガンが採択された[84]。

　1950年11月24日に米国務省は、「対日講和7原則」を発表した。その中で、「日本が、米国を施政権者とする琉球諸島および小笠原諸島の国際連合信託統治に同意すること」[85]を要求してきた。

　沖縄人民党は1951年1月28日の拡大中央委員会で、初めて講和・帰属問題について討議し、全面講和を要求すること、帰属に関しては信託統治反対などを決定した[86]。同年2月13日の中央委員会では、さらに討議を深めた結果、「沖縄の解放は反帝闘争であり、方法として日本復帰を叫ぶ」[87]という結

論に達した。そして、1951年3月18日に那覇劇場で臨時大会を開催し、本土復帰についての沖縄人民党の基本方針が公式に決定された。

「本土復帰意識」を裏づける第3の資料として、1956年6月20日の夜に、沖縄の64市町村（当時）のうち56市町から20万人余の沖縄住民が参加して、プライス勧告に反対する第1回住民大会が開催された。

那覇市の会場には4万人の市民が参加し、「四原則死守」「No Steal OKINAWA」「プライス勧告絶対反対」「領土権の死守」などのプラカードが並び、午後7時半に始まって、午後10時すぎに終わった[88]。この中で、「領土権の死守」が「本土復帰」を訴える沖縄住民の悲痛な叫び声となった。その第1回住民大会によって、強制土地収用による基地の建設・整備に反対する沖縄住民の地域闘争が沖縄全土を巻き込む「島ぐるみ闘争」へと拡大していった様子が鮮明になった。

第1期と第2期の反米軍意識の高揚による「島ぐるみ闘争」から第3期（1968年〜1972年）の本土復帰に向けた「島ぐるみ闘争」へと沖縄住民の意識が徐々に変容していったことは事実である。しかし、上記の1947年から1956年までの「本土復帰意識」を裏づける3資料の内容を見ると、90%以上の沖縄住民の心の中に「本土復帰意識」が芽生えていたことが明らかになった。

5.11 結言

本章は、朝鮮戦争時に米陸軍のCIC（対敵諜報部隊）からGHQのG-2に宛てた開示済みの「Public Reaction of International Situation（国際情勢における沖縄住民の反応）」という動向調査書と沖縄の新聞報道を比較して、嘉手納基地から出撃したB-29とB-36爆撃機による北朝鮮・中国義勇軍への空爆に対する当時の沖縄住民の意識を分析した。そこから、明らかになったことを以下に記述する。

(1) 1951年の米陸軍のCICによる沖縄住民の動向調査書の中で、「沖縄住民は、第三次世界大戦の勃発を危惧し、ソ連や中国からの突然の空爆を恐れている」と報告している。第三次世界大戦が起きたら第二次世界大戦

と比べ物にならない大きい被害が想定される。米軍が強制土地収用によって基地の建設・整備をしなければ、沖縄住民は先祖伝来の土地を失うこともなく、反米軍闘争も発生しなかった。そして、建設・整備された嘉手納基地から出撃したB-29とB-36爆撃機による北朝鮮・中国義勇軍への空爆がなされなかったら、第三次世界大戦の勃発を恐れることもなかった。また、沖縄の政治家は、第三次世界大戦が、沖縄住民に大きな苦しみをもたらすと信じている。しかし、『琉球日報』だけは、第三次世界大戦の勃発を否定し、世界のどこで戦争が始まったとしても、沖縄までは広がってこない。また、韓国・国連軍が北朝鮮・中国義勇軍を軍事境界線まで撤退させたので、朝鮮戦争は世界的な紛争に発展しないと論評している。朝鮮戦争の脅威のため、米軍は、第三次世界大戦に備えてB-36や新鋭のB-52などの長距離ジェット爆撃機のために、極東で最強・最大の戦略爆撃空軍基地の建設を急いだ。具体的には、嘉手納基地の滑走路の延長・増設、およびそれに付帯する核弾頭貯蔵庫を含めた基地の拡張・強化であった。それには、当然のごとく沖縄住民の強制土地収用が避けて通れない。整備の結果、嘉手納基地は3,700 mの滑走路を2本と核弾頭貯蔵庫を有する極東で最強・最大の戦略爆撃空軍基地として再整備された。

(2) 1954年1月7日の一般教書演説でアイゼンハワー大統領は、「アジアに共産主義の脅威がある限り、米国は無期限に沖縄に留まらなければならないだろう」と述べた。それを受けて、1958年にダレス国務長官は、アリューシャン列島からフィリピンにつながる極東の反共最前線を突破されると米国本土に脅威が及ぶので、全面戦争の危険を冒しても、核抑止を局地戦争にも適用する「大量報復戦略」を表明した。さらに、「我々には、共産勢力による韓国への侵攻の再発を防止する十分な抑止力がある。その抑止力は、米軍の核戦力で構成される」と述べ、嘉手納基地に核兵器が配備されていることを認めた。

(3) 沖縄住民が日本語だけを話し、習慣や宗教も日本と同じである。特に若年世代は、高等教育を授けてくれる唯一の国家は日本だと思っている。

また、琉球文化と日本文化は異なるところが比較的少ない。

(4) ビートラー民政副長官は「沖縄人民党は共産党なり」の烙印を押し、それ以来、軍首脳部によって、同様の声明がよく出されていた。第三次世界大戦では共産主義国との戦いが想定されるので、特に共産党を意識した発言がUSCARによく見られた。瀬長書記長は、「沖縄人民党は、あくまでも現実の人民の苦しみを解放するための大衆の行動党である」とし、「その行動綱領を本土復帰に置き、共産党でもない、また社会党でもない巾の広い人民党は、本土復帰の実現とともに自然解散する」と語り、ビートラー民政副長官を中心としたUSCARの批判に対して鋭く反駁した。

(5) 沖縄の施政権は、USCARが持っている。日本国憲法で、「民主主義は、主権が国民に存する」と定義されている。その論理に立てば、米軍統治下の沖縄には、民主主義が存在しない。米軍の統治機関であるUSCAR支配と沖縄住民の自治とは互いに排反する関係にあり、USCARがいかに民主主義を訴えたとしても、米軍支配による一方的な専制なので、住民による民主制は存在しない。

(6) 沖縄を代表する政党には、保守政党の琉球民主党（後の沖縄自由民主党）、革新政党の沖縄社会大衆党と沖縄人民党がある。この3政党の中で琉球民主党（後の沖縄自由民主党）と沖縄社会大衆党は小さなイデオロギー対立はあっても、大きく目立った両政党間のイデオロギー対立は見られなかった。それに比べて、沖縄人民党は、USCARとイデオロギー対立を繰り返す唯一の政党であった。3政党の方針は「本土復帰」で一致して、「本土復帰」に向けた保革の手法は違っていた。すなわち、保守は「本土との一体化による緩やかで、段階的な復帰」を目指し、革新は沖縄住民を巻き込んだ大衆運動を繰り広げることで一気に本土復帰、すなわち「即時無条件全面返還」を訴える手法を取った。

(7) 沖縄住民の意識が第1期（1953年〜1959年）と第2期（1960年〜1967年）の反米軍意識の高揚による「島ぐるみ闘争」から第3期（1968年〜1972年）の本土復帰に向けた「島ぐるみ闘争」へと沖縄住民の意識が変容した。その意識の変容を裏づける理由として、沖縄住民の心の中に「本

土復帰意識」が存在、軍事演習による度重なる事故、および米兵の凶悪犯罪などが挙げられる。

【注】

1) 大韓民国の建国時期について、革新派は 1919 年 4 月 10 日の大韓民国上海臨時政府の成立日を主張している。その一方で、保守派は 1948 年 8 月 15 日の大韓民国の成立日を主張している。

2) 他にも、朝鮮戦争を分析した先行研究には下記がある。

・赤木完爾（2013）「朝鮮戦争 ― 日本への衝撃と余波 ―」『戦史特集：朝鮮戦争と日本（防衛省防衛研究所）』、pp.3-11。

・芦田茂（2005）「朝鮮戦争と日本 ― 日本の役割と日本への影響 ―」『戦史研究年報（防衛省防衛研究所）』、第 8 号、pp.103-126。

・高一（2014）「朝鮮戦争とその後：北朝鮮からみた停戦協定態勢」『アジア太平洋研究（成蹊大学アジア太平洋研究センター）』、第 39 号、pp.57-66。

・南基正（2011）「東アジア休戦システムの中の朝鮮半島と日本」『コリア研究（立命館大学コリア研究センター）』、第 2 巻、pp.27-37 など。

3) 高一（2014）「朝鮮戦争とその後：北朝鮮からみた停戦協定態勢」『アジア太平洋研究（成蹊大学アジア太平洋研究センター）』、第 39 号、p.59。

4) *"Public Reaction to International Situation, Preparing Office 526th CIC Detachment, Ryukyus Command, APO 331"*（1951 年 1 月 19 日）"Summary Of Information：OKINAWA PREFECTURAL ARCHIVES", 554-00017A-00014-001-007, 554-00017A-00014-001-008, 554-00017A-00014-001-009, 554-00017A-00014-001-010（沖縄県公文書館所蔵：資料コード 0000105469）。

5) 同上資料。

6) 同上資料。

7) 同上資料。

8) 上地一史は、水産連合会の副会長を経て、『沖縄タイムス』の編集局長に就任。その後は専務と社長を歴任した。社長時代の 1965 年には週刊英字新聞『ウィークリー・オキナワ・タイムス』を創刊し、米軍統治下の沖縄住民の声を広く世界に発信した。しかし、1974 年 9 月 8 日、ヨーロッパ産業視察に向かう途中でトランスワールド航空 841 便爆破事件に巻き込まれて死亡した。

9) 『沖縄タイムス』は、戦時中の『沖縄新報』の旧編集者が中心となって、1948 年 7 月 1 日に那覇市で創刊した。創刊に先立ち、6 月 29 日の号外で「通貨切り替え」をスクープした。創刊当時のメンバーには、社長：高嶺朝光、編集局長：豊平良顕、理事：座安盛徳・上地一

史・具志堅政治、総務担当：前田宗信、編集局：上間正諭・牧港篤三・大山一雄・島袋俊一・稲嶺盛国・国吉真秀・仲本政基、業務局：比嘉良吉・仲本文明・高良盛吉・新嘉喜倫士らがいた（1948 年 7 月 1 日付の『沖縄タイムス』1 面を参照していただきたい）。

10）平良辰雄（1892 年～1969 年）は、沖縄群島政府知事や沖縄社会大衆党の初代委員長を歴任した。

11）池宮城秀意（1907 年～1989 年）は、『沖縄新報』の記者、『うるま新報』編集長・社長を経て、1963 年『琉球新報』社長に就任した。

12）『うるま新報』は、『琉球新報』の前身で、1945 年 7 月 25 日に石川市（現うるま市）で創刊。創刊当時のメンバーには、島清・糸州安剛・城間盛善・金城直吉・大村修一・仲村致良・高良一らがいた。『うるま新報』は米軍機関紙であり、掲載に当たっては事前検閲を受けていた。1951 年 9 月 10 日『琉球新報』に改題され、社長に又吉康和が就任。

13）翁長助静（1907 年～1983 年）は、第 7 代沖縄県知事の翁長雄志の父であり、真和志市長、立法院議員などを務めた。

14）真和志市は、1953 年 10 月 1 日市制移行、1957 年 12 月 17 日那覇市に編入合併した。

15）新城松雄は、『琉球日報』の創設メンバーとなり、社長に就任した。

16）『琉球日報』については、p.64 の注 44）を参照していただきたい。

17）「『言語の類似を見て沖縄人を直ちに日本人種に属するものとしたもの』、すなわち言語系統論モデルによる日琉同祖論として読み出している」（與那覇潤（2004）「『日琉同祖論』と『民族統一論』―その系譜と琉球の近代―」『日本思想史学（日本思想史学会）』、第 36 号、p.151）。琉球処分以後の日本人への同化政策の影響で、沖縄住民のアイデンティティは「日本人化」していた。したがって、沖縄住民の本土復帰意識が醸成されやすい土壌はすでに存在していたのである。

18）『琉球新報』（1953 年 11 月 16 日）「米人記者の観た沖縄（4）：ペルリ提督の確信を立證、米人は永久に沖縄に留まる」（読谷村史編集室所蔵）。

19）同上記事。

20）同上記事。

21）福丸馨一（1969）「沖縄の財政問題（その二）：『一体化』政策と市町村財政の現状」『商経論叢（鹿児島県立短期大学商経学会）』、第 18 号、pp.2-3。

22）『琉球新報』（1953 年 11 月 16 日）、前掲記事。

23）『琉球新聞』（1953 年 11 月 8 日）「声ある声ご、声なき声ご」（読谷村史編集室所蔵）。

24）『沖縄タイムス』（1952 年 9 月 16 日）「階級政党の人民党　人民解放、完全自治の獲得」（読谷村史編集室所蔵）。

25）人民解放とは、「沖縄の植民地化に反対し、琉球人民の一切の自由に対する拒否権を排除、完全自治の獲得へ進むことであり、労働者、農民、一般勤労大衆を、その方向に団結させることである」（『沖縄タイムス』（1952 年 9 月 16 日）、前掲記事）。

26）『沖縄タイムス』（1952 年 9 月 16 日）、前掲記事。

27）同上。

28）『沖縄タイムス』（1953 年 12 月 15 日）「人民黨々大會、“共産主義にあらず”大衆的行動が党の性格」（読谷村史編集室所蔵）。

29）『沖縄タイムス』（1953 年 12 月 15 日）「人民黨々大會、“共産主義にあらず”大衆的行動が党の性格」（読谷村史編集室所蔵）。

30）『琉球新聞』（1953 年 12 月 18 日）「人民のための政黨、決して共産党でない」（読谷村史編集室所蔵）。

31）『沖縄タイムス』（1953 年 12 月 15 日）、前掲記事。

32）同上記事。

33）『沖縄タイムス』（1952 年 8 月 20 日）「ビ副長官・立法院で訴う、共産主義の浸透警戒せよ」（読谷村史編集室所蔵）。

34）同上記事。

35）同上記事。

36）同上記事。

37）『沖縄タイムス』（1952 年 8 月 20 日）「労働組合の組織、一黨の支配下におくべきでない」（読谷村史編集室所蔵）。

38）同上記事。

39）同上記事。

40）Department of States (1996) *Foreign Relations of the United States, 1958-1960*", vol.3, "National Security Policy; Arms Control and Disarmament" (Washington, United States Government Printing Office), p.88.

41）『琉球新聞』（1953 年 12 月 18 日）、前掲記事。

42）『沖縄タイムス』（1953 年 12 月 15 日）、前掲記事。

43）琉球民主党は、米軍統治下の沖縄における保守政党で、1952 年 8 月に結成された。親米協調路線に立った。琉球民主党は、第 1 次沖縄自由民主党（1959 年 10 月〜 1964 年 12 月）→ 民主党（1964 年 12 月〜 1967 年 12 月）→ 第 2 次沖縄自由民主党（1967 年 12 月〜 1970 年 3 月）→ 自由民主党沖縄県連（1970 年 3 月〜現在）と変遷した。

44）『琉球新聞』（1952 年 8 月 25 日）「『琉球民主黨』で發足、総裁に比嘉・顧問に松岡・仲井間か　新黨 31 日国劇で結黨大會」（読谷村史編集室所蔵）。琉球民主党の党綱領は、民主主義体制の確立、母国復帰への邁進、産業振興を図る、人権を尊重し健康で文化的な最低限度の生活を営む権利を保障するなど。本土復帰については、最初の綱領では「『米国の施策に積極的に協力する』というワク内で『母国復帰の早期実現』を打ち出していた」（比嘉幹郎（1973）『沖縄 — 政治と政党 —』、中央公論新社、p.118）。しかし、琉球民主党の改正要綱（1954 年 1 月 23 日採択）では、復帰に関する項目が削除された。

45) 上原永盛（1904 年～没年不詳）は、沖縄通信社発行人、沖縄漁連専務理事、大洋水産ビルマ支店長、立法院議員、那覇市議会議員などを務めた。

46)『琉球新報』（1953 年 6 月 8 日）「軍用地問題の解決策、雨天にかかわらず聴衆詰めかく」（読谷村史編集室所蔵）。

47) 同上記事。

48) 沖縄社会大衆党は、米軍統治下の沖縄における革新政党で 1950 年 10 月に結成された。沖縄人民党と供に、本土復帰運動を主導した。現在は地域政党として存在している。

49) 桃原亀郎は、第 14 代宜野湾市長や立法院議員などを務めた。

50)『うるま新報』（1952 年 11 月 18 日）「社会民主々義實践、社大党々性格を鮮明」（読谷村史編集室所蔵）。党綱領は、共産主義の除去、資本主義政策への反対、完全祖国日本復帰、農業協同組合の強化、労働者および文化諸団体との連携、軍用地問題の解決など。

51)『琉球新報』（1953 年 6 月 8 日）「軍用地問題の解決策、雨天にかかわらず聴衆詰めかく」（読谷村史編集室所蔵）。

52) 沖縄人民党は、米軍統治下の沖縄における左派政党で、1947 年 7 月に結成された。日本共産党沖縄県委員会の前身。機関紙『人民』を発行していた。代表の瀬長亀次郎は、米軍統治への抵抗運動を主導し、米軍当局によって 2 年間投獄された。

53)『琉球新報』（1953 年 6 月 8 日）、前掲記事。

54) 同上記事。

55) 同上記事。

56) 同上記事。

57) 平良好利（2018）「沖縄政治における『保守』と『革新』」『法学志林（法学志林協会）』、第 115 巻第 1 号・2 号合併号、pp.66-70。

58) 明石陽至（1960）「アメリカの対アジア政策 ― その展望と動向 ―」『国際政治（日本国際政治学会）』、第 13 号、p.45。

59) 松岡完（1985）「ベトナムをめぐるダレス外交 ― 第一次インドシナ戦争と米仏同盟の亀裂 ―」『アメリカ研究（アメリカ学会）』、第 19 号、pp.168-169。

60) 大熊豪（1996）「ジョン・フォスター・ダレスの外交スタイル ― 三度の『瀬戸際』を中心に ―『北大法学研究科ジュニア・リサーチ・ジャーナル（北海道大学大学院法学研究科）』、第 3 巻、pp.86-87。

61) Department of States (1996), 前掲資料。

62) 同上資料。

63) 河野康子（2018）「沖縄返還と地域的役割分担論（1）― 危機認識の位相をめぐって ―」『法学志林（法学志林協会）』、第 106 巻第 1 号、pp.31-40。

64) 同上資料。

65) 河野（2018）、前掲論文、p.39。

66）宮里政玄（2000）『日米関係と沖縄 ― 1945-1972 ―』、岩波書店、p.244-245。

67）河野（2018）、前掲論文、p.32。

68）同上論文、pp.28-29。

69）野添文彬（2011）「1967年沖縄返還問題と佐藤外交 ― 国内世論と安全保障をめぐって ―」『一橋法学（一橋大学大学院法学研究科）』、第10巻第1号、p.331。

70）丸茂雄一（2009）「基地騒音訴訟を巡る判例の動向 ― 飛行場の公共性の評価と危険への接近の法理 ―」『GRIPS Discussion Papers（政策研究大学院大学）』、09-17、p.7。

71）フェルディナンド・アンガー（1913年〜1999年）は、USCAR第5代高等弁務官を務めた。

72）琉球新報社編（1998）『西銘順治日記 ― 戦後政治を生きて ―』、p.212。

73）与那国暹（2001）『戦後沖縄の社会変動と近代化 ― 米軍支配と大衆運動のダイナミズム ―』、沖縄タイムス社、p.178。

74）沖縄県公文書館（1962年2月1日）『琉球立法院会議録第19回定例会第1号：施政権返還に関する要請決議案』。

75）松岡政保（1897年〜1989年）は、松岡配電社長、沖縄電力社長、第4代琉球政府行政主席を務めた。

76）櫻澤誠（2014）「1960年代前半の沖縄における政治勢力の再検討 ― 西銘那覇市政の歴史的位置 ―」『立命館大学人文科学研究所紀要（立命館大学）』、第104号、p.94。

77）櫻澤、前掲論文、p.95。

78）同上論文、p.96。

79）沖縄県読谷村「読谷飛行場返還の碑：2」。https://www.vill.yomitan.okinawa.jp/redevelopment/airfield-return2.html（2020年12月25日アクセス）

80）沖縄県公文書館「あの日の沖縄：1965年6月11日　読谷村で米軍のトレーラーが落下し小学生死亡」。https://www.archives.pref.okinawa.jp/news/that_day/4861（2020年12月25日アクセス）。

81）『那高通信』（1953年11月7日）「学徒の観た祖国復帰」（読谷村史編集室所蔵）。

82）同上記事。

83）同上記事。

84）瀬長亀次郎（1991）『沖縄の心 ― 瀬長亀次郎回想録 ―』、新日本出版社、pp.65-67。

85）沖縄人民党史編集刊行委員会編（1985）『沖縄人民党の歴史』、日本共産党沖縄県委員会、p.88。

86）同上書、pp.88-89。

87）同上書、p.89。

88）『沖縄タイムス』（1956年6月21日）「この叫び世界に届け、全島一斉に住民大会」（読谷村史編集室所蔵）。その他、南西諸島でも住民大会が開かれ、『沖縄タイムス』（1956年6月21日）「住民大會開く、"最低限の要求だ"宮古で六千余名参加」などで報道された。

第VI章

行政主席公選の裏工作と沖縄住民のアイデンティティ

6.1 復帰運動の組織化

1960年4月28日、本土復帰に向けた大衆運動の組織化を図るために、沖縄県祖国復帰協議会（復帰協）[1] が結成された。1964年6月26日には、復帰協主催の「自治権獲得県民大会」が琉球政府立法院前で開催された。そうすることで、徐々に復帰に向けて盛り上がりを見せ始めた。さらに、5.10.2（pp.125-128）で述べたように、軍事演習による度重なる事故や米兵の凶悪事件が多発したことも、沖縄住民の復帰意識を激化させる要因となったのである。そうしたことから、第2期（1960年〜1967年）から第3期（1968年〜1972年）の「島ぐるみ闘争」に移行していった。

本章で取り上げる第3期の「島ぐるみ闘争」では、1968年2月1日にアンガー高等弁務官による「琉球政府行政主席公選」の発表を受けて、同年11月10日の「琉球政府行政主席公選」に至る日米両国政府の裏工作の実態解明と当時の沖縄住民のアイデンティティについて論ずる。

6.2 行政主席公選が日米両国政府に及ぼす影響

1968年2月1日、立法院でアンガー高等弁務官が、「大統領行政命令を改正し、11月に立法院議員選挙と同時に行政主席公選を実施する」[2] と発表した。その発表を受けて、同年3月5日に主席公舎で開かれた沖縄自由民主党の選挙対策委員会で、西銘順治那覇市長を琉球政府行政主席公選候補に決定した。それと同時に、次期沖縄自由民主党総裁にも内定した[3]。

　1968 年 3 月 31 日に沖縄社会大衆党・沖縄社会党・沖縄人民党の革新三政党代表は、沖縄教職員会の屋良朝苗会長に琉球政府行政主席公選への立候補を要請した。同年 4 月 3 日に屋良は立候補を受諾した[4]。その瞬間、西銘と屋良の保革一騎打ちが確定した。

　琉球政府行政主席公選は、本土復帰前の沖縄で初めての住民による直接選挙であり、保革に分かれて激しい選挙戦が展開された。保革の候補は、共に「本土復帰」では一致しており、両者の政策に違いは見られない。ゆえに、琉球政府行政主席公選は、第 3 期の「島ぐるみ闘争」に位置づけることができるのである。しかし、「本土復帰」に向けた基地の取り扱いでは、その対応がまったく異なってくる。そこで、保革は「本土復帰」に向けた基地の取り扱いの違いを選挙公約の争点とした。

　保守の西銘は日本政府・与党の支援を受けて、米国の支援は最小限度に抑える戦法を取った。そして、「日本政府と一体化した米軍基地の段階的返還・縮小」を訴えたのに対して、革新の屋良は「即時無条件全面返還」を訴えた。その結果、米軍基地の返還をめぐる選挙戦の手法の違いが鮮明になった。

　こうして、1968 年 11 月 10 日に琉球政府行政主席公選と第 8 回立法院議員選挙の投票が同時に実施された。これまでの沖縄では、琉球政府行政主席の任命権を USCAR が有しており、任命された琉球政府行政主席に法案提出権や立法院の解散権などは認められていなかった。

　本章の資料として、まず『沖縄タイムス（2010 年 12 月 23 日）』の「主席公選で日米裏工作、親米候補の当選狙う」と『琉球新報（2010 年 12 月 23 日）』の「主席公選で露骨介入、復帰願望付け込む」などのタイトルで、日米両国の裏工作の概略を簡単に報じた記事が複数ある。それらの記事以外には、先行研究として宮城 修が主席公選をめぐる日米両国政府の西銘への裏金工作と選挙結果について報告[5]しているだけである。日米両国が西銘を当選させるために裏金工作は、さまざまな裏工作の一部分であって、その他の大部分は発見されていなかった。そこで、本章は、日米両国の裏工作の全貌と米国が実現しようとした政策の具体的な中身などについて解明することを目的とする。

　琉球政府行政主席公選の半年前の 1968 年 5 月 14 日、総理府の山野幸吉[6]

特別地域連絡局 [7] 長（特連局長）は、シュナイダー国務省日本部長、およびシエナ国際問題担当陸軍次官代理と「琉球政府の行政主席公選における保守の西銘順治候補の支援」[8] のために東京で会談を持った。この会談における実務協議の結果は、日米両国の複雑な利害が絡む重要な内容なので、日米双方の会談出席者達は、共に協議結果を持ち帰って検討することとなった。

　日本政府・与党は、西銘の支援と 1970 年日米安全保障条約の自動延長を含めて検討し、米国は国務省を中心に関係省の部局の専門家らが集まって保守の西銘の支援と沖縄の基地問題について協議した。当然のことながら、日本の野党連合は革新の屋良を支援し、「即時無条件全面返還」、および「1970 年日米安全保障条約の自動延長反対」を貫くことを申し合わせていた。

6.3　行政主席公選と日米両国の利害

　琉球政府行政主席公選において、日本政府・与党と国務省を中心とした米国政府とが保守の西銘順治候補の支援を決定するまでのそれぞれの動きについて、沖縄の核弾頭貯蔵庫と基地問題などを含めて分析する。

6.3.1　行政主席公選に関する日米協議

　日米両国の外交の実務者達は、保守の西銘と革新の屋良のどちらを支援するかについて、1968 年 5 月 14 日に東京で最初の実務者協議を行った。協議の結果、日米両国の実務者達は、軍事基地の存続を含めた日米両国の利害から、保守の西銘を支援することで合意した。

　合意後に始まる「琉球政府の行政主席公選における保守の西銘順治候補の支援」に関する協議内容は、開示された機密文書を要約して以下に記す [9]。

（1）日米琉諮問委員会

　山野局長が、日米琉諮問委員会のあり方について述べた。

・諮問委員会の勧告は、佐藤栄作首相とジョンソン大統領の会談の趣旨に沿って計画的・統一的に行うべきであり、日本政府との一体化政策 [10] についても諮問委員会が基準を作っていただきたい。

・沖縄の長期経済計画は、基地経済の評価を含んでおり、これに諮問委員会が没頭すると他の問題の対応ができなくなる。そこで、諮問委員会は本問題を避け、本問題の議論は協議委員会に譲った方がよい。

(2) 山野 ― シュナイダー協議

・山野局長は日本政府との一体化政策について概略を説明した後、「米国の沖縄に対する施政のあり方、USCARと琉球政府との関係、および沖縄住民の基本的権利の3項目について、民政官から事情聴取したい。そして、事情聴取した内容を報告書に入れるか否かは、外務省とも協議して慎重に検討していきたい」と述べた。

・それに対しシュナイダー部長は、「3項目の問題協議に異議はないが、その取り扱いには慎重を期してほしい」と述べた。

(3) 一体化の方向

・山野局長は日本政府との一体化政策を実際に進めるに当たって、「琉球政府の行政水準の向上、施政権が異なることを前提とした日琉制度の同一化、および日琉制度の統合の3方向が考えられる。それらをベースにして琉球政府の国県事務の分離を検討していきたい」と述べた。

・シエナ陸軍次官代理が、「日琉制度の統合が機能別分離返還ではないか」と質問したのに対し、山野局長が「機能別分離返還という古いことを持ち出すのはよくない。法的に難しいことを言っているとなにもできないので、かかる議論を避け、実現可能なものは統合するべきだと思う」と答えた。

・シュナイダー部長は、日本政府との一体化政策を実際に進めるための3方向について、たとえば、教育については同一化、社会保障については統合が適すると考えられる。さらに、分野別に適宜3方法を使い分け、弾力的・実際的に処理すべき旨指摘した。それについては、山野局長も同意した。

(4) 琉球政府行政主席公選

・山野局長は、3年以内に沖縄返還時期の目途をつけるとの佐藤首相の確信、継続協議、および日本政府との一体化の3要素の促進によって、佐藤首相訪米以後に沖縄の新時代を迎えることができる。しかし、3要素の同時推

進は簡単でないので、まず日本政府との一体化から強力に推進する必要が
あると指摘した。もし、日本政府との一体化を推進できなければ、佐藤・
ジョンソン会談に成果なしとする野党に力を与えることになる。この山野
局長の指摘にシュナイダー部長も同意した。

・シュナイダー部長は、「11月の選挙（琉球政府行政主席公選）に好影響を与
えるためにも、今後3～4か月の間に具体的成果を生むよう努力すべきで
あると強調した。そのうえで、日本政府調査団が実現可能な項目を決めて
ほしい」と述べた。

・シエナ陸軍次官代理は、諮問委員会が成果を挙げることによる11月の選挙
（琉球政府行政主席公選）への影響について質問したのに対し、山野局長は、
以下のとおり回答した。

　　選挙の形勢は、現時点で少し革新が有利であるが、西銘候補の政治経
験を考慮すると五分五分である。西銘候補の場合、「黒い霧」[11]と保守の
団結力の弱さの2つの弱点がある。屋良候補の場合も政治経験が皆無で
あることと、革新三政党（沖縄社会大衆党、沖縄社会党、沖縄人民党）間
の政策協定が難しいことの2つの弱点がある。その点では両者とも同じ
立場にあるといえる。

　　選挙における日本政府との一体化政策の推進は、米国のいうほど簡単
ではない。

　　個人的見解であるが、B-52撤去、沖縄住民の国政参加に関する日米間
の合意、日本政府の来年度予算の増額決定、および行政主席公選後の琉
球政府の自治権拡大に関する米国側の立場表明の4項目が選挙前に実現
すれば西銘候補が勝てると思う。

(5) シュナイダー部長の意見

・シュナイダー部長は、「日本の社会保障制度の沖縄への適用（日本政府との
一体化の具体的項目）は実現が容易であり、しかも政治的効果のある問題
だと思う。本件は日本側の出費を必要とする問題ではあるが、日本政府と
しても、復帰が実現すれば、いずれにせよやらなくてはならない問題であ
り、また具体的には、本件実施に関わる日米間の合意をまず実現し、しか

る後に段階的に行えば、資金面での困難は取り除かれると思う」と述べた。それに対して山野局長は、「日本側としても社会福祉の向上を重点的にやって行きたい。日本政府と沖縄の一体化政策も、その点に重点を置いている」と述べた。

(6) シエナ陸軍次官代理の質問に対する山野局長の回答

シエナ陸軍次官代理が、日本側の望む自治権拡大の具体的内容について質問したのに対して、山野局長は以下のとおり回答した。

・重要課題は、琉球政府の強化であり、具体的には、現在特別職である琉球政府の局長の身分を一般職として、その身分の安定を図り、行政の安定化を図ること。USCARは現在行っている琉球政府に対する監視をやめ、施政の大綱だけを見て、日々の行政は琉球政府に委せることである。

・11月の琉球政府行政主席公選により、当然主席は現在よりも琉球政府の自治権拡大に向けて改革を求めることが予想されるので、むしろ事前に米国側から琉球政府の強化の方向が打ち出されれば、選挙にも好影響があろう。

(7) 沖縄住民の国政参加

・山野局長より、本件が政治的に難しい問題であることはわかるが、本件の成否は11月10日の選挙（琉球政府行政主席公選）に大きな影響を与える。沖縄住民は対日平和条約締結時にはなんの発言権も与えられず、その地位を決められた経緯があり、本土復帰に際しても、自分らの地位が本土の住民の意向だけで決められることになりはしないかと懸念しており、その意味からも是非本件実現を図る必要ありと協調し、その具体的方法につき総理府の案[12]として、次のとおり述べた。

　　沖縄県選出の国会議員の人数：衆議院5名、参議院2名（計7名）

　　沖縄県選出の国会議員の権限：表決権はないが、沖縄政策の問題に関し発言権をできるだけ認める。

　　沖縄県選出の国会議員が出席可能な場所：沖縄特別委員会の他、議長の必要と認める委員会に出席し、発言し得る。本会議には出席し得るが発言権なし。

・シュナイダー部長は、「この問題は米国の施政権保持といかに調和させるか

という政治的問題があり、極めて難しく、またその代表の選択上高等弁務官がいかなる役割を果たすかの問題1つを取っても、重大な政治問題を引き起こし得る」と述べた。これに対し山野局長は、「日本側としても、米国側の懸念を取り除くようさらに十分検討してみたい」と述べた。

(8) 米国施政上の注意（注）

・山野局長より、選挙は外的要因に左右されやすいので、11月の選挙（琉球政府行政主席公選）前に米軍人の犯罪など、住民を刺激する事件が起らぬように十分注意していただきたいと要望した。米国側了承。

（注）山野局長は、後刻昼食会の席で北米課長に対し、「沖縄の反米・反基地感情は最近非常に高まり、自分らも判断が狂ったくらいである。特に先般の全軍労ストはまったく予想外で、いかに若手組合員の突き上げが強いかを如実に示している。彼らは、生活の糧を得ている基地に反対するという一見矛盾した行動に出ているが、これは彼らに内在する精神的屈辱感である。したがって、米国側としても、労務管理や賃金面の改善のみならず、日常現地人労務者に接する態度に細かい配慮をすべきであろう。また爆音とか石油流出問題など、基地公害対策も迅速、かつ、住民の納得が得られるように努力すべきであろう」と述べた。

6.3.2　行政主席公選における米国の政策

1968年6月17日にブラウン国務省次官補は、「来るべき琉球政府行政主席公選における米国の政策」[13]という議題で、琉球政府行政主席公選の情勢を読み解くために東アジア・太平洋問題省庁間作業部会を招集した。その作業部会では、東京での日米実務者協議の内容が記された回覧文書が異議なく承認された。

次に、承認された琉球政府行政主席公選の文書が、ブラウン次官補から上級省庁間作業部会に送付された。その文書には、修正することなく承認するようにという勧告文も添付されていた。上級省庁間作業部会でも東アジア・太平洋問題省庁間作業部会と同様に異議なく承認されたので、最終的に、国務省を中心に米国政府内の関係部署の責任者が一堂に会して検討された。

なお、東アジア・太平洋問題省庁間作業部会、上級省庁間作業部会、および米国政府内の関係部署の責任者会議を通して用いられた回覧文書は、シエ

ナ陸軍次官代理が、1968 年 5 月 14 日に東京で開催された日米実務者協議の内容 14) を会議用の資料としてまとめたものであり、ブラウン国務省次官補が東アジア・太平洋問題省庁間作業部会での承認後に、上級省庁間作業部会に1968 年 6 月 20 日づけで送付した 15)。

この資料は、米国立公文書館から 1997 年に開示され、沖縄県公文書館が収集してきた膨大な資料群の中から発見した。発見した資料は、先行研究でも用いられた形跡が見当たらなかったので、著者が本研究のために採択した。回覧文書の主なポイントは以下のとおりである 16)。

(1) 11 月 10 日に実施される琉球政府行政主席公選は、基地に対する沖縄住民の黙従を維持し、琉球（沖縄）の日本への復帰運動が制御不能に陥らないようにするという点で、米国にとって非常に重要になってくる。

(2) 保守の西銘候補と革新の屋良候補の琉球政府行政主席公選は、1968 年 6 月 17 日でも五分五分の戦いでどちらが勝つともいえない。

(3) 西銘の形勢は、彼自身の選挙運動におけるスキルだけでなく、日本政府・与党と連携して行う一体化の促進と米国の重大な基本問題の回避行動などによって優勢に展開されるだろう。選挙を西銘に優勢に展開するためには、日本政府首脳の立法院での演説の黙認、日本政府の予算による社会福祉の推進、基地外の事件の最小化、もし実現可能であれば選挙前のB-52 の一時撤去、および軍用地政策の中止などが考えられる。

会議の結果、回覧文書が異議なく承認され、ブラウン次官補から上級省庁間作業部会に送られた後、修正することなく琉球政府行政主席公選の文書を承認するように国務省に勧告した。

6.3.3　沖縄問題に関する駐米大使からの公電

国務省を中心に米国政府内の関係部署の責任者が一堂に会して、上級省庁間作業部会で承認された東京での日米実務者協議の内容が検討された。その会議で指摘された問題点は、シュナイダー国務省日本部長から下田武三駐米大使に伝達された。その内容は「米国側の指摘した問題点」として、1968 年 6 月19 日に下田武三駐米大使から外務省に公電された。公電内容の要約を以下に

記述する¹⁷⁾。

(1)「沖縄の国政参加」については、米国政府内の上層部に沖縄の施政権を傷つける恐れがあるとの意見が出た。「目下極めて微妙な段階なので、日本側から雑音を入れないでもらいたい。国務省と陸軍省でそれぞれ努力中である。10日以内に駐日大使館から外務省にグッドニュースが届けられることになるだろう。なお、事務当局として、沖縄代表の選任方法と国会での資格権限は、それぞれ沖縄と日本側に任せる」とシュナイダー部長が述べた。

(2) 米国政府の上層部は、西銘を行政主席候補としているが、自由民主党の援助が手遅れになることを最も心配し、駐日大使館より自由民主党に対し沖縄への選挙資金の送金方法の改善について直接申し入れが行われた。屋良に勝たれては困るが、万一そうなった場合は、共存していく他に方法はない。

(3) 大統領・国務長官・統合参謀本部などから、最近の原子力潜水艦と基地問題、および日本政府首脳の対処などについて、一時帰国のジョンソン大使に種々の質問がなされた。たとえば、「沖縄を返還しても、基地は本土と同じく日本政府の保護下に入るので安全である」と回答しても統合参謀本部が納得しないので、国務省は困っている。率直に言って大統領選挙間近まで、これが続くと沖縄返還に "Substantial Delay（大幅な遅延）"を生ずる恐れがある。

(4)「1969年の早い時期に日米外相会議で地ならしをしたうえで、初夏にでも佐藤首相訪米の段取りをされてはどうか」とシュナイダー部長が下田大使に助言した。

(5) 沖縄の核貯蔵の自由が第一で、ベトナム戦争継続中であれば基地の自由使用がこれに次ぐ。日本側が「核抜き」に固執しても交渉は決裂しないが、米国側は本土の政情とも睨み合わせ一層慎重になり、結論は長期間延長されよう。

(6) 米国が核問題を表立って持ち出さなくても、日本が協議の場を作って、そこで同意した事項は、政治的責任を分担してもらいたい。韓国が再侵

略された場合は、日本政府が世論を積極的に誘導して対応していただきたい。米国としては"Strategic Requirements（戦略的要件）"の変更を真剣に検討するが、日本も世論が何処まで戦略的要件の変更を呑むかではなく、いかに呑ませるかを検討してもらいたい。

(7) 沖縄の返還前の複雑な過渡的措置を考慮すれば、返還の最終期日を1972年末にしてよいのではないだろうか。

　沖縄問題の日米協議では、1968年5月14日の実務者協議から駐米大使が外務省に公電する同年6月19日までの外交資料がこれまで不明で、先行研究に見られるように行政主席公選の裏金問題だけしか報告されてこなかった。著者が、その空白期間を埋める外交資料を外務省外交史料館で発見したことで、日米両国政府の実務者達による沖縄の施政権返還問題の検討の経緯の空白期間が解明できたのである。

6.4　行政主席公選と第8回立法院議員選挙におけるUSCARの分析

　沖縄では、1968年11月10日に琉球政府行政主席公選と第8回立法院議員選挙、および最大都市である那覇市長選挙が同年12月1日に実施される。これらの選挙における保守の勝敗が、USCARに致命的な影響を及ぼす[18]。すなわち、革新が琉球政府行政主席公選で勝利し、立法院議員の過半数を占めれば、すぐさまUSCARに影響を及ぼし、基地の使用が脅かされる[19]。さらに、革新の勝利が沖縄の本土復帰の手法にも影響を及ぼす[20]。USCARは、そうした観点から沖縄住民の現状を調査し、沖縄の保守の選挙の見通し、および沖縄と日本の政治活動などについて詳細に分析した結果を国務省に報告した。USCARの報告内容は、次項の6.4.1に記述する。

6.4.1　保革一騎打ちの選挙分析

　以下の（1）〜（4）は、保守の西銘順治候補と革新の屋良朝苗候補が争った琉球政府行政主席公選、および同時に行われた第8回立法院議員選挙についてのUSCARの現地調査に基づく事前分析である[21]。

(1) 西銘候補の琉球政府行政主席公選の勝利と第8回立法院議員選挙で沖縄自由民主党が半数以上を制することが、琉球政府と米国政府、および軍事基地などに最良の結果を提供することになる。それによって、即時かつ無条件復帰を強く要求している革新勢力の活動を弱体化させられる。日本政府・与党は、西銘候補と沖縄自由民主党の勝利に大きな賭けをしている。もし、西銘候補が敗北した場合は、佐藤首相の政権運営における政治生命を脅かし、緩やかな復帰政策と日米安全保障条約の両方に対する野党の攻撃に大きな弾みを与えることになる。

(2) 琉球政府行政主席公選は、現在五分五分の戦いである。結果は主に、以下に依存して推移すると考えられる。

・支持基盤を組織化し、革新の敵対勢力を利用する西銘の政治力。

・日本政府・与党の積極的な一体化を強調する漸進的なアプローチを本土復帰の売りにする西銘の能力。

・USCARが積極的かつ一般的な活動を通して、日本政府と琉球政府の「一体化」を支えられるか否か。

・琉球政府行政主席公選前に、米軍が選挙民を怒らせたり、革新に有利になったりするような問題を起こさないこと。

(3) 第8回立法院議員選挙での沖縄自由民主党公認の候補者の当選の可能性は、組織や地方の地域要因だけでなく、漸進的な復帰アプローチを沖縄住民が受け入れる度合に左右される。すなわち、米国政府・日本政府・琉球政府の活動、および沖縄の軍用地の賃貸借をめぐるトラブルなどを含む根本的な問題が存在しないことが沖縄自由民主党に有利に働く。

(4) 西銘候補と沖縄自由民主党は日本政府・与党の強力な支援を受けて、米国の支援は最小限度に抑えながら選挙運動の準備をしている。実際に、有権者と連帯して「復帰」を段階的に進めていくうえでは、米国の「中立」が利点となるであろう。つまり、反米軍意識による「島ぐるみ闘争」が繰り返される中で、西銘が当選した後、有権者と連帯して「復帰」を段階的、かつ円滑に進めていくには、米国の顔が直接見えない中立が望ましいとUSCARが結論づけている。

6.4.2　選挙に対する米国の姿勢と配慮

　米国は、保革伯仲でどちらが勝利するとも予想がつけがたい選挙の中で、選挙に対する姿勢と西銘順治候補に対する配慮について以下のような議論をしていた[22]。

(1) 米国は正式にも公式にも、選挙に向けて、中立的な姿勢を維持しなければならない。なぜなら、革新の屋良朝苗が勝利した場合、この姿勢が米国の不干渉を証明するために不可欠となってくる。また、米国が中立性を維持することは、沖縄住民の反米軍意識を薄め、軍事基地の使用の長期化につながると考えられる。

(2) 保守の西銘候補と沖縄自由民主党に対する日本政府・与党の援助は黙認するが、限定的で、慎重に、そして秘密に行う必要がある。その一方で、米国政府は、沖縄の福祉を改善することにより、西銘候補の「日本政府と一体化した米軍基地の段階的返還・縮小」を公約とした選挙演説の信頼性を高め、基地機能の沖縄住民への悪影響を可能な限り減らすことによって、西銘候補の当選に貢献する。

(3) 米国は西銘候補のために、日本国憲法と対日平和条約第3条の範囲内で日本政府首脳の立法院での演説を黙認する。選挙計画と選挙運動について、自由民主党、および日本政府と緊密な調整をする。

(4) 米軍人による基地外の事件を最小限に減らし、事件に起因する懲戒処分を最大限に強化する。そのために、USCARは、琉球警察との協力レベルの向上と米軍の一般的なイメージの改善を図る。

(5) 軍事的状況が許せば、選挙前にB-52を一時撤去し、選挙への影響を減らし、沖縄住民の戦争への不安を煽る可能性のある新たな軍事作戦を回避する。

(6) 軍の土地保有を細心の注意を払って維持し、新しい苦情や事件を引き起こさないでいただきたい。これには、土地取得、賃貸借契約の解除、実際の価値を反映した現実的な土地賃貸料の設定などが含まれる。

6.5 USCARによる選挙予想

6.5.1 米国側から見た選挙予想

　USCARの報告に基づいて、米国側から見た琉球政府行政主席公選と第8回立法院議員選挙の予想と期待を以下に記述する[23]。

　米国の関心は、琉球政府行政主席公選と第8回立法院議員選挙における保守の勝利である。米軍基地の自由かつ十分な使用要求に対して、沖縄の保守勢力は、「米軍基地の段階的返還・縮小」を掲げて、直接政治的に妨害することを避けている。つまり、「米軍基地の即時かつ無条件返還」の革新勢力に対して、保守は基地問題に緩やかな対応を示している。米国は、行政主席候補の西銘順治は個人主義者で、国家や社会の権威よりも個人の権利や自由を尊重する考えを持っているからこそ、本土復帰方針の段階的・継続的な交渉が期待できると判断したのである。

　琉球政府行政主席公選と第8回立法院議員選挙での革新の勝利は、基地の維持にかかる沖縄と日本の暗黙の了解を弱め、不利で深刻な結果を招くことになる。また、「即時無条件全面返還」を掲げる革新の本土復帰勢力には、一層の力強さを与えることになる。さらに、革新の勝利は、米国政府との協調性が弱い政府となるだろう。革新統一候補の屋良朝苗は、個人的には米国に協力的かもしれないが、彼の周辺を固める人物は米国に批判的なので、彼は琉球の革新政党と日本の野党の両方から米国に強硬に抵抗することを強いられるだろう。こうした状況は、琉球の基地機能を著しく制限させるので、行政への米国の直接関与が必要になる。それが琉球の緊張を一層悪化させ、復帰を遅らせることになるだろうと結論づけている。

6.5.2 日本側から見た選挙予想

　USCARの報告に基づいて、米国は琉球政府行政主席公選と第8回立法院議員選挙を以下のように予想している[24]。

　日本政府・与党と野党は、互いに11月10日の琉球政府行政主席公選と第8

回立法院議員選挙に深く関わっている。実質的には、日本政府・与党vs野党の復帰戦略におけるテストケースとなっているので、日本政府・与党と野党の両方が、選挙運動にますます拍車をかけて多くの資金を投入するようになるだろう。

6.5.3　日米両国の選挙予想のまとめ

琉球政府行政主席公選で、日米両国政府が保守候補の西銘を当選させるために、以下の2項目の裏工作をした事実が2010年12月22日開示の外交文書から明らかになった[25]。

（1）沖縄住民が希求していた国政選挙への参加を、西銘候補の実績作りに利用する。

（2）米国が自由民主党に、西銘候補が琉球政府行政主席公選で有利になるように選挙資金の支援を促していた。

日本政府・与党は、沖縄の施政権返還とそれに付随する問題の解決、および米国は沖縄の施政権返還後の基地の自由使用とそれに付随する問題の解決などを抱えており、その前哨戦（ぜんしょうせん）である琉球政府行政主席公選は、日米両国にとって今後の交渉を円滑に進めるためにも、自前の西銘候補を当選させる必要があったことだけは明白である。

6.6　日本政府・与党 vs 野党の選挙支援

6.6.1　日本政府・与党の沖縄政策と選挙支援

日本の政府・与党と米国政府は、復帰協定の交渉に向けた対琉球政策の維持と西銘候補の行政主席公選勝利のための支援について、以下のように述べている[26]。

日本政府・与党の琉球政策における政治的立場は、米国政府との協力と日米同盟の枠組みの中での本土復帰協定の交渉を継続していくことにある。それは、野党が強く求める「即時無条件全面返還」を阻止しながら、革新の本土復帰主義者と混同されないような国家安全保障を選択することである。佐藤栄作

政権にとって、この政策の実行が重要になってくる。琉球政府行政主席公選で保守が敗北すれば、佐藤政権が揺れ動く可能性がある。日本政府・与党は、保守の勝利を確保するためには、かなりの財源が必要になってくると思われる。

保守の西銘順治候補に行政主席公選で勝利させるために、日本の政府・与党は、かつてない支援体制を組んだ。政府から中曽根康弘運輸相と田中竜夫総務長官が西銘の応援に来沖した。また、自由民主党から川島正次郎副総裁、福田赳夫幹事長、および原健三郎衆議院議員などの大物政治家が続々と西銘の支援に来沖した [27]。たとえば、自由民主党の福田幹事長は、1968 年 10 月 21 日の告示日の応援演説で、「選挙の結果如何で復帰の時期や条件が左右される」[28] と強調した。しかし、こうした人海戦術と物量作戦もむなしく、西銘順治は落選した。

6.6.2 野党の選挙支援

USCAR は米国国務省に、「日本社会党と日本共産党が共闘を組んで、革新統一候補の屋良を支援している」[29] と報告している。革新の勝利に向けた各政党や団体の支援状況について、米国側資料から得られた内容を以下に記述する [30]。

琉球政府行政主席公選での立場が曖昧な日本民主社会党を除いて、日本の野党は政府・与党と完全に対峙している。野党の触手が琉球の統治機構にまで及ぶ可能性があるので、革新が勝利した場合は、日本政府・与党と米国にとって恥辱となるだろう。見逃せないのは、琉球政府行政主席公選と第 8 回立法院議員選挙における革新の勝利が米国や日米相互の安全保障に対する攻撃の引き金となり、1970 年の日米安全保障条約が最重要課題に上ってくる。米国の継続的な沖縄統治で、相互防衛条約よりも政治問題の追及の方が遥かに脆弱（ぜいじゃく）である。琉球政府行政主席公選での革新の勝利は、沖縄住民と統治する米軍との間に大きな摩擦を引き起こし、さらに「即時無条件全面返還」を訴える革新に力強さを与えることになる。

日本社会党と日本共産党は、共闘を約束している。公明党は、本土では発言権を持っているが、琉球では公明会が保守政党として支配を強めることは難

しい。日本民主社会党は、琉球政府行政主席公選に関する全面的な野党間協力には積極的ではない。しかし、沖縄社会大衆党を支持しなければ、日本民主社会党は沖縄での影響力を失うことは明白である。したがって、日本民主社会党は、沖縄社会大衆党の候補者を支持する可能性が高いと読んでいる。

　革新統一候補の屋良朝苗を勝利させるために、日本社会党の成田知巳委員長と飛鳥田一雄横浜市長、および二院クラブの青島幸男参議院議員などが本土から来沖した[31]。たとえば、投票前日の11月9日に那覇市の街頭応援演説で、成田委員長は迫力ある大声で屋良朝苗への投票を呼びかけた[32]。その後、浦添、宜野湾、嘉手納、石川、普天間などでも同様の応援演説を行った。こうした努力と「即時無条件全面返還」という選挙公約が有権者に受け入れられて、屋良朝苗が行政主席に当選した。

6.7　復帰派と反復帰派の琉球政府行政主席公選

6.7.1　復帰論と反復帰論

　すでに以前も触れたように、1968年2月1日、USCARのアンガー高等弁務官が、同年11月に琉球政府行政主席公選を実施すると発表した。当時の沖縄では、本土の日本人と沖縄人とが人種や言語や文化において同一の「民族」に属するという一体化した同化志向が支配的であった。その説は、謝花昇が先導した「参政権請願運動」や伊波普猷が唱えた「日琉同祖論」などに起因している。それとは裏腹に、戦前の差別の歴史、戦時中の日本軍の残虐行為、終戦直後に米軍を解放者と受け止めたこと、その後の強制土地闘争による反米軍意識の高揚から独立論に傾いたことなどを語ることは、沖縄ではタブーであった。なお、「日琉同祖論」を唱えた伊波にしても、国家を形成していた琉球民族が国家滅亡後も「日本帝国」という多民族国家の中の一民族として兄弟民族たる大和民族と共生し得る、あるいは共生せざるを得ないという認識を示していたのである[33]。

　戦後の複雑な状況にあった沖縄では、「日本復帰とはなにか」という問いに対する思想的な位置づけが明確化されることもなく「祖国復帰運動」が盛り上

がってきた。そこに、沖縄の思想と運動の悲劇が存在しているように思われる。しかしながら、祖国復帰が既定路線と受け取られ、しかも長い苦難の復帰運動の成果が、体制派に簒奪<ruby>さんだつ</ruby>されかねない事態に陥ってきた。そうした復帰前後の思潮の転換期を主導してきた「反復帰論」を唱える新川明<ruby>あらかわあきら</ruby>と、「沖縄人のアイデンティティ」を唱える大田昌秀の主張とから反復帰について読み解く。

新川の「反復帰」論は、1970 年前後の状況を背景に登場してきた思想であった。1969 年 11 月の佐藤・ニクソン会談から、「反復帰派」の敗北感が徐々に強まっていった[34]。その理由は、1972 年 5 月 15 日に沖縄の施政権返還が米軍基地の維持を前提として進められていたからである。さらに、1969 年 11 月の佐藤・ニクソン会談の内容が、沖縄住民の本土復帰運動、すなわち「島ぐるみ闘争」が目指してきたものとはほど遠く、「沖縄問題」の解決にならないことが明確になったからである。それらの理由を背景として、「『復帰運動』をリードしてきた『革新』が大きく動揺した」[35]。しかし、「『日米に裏切られた』という敗北感を内包した憤慨は、『核抜き・本土並み』の論調にとどまり、これまでの『復帰運動』を明白に否定し、『復帰反対運動』が直ちに顕在化することはなかった」[36]。

そうした中で登場してきたのが、「反復帰派」と称する新川明・岡本恵徳・川満信一・西里喜行らの主張である。「反復帰派」に共通していることは、かつて「日本復帰」に賛成・同調し、かつ革新に属していたことである[37]。林泉忠が述べている「反復帰」のイデオロギー的性格を中心に ─」「反復帰派」の 4 項目の思想基盤を以下に記述する[38]。

(1) 諸悪の根源を国家・国民・権力・帝国主義に求める。

(2) 「復帰運動」の直接な病毒は、(1) の範疇<ruby>はんちゅう</ruby>に入れられるべき他律的同化主義というよりも、自律的な「同化主義」である。

(3) 日本人に対する「異質感・差意識」が自己卑下や事大主義を生成する一方、日本国の国家権力を相対化するプラスパワーをも有している。

(4) 沖縄アイデンティティの存在の正当性は、それ自体の主体性回復に使用されるよりも、国家・国民・権力・帝国主義に反対する武器としての意義の方が大きい。

　上記４項目の思想基盤の特徴として、「帝国主義」に反対する「革新性」が挙げられる。次に、「反復帰論」は「復帰運動」への反省・反対とそれに代わる指針を提示している。しかし、具体的な政治政策の提言まで達せられず、基本的な思想レベルに留まったのである。

6.7.2　反復帰派

　反復帰派にとっては、米国支配に代わって日本支配が見えてきた状況こそが、この思想を生んだ背景である。それゆえ、反復帰論は、復帰思想に内在してきた「祖国」への幻想、すなわち日本ナショナリズムや国家に対する幻想を根底的に批判する思想であった。

　新川明は、沖縄が日本に復帰するということは、強大な国家権力に弱者の沖縄が一方的に飲み込まれることを意味し、沖縄の個性、すなわち、琉球王朝から培ってきた沖縄人の伝統的な言語・歴史・文化などが、日本に埋没することにつながると主張している[39]。この論理に立脚して、新川は1970年11月15日の国政参加選挙のボイコットを訴えた[40]。こうした一連の新川の主張から、1972年の復帰は日米両政府の権力者によって無理に敷かれた同化という不条理なレールでしかなかった、と総括されるのである。

　また、新川は、「反復帰論」と「独立論」の関係について次のように論述している。「『反復帰論』は、世間でしばしば言われているように『独立論』の同義語ではないが、両者が密接に重なり合う部分を共有していることは否定できない」[41]。いわゆる沖縄返還前の「『反復帰論』と『独立論』との関係は、思想的ビジョンを示す側面と政治的目標の具現化を訴える側面との柔軟な補完関係にあったと言うべきであろう」[42]。

　もともと「独立派」は、1947年6月15日に「『琉球は厳として琉球人のものなり』と宣言して、『沖縄民主同盟』を発足させた。この政党は、『琉球の独立』や『琉球共和国の発足』を目指した[43]。委員長には仲宗根源和、役員に山城善光、桑江朝幸らが名前を連ねていた。しかし、沖縄住民の間には、米軍統治下の厳しい言論統制、度重なる強制土地収用、および住民への米兵による加害行為の頻発によって「米軍＝解放軍」の考えは幻想だったという認識が

広まった。そして、一転して「平和憲法下の日本への復帰」への期待が高まってきた。こうした流れの中で、「独立論」を含めた「反復帰論」が本土復帰運動の中に飲み込まれていったのである。

しかし、1972年の沖縄返還が近づくにつれて、「反復帰論」が再び盛り上がりを見せてきた。復帰交渉では、日本政府が在沖米軍基地の現状維持を丸飲みして、基地と「施政権」の分離返還に徐々に向かって行った。一連の日本政府の復帰交渉に不満を持った沖縄住民の一部は、保守・反共的な立場の「独立派」勢力として、1970年7月に「琉球独立党（現：かりゆしクラブ）」を発足させた。「琉球独立党」の初代党首には、野底武彦が就任した。2020年に至るも、経済的に自立できれば『琉球共和国』として独立したいという潜在的な願望が、「かりゆしクラブ」を支持する人びとの心中にあることだけは事実である。

岡本恵徳は、「復帰が米軍統治から自由になりたいと希求する沖縄住民の『共同体意識』である」[44]と述べ、渡嘉敷島の「集団自決」事件と重ね合わせていた。岡本は、渡嘉敷島の「集団自決」事件が、戦争という苛酷な現実を前にした沖縄住民の「共同体意識」に国家が働きかけ、「共生」へと向かうはずの意志や力を「共死」へと逆行させたと指摘している[45]。なお、「岡本にとって国家権力の『共同体意識』への働きかけとは、沖縄戦によって始まったのではなく、皇民化教育や宗教政策などを通じて継続してきたものであった」[46]。

こうした岡本の反復帰論は、「共同体意識」や私＜家族＜ムラ＜郷里＜国家＜国際関係・世界という同心円的世界認識、および代表政治などの回路を通じて、自らの意識が国家によって方向づけられることを拒否し、人びとの自発性と直接性において政治を切り開いていく実践のなかに持続していくのである[47]。ゆえに、1972年5月15日の復帰以降も岡本の「反復帰論」における持続と転形を検討していく必要があるのではないだろうか。

川満信一は、1981年に「琉球共和社会憲法」を発表した。その憲法の中で、川満が「ナショナリズムを極力排除したいという思いから琉球民族や沖縄民族という文言を書かなかったことに対して、桃原和彦が『日本人である、日本人になりたい』という意識を沖縄人が自ら総括・検証し、同化主義をどのように

乗り越えるかを考えなければならない」と述べている[48]。

　川満は、復帰運動を二元的な対立関係と認識している。たとえば、国家への求心力を琉球処分から継続する「近代化した本土」と「後進的な沖縄」、あるいは支配と被支配という二元的な対立と捉えている[49]。また、川満信一や新川明にとって、「『国政参加選挙』は、沖縄から国会議員を選出することで、沖縄『返還』をめぐる国会論議に沖縄の人々も参加して合意したという『筋書き』をつくりだそうとするものだとして、それに強く反対した。そのような立場から、川満信一や新川明の『反復帰論』に共鳴する沖縄の若者達によって、『国政参加選挙』ボイコット闘争が展開されたが、それは『反復帰』思想の1つの具体的な実践の形であった」[50]といえる。

　西里喜行は、沖縄の「72年返還」を新たな琉球処分として告発する沖縄県民の歴史意識について論述している。西里は、沖縄県民が自らの直接的歴史体験に支えられながら、以下の相矛盾する2つの志向を併せ持っていたと指摘している[51]。

（1）祖国復帰を通じて戦後沖縄の歴史を止揚し、日本本土の民衆と共に新たな祖国の創造へ向かって未来を切り開こうとする志向である。

（2）日本政府への不信と怒りを「日本」自体への反発感情へ短絡させ、近代以降の沖縄の思想と運動（復帰運動を含む）に内包された一切の「日本志向」を断ち切り、「独立」の方向で沖縄の未来を展望しようとする志向である。

　上記の2つの志向のいずれに比重を置くかによって、西里は、「沖縄史研究の視点、あるいは、その方法論上の対立などが引き起こされる」[52]と指摘している。

　その一方で西里は、反復帰論者の歴史認識について、「反復帰論者は、歴史的な『沖縄』の『日本』とのかかわり方を『差別』と『被差別』、あるいは『支配』と『被支配』の関係として捉え、そのような関係を総括するためには沖縄の『自立』、すなわち独立しかありえないとする点において共通した認識を持っていた」[53]とも主張している。

　しかし、川満や西里の主張の向こうには、王朝時代の「琉球処分」がある。松島泰勝が主張するように、この文言を聞いた人は、あたかも琉球王朝に非が

あって、日本政府が処分したように理解する[54]。しかし、実際は、独立国である琉球王朝を日本政府が武力で併合したことに他ならない。このまったく異なる意味を持つ処分と併合は、「琉球処分」以降、沖縄県民に重くのしかかって、受け入れがたい文言となっている。

6.7.3　反復帰論と沖縄人のアイデンティティ

　復帰が既定路線と受け取られ、しかも長期間にわたる復帰運動の成果が、体制派に簒奪されかねない事態に陥ってきた。新川明が唱える「反復帰論」と、大田昌秀が唱える「沖縄人のアイデンティティ」の両面から復帰前後の思潮の転換期について論じる。

　新川の「反復帰」論は、1970年前後の状況を背景に登場した思想であった。1969年11月の佐藤・ニクソン会談から、1972年5月15日の沖縄の施政権返還の内実は、復帰運動が目指してきたものとはほど遠く、それ自体が「沖縄問題」の解決にならない。反復帰派にとっては、米国支配に代わって日本支配が見えてきた状況こそが、この思想を生んだ背景である。それゆえ、反復帰論は、復帰思想に内在してきた「祖国」幻想、すなわち日本ナショナリズムや国家幻想を根底的に批判する思想であった。

　もう一方の大田は、鉄血勤皇隊として沖縄戦を体験し、戦後は琉球大学教授を務めた後、1990年から県知事として県政を2期担当した。大田は、沖縄戦研究を中心とした沖縄近現代史の研究者として知られている。大田は新聞の分析という手法を用いて、1960年代後半から1970年代にかけての沖縄の政治と精神史の大きな転換期において、沖縄人の『事大主義』の欠点を暴き、批判してきた。そして、将来を見据えた沖縄人のアイデンティティ確立のための思想を深化させることの重要性を主張するに至った[55]。

6.7.4　復帰派と反復帰派に色分けされた行政主席公選

　琉球政府行政主席公選で西銘順治を公認した保守の沖縄自由民主党と屋良朝苗を統一候補として公認した沖縄教職員会と革新三政党（沖縄社会大衆党、沖縄社会党、沖縄人民党）は、復帰派と考えられる。その理由として、著者は

保革共に復帰には賛成であるが、基地問題への対応手法が異なることを挙げる。保守は「基地の段階的縮小」を選挙で訴え、革新は「即時無条件全面返還」を選挙公約としたのである。

　復帰派に対して反復帰派の中には、琉球政府行政主席公選に立候補した者と立候補そのものに反対した者とがある。まず、琉球政府行政主席公選に「反復帰派」から「琉球の独立」を掲げて野底武彦が立候補した。野底武彦以外に、「反復帰派」から行政主席公選に立候補した者はいなかった。

　1968年11月10日の琉球政府行政主席公選は、沖縄の本土復帰が現実味を帯びて最も盛り上がった選挙である。それゆえ、著者は、沖縄住民の意思が「復帰」か、あるいは「反復帰」のいずれかに色分けされると考えている。つまり、「復帰派」の人数と「反復帰派」の人数を合わせたら100％になることを根拠として、有権者数と琉球政府行政主席公選の選挙結果とから、当時の「復帰派」と「反復帰派」の人数を算出しようというのが今回の試みである[56]。

　まず、「復帰派」の人数であるが、琉球政府行政主席公選に立候補した保守の西銘順治と革新の屋良朝苗はいずれも「復帰派」なので、両候補に投票した44万3,852人が「復帰派」の総数となる。それに対して、「琉球独立党」の野底武彦に投票した279人は、少数といえども選挙で有効票に算入される「反復帰派」の人数である。

　次に、「反復帰派」の主流の人数を、「反復帰」の意思を明確にして選挙の投票に行かなかった者とさまざまな理由から選挙の投票には行ったが、無効投票をした者とに分類して検討していく。行政主席公選で投票に行かなかった5万6,109人は、有権者数51万5,246人と投票者数45万9,137人の差から求まる。選挙結果から無効投票をした者は、1万4,989人である。また、投票者数と有効・無効投票数との間に17人という差が生じた。この17人は、投票所に来て投票用紙の交付は受けたが、「反復帰派」であるがゆえに投票はしなかったのではないかと思われる。

　ここで、「反復帰派」の人数の内訳は、「琉球独立党」に投票した279人。行政主席公選をボイコットした5万6,109人、無効投票をした1万4,989人、および投票用紙の交付は受けたが投票はしなかった17人となり、その総数は

7万1,394人となった[57]。

　以上のように、沖縄の自立を考える「反復帰派」が最大7万1,394人もいるということは、米軍基地問題もさることながら、有権者全体の13.9%が「反復帰派」ということになるので、決して無視できる数ではないことを知らなければならない。

6.7.5　復帰派と反復帰派のまとめ

　「復帰派」と「反復帰派」の主張についてまとめる。「復帰派」は、琉球政府行政主席公選で西銘順治を公認した保守の沖縄自由民主党と屋良朝苗を統一候補として公認した沖縄教職員会と革新三政党（沖縄社会大衆党、沖縄社会党、沖縄人民党）をそれぞれ支持して投票した有権者達である。保守の西銘と革新の屋良が本土復帰を希求することでは同様であるが、復帰の手法に違いが見られる。そのことでは、保守の西銘が「基地の緩やかな段階的返還」を主張し、革新の屋良は「基地の即時無条件全面返還」を訴えている。「復帰派」の総人数は西銘と屋良の投票総数としてよいので、選挙結果から「復帰派」の総数は44万3,852人となる。

　「反復帰派」で取り上げた新川明・岡本恵徳・川満信一・西里喜行・大田昌秀らの主張を読み解いて、著者が以下のようにまとめた。

　まず、1879年の琉球処分によって、日本政府は武力をもって琉球王朝を廃止し沖縄県を設置してから第二次世界大戦の敗戦までは日本政府の不条理に耐え、敗戦後は米軍統治に耐えてきた。こうした歴史を持つ戦前の沖縄では、川満信一や新川明が主張するように「琉球処分から引き継がれてきた『近代化した本土』と『後進的な沖縄』という二項対立が存在する中で、それを打ち消すために日本政府は同化政策をとってきた」[58]としか考えられない。戦後は米軍統治による基地の建設・整備・拡大・強化のための強制土地収用で生存権を侵され続けてきた。岡本恵徳の主張を借りれば、こうした米軍統治から1日も早く解放されたいと願う沖縄住民の意識が復帰に舵を切らせたと考えられる[59]。

　次に、復帰運動の第一歩が、民意に基づく「琉球政府行政主席公選（1968

年 11 月 10 日）」の実施である。「反復帰派」にとって、復帰は日本への同化を意味し、沖縄の文化と歴史が日本の中に埋没することになる[60]。また、復帰すれば、これまでの歴史が消え去るわけではない。さらに、米軍基地が撤去されて、戦前の沖縄が取り戻せる目途も立たない。主流の「復帰派」が推進する行政主席公選から 1972 年 5 月 15 日の沖縄の施政権と基地を分離した本土復帰を迎えることになるが、それは、西里喜行が主張する 2 回目の琉球処分に該当する。

　以上の主張をまとめると、復帰すれば日本政府という強大な国家権力に弱者の沖縄が一方的に飲み込まれる。そうなると沖縄の個性、すなわち、琉球王朝から培ってきた沖縄人の伝統的な言語・歴史・文化などが、強者の日本に埋没する。その沖縄の伝統的な言語・歴史・文化などが、日本に埋没することだけは避けたい。一部には沖縄が「自立」、すなわち独立の道を歩むことを主張する者もいたが、沖縄住民の総意は、米軍基地を撤去し、その支配から脱却したいという一念が優先したのではないだろうか。こうした中で、沖縄戦を体験した大田昌秀は、生涯を通じて反戦平和を訴え続けた。

6.8　結言

（1）1968 年 2 月 1 日、USCAR のアンガー高等弁務官が、復帰協を中心とした沖縄住民の「島ぐるみ闘争」のあまりの激しさから基地の存続を不安視したジョンソン大統領の命令を受けて、1968 年 11 月 10 日に琉球政府行政主席公選を実施すると発表した。当時の沖縄には、本土への「復帰派」と「反復帰派」2 つの勢力が存在した。琉球政府行政主席公選に立候補した保革の西銘順治候補と屋良朝苗候補、および両候補の支持者達は「復帰派」に属し、立候補したけれども「琉球独立党」の支持者は「反復帰派」に属する。沖縄の有権者の中で、保革の琉球政府行政主席公選の立候補者の支持者たちを除く人びとは、「反復帰派」である。ここで、「反復帰論」と「独立論」との関係は、思想的ビジョンを示す側面と政治的目標の具現化を訴える側面との柔軟な補完関係にあったとされる。

（2）行政主席公選で「復帰派」と「反復帰派」を合わせたら、有権者はほぼ100％になる。そうした論理に基づいて、著者が琉球政府行政主席公選の有権者数と投票数などから直接選挙に反対した人を算出すると7万1,115人となる。それに「琉球独立党」の得票数である279票（279人）を加えると、7万1,394人が「反復帰派」で、残りの44万3,852人が「復帰派」に分類される。行政主席公選の結果から「反復帰派」が最大7万1,394人もいることは、決して無視することができない数値である。そこで、「反復帰派」で取り上げた新川明・岡本恵徳・川満信一・西里喜行・大田昌秀らの主張を著者が1つにまとめた。その主張は、復帰すれば日本政府という強大な国家権力に弱者の沖縄が一方的に飲み込まれる。そうなると沖縄の個性、すなわち、琉球王朝から培ってきた沖縄人の伝統的な言語・歴史・文化などが、強者の日本に埋没するということである。なんとしても、沖縄の伝統的な言語・歴史・文化などが、日本に埋没することだけは避けたい。一部には沖縄が「自立」、すなわち独立の道を歩むことを主張する者もいたが、沖縄住民の総意は、米軍基地を撤去し、その支配から脱却したいという一念が優先したのではないだろうか。

（3）1968年6月19日に米国務省から下田武三駐米大使へ直接重要な連絡があった。下田大使から外務省への公電によれば、「米国は、西銘を当選させるための資金の送金方法、沖縄基地の核貯蔵の自由、およびベトナム戦争による基地の自由使用などを要求する。さらに、沖縄の返還前の複雑な過渡的措置を考慮して、返還期日を1972年末にしたらどうか」という4項目が記述されていた。西銘を行政主席に当選させるために、嘉手納戦略爆撃空軍基地からのB-52の一時撤去、日本政府首脳による立法院での演説の黙認、日本政府の予算による社会福祉の推進、およびUSCARによる基地外の事件の最小化と軍用地政策の中止などが、日米両国間で合意したことを国務省の開示文書から明らかにした。

【注】

1)　沖縄県祖国復帰協議会（復帰協）は、1960年4月28日に結成された本土復帰運動の中核組織である。復帰協には、革新系の沖縄社会大衆党・沖縄人民党・沖縄社会党、沖縄教職員会などの労働組合が参加した。しかし、ベトナム戦争の戦況悪化やキャラウェイ旋風（USCARのキャラウェイ高等弁務官の強権的政治手法）を受けて、復帰協は反戦色を強めていった。復帰協は1977年5月15日に解散した。

2)　琉球新報社編（1998）、『西銘順治日記 ― 戦後政治を生きて ―』、p.212。

3)　同上書、pp.213-215。

4)　琉球新報社編（2015）『一条の光 ― 屋良朝苗日記・上 ―』、pp.153-154。

5)　琉球政府行政主席公選の先行研究には、宮城修（2017）「主席公選を巡る日米両政府の介入」『地域研究（沖縄大学地域研究所）』、第20号、pp.79-102などがある。

6)　山野幸吉（1916年～1998年）は、自治官僚や初代沖縄・北方対策庁長官を務めた。

7)　総理府特別地域連絡局（特連局）は、1958年から総理府（現：内閣府）の内部部局として琉球政府への援助業務を担当した。1970年に沖縄・北方対策庁に改組された。

8)　外務省北米局北米課（1968年5月14日）「山野特連局長、シュナイダー部長、シエナ陸軍次官代理会議」（外務省外交史料館所蔵：史料管理番号100-019005）。

9)　同上資料。

10)「一体化政策」とは、琉球政府行政主席公選における西銘順治候補の「沖縄の段階的な本土復帰政策」を表現するものであって、米軍基地の取り扱いと復帰政策が論点となっている。もっとわかりやすくいえば、本土復帰するまでの沖縄と本土との格差是正に向けた日本政府・与党の政策である。具体的には、1965年に沖縄問題懇談会を発足させ、1967年に衆・参両議院に沖縄問題特別委員会が設置された。1968年になると、政府の「一体化に関する基本方針」が閣議決定され、本土復帰に向けた環境整備がなされていったのである。

11)「黒い霧」とは、1967年12月18日に琉球政府通商産業局で個人タクシー免許が認可された。1968年になってその認可について不正があったことが発覚し、当時、通商産業局長を兼務していた小渡三郎行政副主席が4月24日に逮捕された。この汚職事件について10月21日の琉球新報社主催の「主席選挙立会演説会」で屋良朝苗候補から西銘候補は追及され、選挙期間中ずっと攻撃され続けた。（詳細はp.124の「6.10.1 琉球政府行政主席公選の（a）「黒い霧」汚職」を参照していただきたい）。

12)　山野特連局長から示された「総理府案」は、沖縄自由民主党の西銘順治総裁と日本政府が合意した「西銘案」によるものである。「西銘案」の詳細は、p.124の「6.10.1 琉球政府行政主席公選」を参照していただきたい）。

13) DEPARTMENT OF STATE（1968年6月20日）*"U.S. Policy on Forthcoming Ryukyu Elections"*, 059-05001-00005-004-004, 059-05001-00005-004-005（沖縄県公文書館所蔵：資料コード0000105533）。

14) 外務省北米局北米課（1968 年 5 月 14 日）、前掲資料。

15) DEPARTMENT OF STATE（1968 年 6 月 20 日）、前掲資料。

16) 同上。

17) 外務省（1968 年 6 月 19 日）「下田駐米大使公電：第 1865 号オキナワ問題」（外務省外交史料館所蔵：史料管理番号 100-019005）。

18) DEPARTMENT OF STATE（1968 年 6 月 19 日 -a）"*RYUKYU ELECTIONS, I. The Problem, and II. Conclusions*", 059-05001-00005-004-007, 059-05001-00005-004-008（沖縄県公文書館所蔵：資料コード 000010553）。

19) 同上資料。

20) 同上資料。

21) 同上資料。

22) DEPARTMENT OF STATE（1968 年 6 月 19 日 -b）"*RYUKYU ELECTIONS, III. Recommendations*" 059-05001-00005-004-009, 059-05001-00005-004-0010（沖縄県公文書館所蔵：資料コード 0000105533）。

23) DEPARTMENT OF STATE（1968 年 6 月 19 日 -c）"*RYUKYU ELECTIONS BACKGROUND, I. The U.S. Stake*", 059-05001-00005-004-0011（沖縄県公文書館所蔵：資料コード 0000105533）。

24) DEPARTMENT OF STATE（1968 年 6 月 19 日 -d）"*RYUKYU ELECTIONS BACKGROUND, III. Japan, A. Japanese Stake*", 059-05001-00005-004-0022（沖縄県公文書館所蔵：資料コード 0000105533）。

25)『沖縄タイムス』（2010 年 12 月 23 日）「主席公選で日米裏工作、親米候補の当選狙う」。

26) DEPARTMENT OF STATE（1968 年 6 月 19 日 -e）"*RYUKYU ELECTIONS BACKGROUND, III. Japan, B. Policy of the GOJ and LDP*", 059-05001-00005-004-0022, 059-05001-00005-004-0023（沖縄県公文書館所蔵：資料コード 0000105533）。

27) 琉球新報社編（1998）『西銘順治日記 ― 戦後政治を生きて ―』、p.228。

28) 同上。

29) DEPARTMENT OF STATE（1968 年 6 月 19 日 -f）"*RYUKYU ELECTIONS BACKGROUND, III. Japan, C. The Opposition Role*", 059-05001-00005-004-0023（沖縄県公文書館所蔵：資料コード 0000105533）。

30) 同上資料。

31) 琉球新報社編（2015）『一条の光 ― 屋良朝苗日記・上 ―』、pp.184-188。

32) 同上書、p.188。

33) 伊波普猷（1974）『伊波普猷全集：第二巻 南島史考 孤島苦の琉球史 沖縄歴史物語 歴史論考』、平凡社、p.439。

34) 林泉忠（2005）「沖縄アイデンティティの十字路 ― 『祖国復帰』と『反復帰』のイデオロ

ギー的性格を中心に―」『政策科学・国際関係論集（琉球大学法文学部）』、第 7 号、p.259。

35）同上。

36）同上。

37）同上。

38）同上論文、p.257。

39）小松寛（2015）『日本復帰と反復帰 ― 戦後沖縄ナショナリズムの展開 ―』、早稲田大学出版部、p.155。

40）林泉忠（2005）、前掲論文、p.257。

41）新川明（2000）『沖縄・統合と反逆』、筑摩書房、p.76。

42）林泉忠（2005）、前掲論文、p.255。

43）比嘉康文（2004）『「沖縄独立」の系譜』、琉球新報社、p.243。

44）大野光明（2016）「持続する反復帰論 ― 岡本恵徳の思想から考える ―」『Review of Asian and Pacific studies（成蹊大学アジア太平洋研究センター）』、第 41 号、p.22。

45）同上論文、pp.21-22。

46）同上論文、p.22。

47）同上論文、pp.23-27。

48）桃原一彦（2014）「『沖縄の自立』を考える ― 『本土復帰という選択』をめぐって ―」『地域・アソシエーション（地域・アソシエーション研究所）』、第 123 号。
http://www.ne.jp/asahi/institute/association/doc/doc-parts/12/123_01.html（2020 年 8 月 31 日アクセス）。

49）小松寛（2015）、前掲書、p.157。

50）仲里効（2011）「沖縄セミナー・2011　第 3 回：沖縄における『自立／自己決定』論 ― その系譜と展望 ―」『沖縄セミナー報告（沖縄と連帯する富山共同行動）』、p.6。

51）西里喜行（1981）『論集・沖縄近代史 ― 沖縄差別とは何か ―』、沖縄時事出版、p.52。

52）同上。

53）西里喜行（1981）『論集・沖縄近代史 ― 沖縄差別とは何か ―』、沖縄時事出版、p.149。

54）松島泰勝（2010）「土地に根ざした琉球の自治と自立 ― 薩摩侵略 400 年、『琉球処分』130 年を契機として ―」『PRIME（明治学院大学国際平和研究所）』、第 32 号、p.4。

55）波平恒男（2003）「戦後沖縄とアイデンティティをめぐる政治」『政策科学・国際関係論集（琉球大学法文学部）』、第 6 号、pp.159-162。

56）琉球新報社編（2015）『一条の光 ― 屋良朝苗日記・上 ―』、p.195。

57）同上。

58）小松、前掲書、p.157。

59）大野光明（2016）、前掲論文、p.22。

60）西里喜行（1981）、前掲書、p.52。

第VII章

保革一騎打ちの行政主席公選から分離返還まで

7.1 行政主席公選における保革の候補

　1968年11月30日までの琉球政府行政主席は、USCARに指名された人物が4代にわたって選出されていた。その4代の琉球政府行政主席は、比嘉秀平、当間 重 剛、大田政作、松岡政保の順であった。

　1968年11月10日の琉球政府行政主席は、沖縄住民の直接選挙で選出された。主席公選前後を含む過程が詳しく『西銘順治日記 ― 戦後政治を生きて ― 』に書かれている。自著の中で西銘は、1967年7月29日、アンガー高等弁務官が西銘那覇市長に、「米国が行政主席公選を検討していることを伝えた」[1]。それを聞いた民主党は、同年9月6日の常任総務会で琉球政府行政主席公選への対応について論議を進めた。同党の立法院議員の多くが「公選に移行すると政権を失う恐れがあり、時期尚早である」[2]と述べたのに対し、西銘市長は「党の勝ち負けよりも、沖縄住民が直接行政主席を選ぶことに重大な意義がある」[3]と主張した。

　西銘市長の主張が受け入れられ、行政主席公選の基本方針が決定された。西銘にとって行政主席公選の早期実現は、沖縄社会大衆党時代から言い続けてきたことでもあった。1967年12月9日の第5回民主党定期大会で、以下の重点施策を全会一致で採択した[4]。

（1）党名を沖縄自由民主党に改称する。

（2）施政権返還に備えて、本土との一体化を強力に推進する。

（3）国政参加を実現する。

（4）行政主席公選を実現し、自治を確立する。

　1968年1月3日にアンガー高等弁務官らUSCAR首脳は、松岡政保行政主席・沖縄自由民主党総裁、桑江 朝 幸幹事長、大田昌知政調会長、友寄喜弘総務会長らと会談した。そのとき、「アンガー高等弁務官から『行政主席公選の実施時期はいつがよいか』と打診を受けたことと、『行政主席公選で沖縄自由民主党は勝てるのか』と畳み掛けるように質問」[5)]してきた。桑江幹事長は「人物はいる。勝てる自信はある」[6)]と答えた。

　行政主席の候補者の調整は、吉元栄真沖縄自由民主党副総裁に一任された[7)]。1968年2月に吉元副総裁から正式に出馬を打診された西銘市長は、不退転の決意を示した。西銘市長以外に候補に挙がっていた松岡政保行政主席・沖縄自由民主党総裁、長嶺秋夫立法院議員、稲嶺一郎琉球石油社長らは立候補の意思がないことを吉元に伝え、彼らも西銘を推薦した[8)]。1968年3月5日の沖縄自由民主党選挙対策委員会で西銘順治を行政主席候補に満場一致で決定し、同時に次期沖縄自由民主党総裁に内定した[9)]。同年5月11日の沖縄自由民主党第6回臨時党大会で、西銘順治が行政主席候補に決定し、松岡政保に代わって、正式に党総裁に就任した[10)]。

　琉球政府行政主席公選に、保守の沖縄自由民主党が西銘順治を公認した。すでに、革新は、沖縄社会大衆党・沖縄社会党・沖縄人民党、および沖縄教職員会を中心とした労働組合などの統一候補として屋良 朝 苗を公認していたので、両者による保革一騎打ちの激しい選挙戦の幕が切って落とされることになった。

7.1.1　西銘順治の決意表明

　1968年5月11日、沖縄自由民主党総裁に西銘順治が就任した。沖縄自由民主党公認で行政主席公選に出馬するに当たって、西銘は、「長年にわたる沖縄住民の行政主席公選要求運動が、ようやく実を結んだ。この度の主席公選は、復帰に対する沖縄住民の意識の高揚を背景に実施されるので、主席公選の結果は、民意の最大公約数と理解される。結果如何では、今後の沖縄政治の方向付けがなされるだけでなく、本土の国内政治、日米両国政府の対沖縄政策、日米関係ひいては米国のアジア政策にも多大な影響を及ぼすことになる。つぎ

に、復帰問題で一番難しいのは、基地の在り方を云々する問題よりも、沖縄経済をどうするかという問題である。復帰と生活は切り離して考えられないし、これを効果的に推進する路線は、本土との一体化策が最高且つ最善の方法である」[11]と述べた。

最後に国政参加については、公職選挙法に基づくこと、人員は衆議院5人、参議院2人の計7人とすること、選出された議員の身分・権利・権限は、本土の国会議員並みとするという考え方を示した[12]。

7.1.2 屋良朝苗の決意表明

沖縄教職員会の屋良朝苗会長は、革新三政党（沖縄社会大衆党、沖縄社会党、沖縄人民党）から行政主席公選への立候補を要請され、1968年4月3日に受諾した。出馬に当たって、屋良は、「行政主席公選が実現したのは、復帰協に結集した革新三政党の運動の成果である。行政主席公選の結果如何が、今後沖縄の施政権返還問題をはじめとして、多数の残された問題についても非常に大きな影響を持つと思われる。沖縄に自主的・主体的な要求と体制を確立するために、全力を傾注して、将来のビジョンを策定するべきである。そして、本土政府に要求する積極的な体制を創らなければならない。つぎに、佐藤・ジョンソン会談の結果、日米当局は、『沖縄基地は日本及びアジアのあらゆる平和と安全のために非常に重要な使命を果たしている』と表明している。このことは、沖縄基地が核基地であり、また米軍が自由に使用できるという特質の上に立っていることを示すものである。政府が核基地つき、あるいは自由使用のままというようなことで復帰を考えるならば、沖縄の返還に対する国民的合意は生まれず、沖縄の復帰は非常に悲観的になると思う。核基地はどうしても撤去しなければならないし、自由使用についても、沖縄に引き続きそれが許されることには反対である」[13]と述べた。

最後に、国政参加の道は容易に開けると思う。それが実現できなければ、屋良は、施政権返還の壁が破れるかどうかも疑わしくなるという考えを示した[14]。

7.1.3　屋良・西銘両候補の決意表明から読み取れること

　保守の西銘順治候補と革新の屋良朝苗候補が保革でイデオロギー的に真っ向から対立している。しかし、本土復帰を希求することではイデオロギーに差異は見られないが、復帰の手法には、明らかに違いが見られる。そのことは、保守の西銘が「基地のあり方よりも、沖縄経済をどうするか」と主張しているのに対して、革新の屋良は「基地の即時無条件全面返還」を訴えている。

7.2　行政主席公選の前哨戦

　1968年8月16日の昼食会でアンガー高等弁務官が、「沖縄経済は基地の依存度が高いので、本土に復帰して基地が撤去されれば、沖縄は経済的に困窮し、イモ・ハダシの生活に戻る」[15]とする基地経済論を展開した。嘉手納村（現：嘉手納町）長選挙の応援に来村した西銘順治沖縄自由民主党総裁はアンガー高等弁務官の演説に倣い、「基地がなくなるようなことになったら、戦前のようにイモを食い、ハダシで歩く生活に逆戻りする」という趣旨の演説をした。そのことが、行政主席公選で西銘を苦しめる大きい要因となった。さらに、沖縄自由民主党は、復帰に向けて本土との格差を解消し、施政権返還を目標とする「本土との一体化政策」を貫くことにより沖縄の繁栄と進歩が約束されると嘉手納村民に訴えた。

　一方、革新は「沖縄自由民主党のイモ・ハダシ論は不安を駆り立てるだけで、沖縄住民に対する侮辱である。『即時無条件全面返還』すれば経済が苦しくなると強調するのは、復帰に反対しているとしか思えない」[16]と反論した。だが、革新の沖縄自由民主党に対する反論は住民の不安を煽っただけで、地元住民が要望する爆音問題の解消やB-52への対処策は十分に示されなかった。その結果、同年8月25日の嘉手納村長選挙は、1,000票の大差で沖縄自由民主党の古謝得善が村長に当選（投票率92.97％）した[17]。

　同年11月10日に実施される琉球政府行政主席公選の前哨戦として注目を集めていたにもかかわらず、嘉手納村長選挙で沖縄自由民主党が勝利したことにより、嘉手納戦略爆撃空軍基地のB-52の駐機数も、10機余りから46機ま

で増加した[18]。その事実は、国務省の検討結果が、米軍の嘉手納戦略爆撃空軍基地に伝達されていなかったのか、あるいは、沖縄自由民主党が勝利したことで驕（おご）りが出てしまったのか？

　著者は、米軍のこうした無神経な行為の積み重ねが、琉球政府行政主席公選に大きい影響を及ぼしたのではないかと考えている。

7.3　保革一騎打ちの選挙戦

7.3.1　行政主席公選

　1968年10月21日の琉球新報社主催の「行政主席選挙立会演説会」で、革新の屋良朝苗候補から保守の西銘順治候補は、松岡政保行政主席時代に発生した個人タクシー認可における「黒い霧」汚職事件について、「汚職政治の根幹はなにか」と追及を受けた。西銘は「黒い霧は誠に申し訳ない。これがいいはずがない。しかし、黒い霧は一部のことだ。これは重箱の隅をつつくようなもので、そういう役目は革新にやってもらい、重箱の中身の盛り付けは保守がやる」[19]と答えた。しかし、西銘は、選挙期間中、ずっと「黒い霧」汚職と「イモ・ハダシ論」で攻撃され続けた。さらに、日米両国の支援と選挙における裏金疑惑も西銘の両肩に重く圧し掛かってきた。それらの史実を以下に記述する。

(a)「黒い霧」汚職

　1968年3月5日に開催された沖縄自由民主党の選挙対策委員会で、西銘順治那覇市長を行政主席候補に決定し、それと同時に次期総裁に内定した。西銘も受諾の意向を示した後に、米軍統治下の琉球政府通商産業局を舞台とした個人タクシー免許の交付をめぐる「黒い霧」汚職事件が表面化した。

　「個人タクシー558台の増車に伴う認可申請は、1967年2月1日から受付が始まったが、1,900人の申請があり狭き門となった。その後、通商産業局陸運課で審査を行い、免許取得者の発表は大幅に遅れて、同年12月18日にずれ込んだ」[20]。そうした中で、通商産業局陸運課の審査の遅れは申請者の不満を巻き起こし、不正行為を疑う噂が囁かれるようになった。案の定、同年12

月18日に発表された免許取得者の中に、交通違反の前歴者が合格で、無事故無違反の運転者が不合格というような事例が判明し、疑獄事件としてマスコミを賑わせることになった[21]。

　琉球政府通商産業局陸運課の職員が逮捕されたのを皮切りに、琉球政府の中枢部まで捜査の手が伸びてきた[22]。個人タクシー免許が交付されたときの通商産業局長は、琉球政府行政副主席の小渡三郎（沖縄自由民主党）であった。小渡は責任を取って、1968年4月4日に琉球政府行政副主席を辞任した。しかし、事件はそれでも沈静化せず、小渡は同年4月24日に収賄容疑で逮捕された[23]。そのことで、沖縄自由民主党総裁の西銘順治候補は、選挙期間中ずっと針の筵に座らされて攻撃されることとなった。

(b) 行政主席公選における保革の対立軸

　行政主席公選で敗北する保守陣営ではあるが、選挙準備が革新陣営に比して遅れていたかというと、そうではない。むしろ先行していたといえよう。1967年11月15日の佐藤・ジョンソン日米両国首脳の共同声明で沖縄の施政権返還の方針が示され、これに向けた高等弁務官の諮問委員会設置が発表された。声明には、本土との一体化を進め、経済・福祉・教育などでの格差是正が盛り込まれた。

　1967年12月9日、保守陣営の中枢をなす民主党の第5回定期大会が那覇市で開催された。定期大会では、「返還に備えた本土との一体化促進」が決議され、党名も自由民主党に変更された[24]。アンガー高等弁務官が行政主席公選を発表する以前に、保守陣営は西銘順治那覇市長を統一候補に絞って選挙の準備を万全なものにしていた。さらに、保守陣営は選挙に備えて、本土の自由民主党の要人を沖縄に送り込むほど力を入れていた。つまり、米軍統治下で初めての行政主席公選により、沖縄全体が大きく揺れ動いたのである。

　沖縄住民が自らの意思で選出する最初の行政主席公選は、本土復帰運動の第一関門の通過であり、反戦平和・自治権拡大・人権回復などの要素と供に、まだまだ残されている問題も多くある。こうした理由から、保革の対立軸は、革新陣営へ少しずつ有利に傾いていったと考えられる。

（c）日米両国の支援と裏金疑惑

　米国側文書には、自由民主党から選挙支援資金として72万ドル（1ドル＝360円の固定相場制、当時と2020年の消費者物価指数は3.4倍なので、単純計算すれば360×72万×3.4＝88,128万円）が保守の西銘候補に供与されたと記述されていた[25]。当時、米国側は下記の3項目の方針を日本に示した[26]。

（1）日米は表向き国政参加実現の困難さを指摘しつつ、極秘裏に実現で合意。

（2）西銘が国政参加に関する「西銘案」を発表し、両国政府に検討を要請。

（3）琉球政府行政主席公選直前の10月に日米合意の内容を公表し、西銘の功績との印象を世論に植え付ける。

　三木武夫外相は米国の方針に同意し、1968年7月25日にジョンソン駐日大使と下記の「西銘案」について確認した[27]。

（1）西銘候補には、一般的な形で日米両国政府に国政参加を強く要望させる。

（2）選挙に効果的な時期に、日米合意を発表する。

　その後、アンガー高等弁務官が西銘候補と面会し、上記の「西銘案」の発表時期について説明した。それを受けて、西銘候補が、米国大使館と外務省に国政参加を求める。1968年10月9日に日米両国政府が「選挙により選ばれた沖縄の代表が日本の国会審議に参加することが望ましく、それが有益になること」[28]で合意した。

　こうして、琉球政府行政主席公選と第8回立法院議員選挙は、1968年10月21日に公示、11月10日投開票という日程で選挙戦が繰り広げられた。。

7.3.2　第8回立法院議員選挙

　本土復帰が確実になり、復帰の方法論と米国統治の総括をめぐって、保守の沖縄自由民主党と革新の沖縄社会大衆党・沖縄人民党・日本社会党が、本土の政治家をそれぞれ動員して活発な選挙戦を展開した。「地元新聞（琉球新報・沖縄タイムス）の調査では、保守の沖縄自由民主党の支持率は23％であり、革新三政党（沖縄社会大衆党・沖縄人民党・日本社会党）の共闘体制ができ上っているので、支持率では保守より革新のほうがはるかに高い」[29]。しかし、「いかに支持率が大きく上回っていたとしても、これまでのように革新三

政党が乱立していたのでは、保守の沖縄自由民主党に勝つことは難しい」[30] と沖縄教職員会が判断した。

　上記のことを踏まえて、1968 年 1 月から革新三政党の共闘会議結成の準備会が持たれ、統一綱領と統一スローガンを決めた後、統一候補の検討に入った[31]。見通しとして、「保革両陣営とも 3 月には第一次公認候補者を発表して、本格的な選挙運動を展開するようである」[32]。

　1967 年 2 月 24 日、教公二法案[33] を強行採決する動きに対して、沖縄教職員会を中心とした 2 万人のデモ隊が立法院を占拠した。この教公二法阻止闘争における保革両陣営の対立がそのまま選挙戦に結びつき、「教公二法の立法か、阻止かについては有権者の判断に委ねられ、保守の沖縄自由民主党が勝てば教公二法の立法に世論が賛成したと受け止められることは明白である」[34] と沖縄教職員会が分析した。

　教公二法案が阻止されてから、保守の沖縄自由民主党は、「本土の日本政府・与党との一体化を積み重ねていくということを一枚看板にして選挙を有利に乗り切ろうとしている」[35] と沖縄教職員会が推測した。この日本政府・与党との一体化論は、沖縄住民の復帰要求を鎮静化しようとするものであって、沖縄の本土復帰の時期を前提に進められているものではない。その他に「イモ・ハダシ論」や「黒い霧事件」などを持ち出して、第 8 回立法院議員選挙は、革新三政党が保守の沖縄自由民主党に対して有利に戦いを進めようと綿密に作戦を練った。

7.4　行政主席公選の結果

　琉球政府行政主席公選は、本土復帰派で日米安保の重視と継続を訴える沖縄自由民主党総裁の西銘順治、本土復帰派で米軍基地撤去と安保破棄を訴える元沖縄教職員会会長の屋良朝苗、復帰に反対し、琉球独立を訴える野底武彦がそれぞれ立候補した。

　激しい選挙戦の結果、表 7.1 に示すように、日米両国による保守候補の西銘順治への物心両面からの裏工作にもかかわらず、行政主席公選では革新候補

表7.1　琉球政府行政主席公選の開
票結果

立候補者	得票数
屋良朝苗	23万7,643票（当選）
西銘順治	20万6,209票
野底武彦	279票

（著者作成）

の屋良朝苗が、保守候補の西銘順治に3万1,000票余りの差をつけて当選した。投票率89.11％という数字は、最初で最後の行政主席公選が、いかに有権者の関心を引いたかを示すバロメータでもあった。くわえて、本土復帰派の屋良・西銘両候補の得票率は99.99％に上っている。この選挙結果から見ても、琉球政府行政主席公選は保革伯仲の選挙戦を展開していったことは明白である。

　屋良は米軍統治下で行政主席を3年半務めることにより、悲願の本土復帰を実現させた。1972年の本土復帰に伴う沖縄県知事選挙でも屋良は当選を果たし、復帰後初の知事に就任した。そして、1976年まで激動期の県政を1期担った。屋良知事は退任会見で、行政主席初当選から在任中の8年間を振り返って「矛盾に満ちた問題ばかりで苦悩の連続、いばらの道、針の山を行く思いであった」[36]と述懐している。

　琉球政府行政主席公選は、初めて沖縄住民の意思で選出した選挙となった。選挙結果は、USCARの軍事基地政策と行政主席任命権に対し、初めて沖縄住民がUSCARにノーを突きつけた瞬間であった。そういう意味では、屋良朝苗がUSCARに真っ向から反対する政策を示したことに対する沖縄住民の自然な意思表示でもあった。さらに、屋良の選挙公約から判断すれば、当然、佐藤首相の「安保延長」には、反対の意思表示をしたことはいうまでもない。

7.5　第8回立法院議員選挙の結果

　行政主席公選で沖縄住民は、日米両国が推す保守の西銘に対して、基地の「即時無条件全面返還」を訴える革新の屋良朝苗を支持した。それにもかかわらず、32議席を争う第8回立法院議員選挙では、革新が過半数を制することはできなかった。立法院議員の選挙区と当選した所属政党との関係を表7.2に示す。選挙結果は、沖縄自由民主党公認候補と保守系無所属候補が18議席、

表7.2　第8回立法院議員選挙の開票結果

選挙区	区域	当選者	所属政党
第1区	国頭村、大宜味村、東村	國場幸昌	沖縄自由民主党
第2区	羽地村、屋我地村、伊平屋村、伊是名村	宮城善兵	沖縄自由民主党
第3区	今帰仁村、上本部村	吉田光正	革新統一（日本社会党）
第4区	本部町、伊江村	山川泰邦	沖縄自由民主党
第5区	名護町、屋部村	比嘉松栄	沖縄自由民主党
第6区	久志村、宜野座村、金武村、恩納村	伊芸徳一	沖縄自由民主党
第7区	石川市、美里村	山城長弘	沖縄社会大衆党
第8区	具志川村	中山兼順	保守系無所属
第9区	勝連村、与那城村	平良一男	沖縄自由民主党
第10区	読谷村、嘉手納村	知花英夫	沖縄社会大衆党
第11区	コザ市（越来区、照屋区、住吉区、コザ区、住吉区、胡屋区、園田区）	桑江朝幸	沖縄自由民主党
第12区	コザ市（第11区以外）、北谷村	崎浜盛永	沖縄社会大衆党
第13区	北中城村、中城村、西原村	平良幸市	沖縄社会大衆党
第14区	宜野湾市	岸本利実	日本社会党
第15区	浦添村	与座康信	沖縄社会大衆党
第16区	那覇市（旧首里市）	仲松庸全	沖縄人民党
第17区	那覇市（旧真和志市北部）	森田孟松	沖縄社会大衆党
第18区	那覇市（旧真和志市中部）	嵩原久男	沖縄社会大衆党
第19区	那覇市（旧真和志市南部）	古堅実吉	沖縄人民党
第20区	那覇市（旧那覇市北部）	伊良波長幸	沖縄自由民主党
第21区	那覇市（旧那覇市中部）	瀬長亀次郎	沖縄人民党
第22区	那覇市（旧那覇市南部）	安里積千代	沖縄社会大衆党
第23区	座間味村、渡嘉敷村、南大東村、北大東村など	大田昌知	沖縄自由民主党
第24区	旧小禄村	長嶺秋夫	沖縄自由民主党
第25区	糸満町	上原重蔵	沖縄自由民主党
第26区	具志頭村、佐敷村、知念村、玉城村	大城眞順	沖縄自由民主党
第27区	与那原町、東風平村、南風原村、大里村	新垣孝善	沖縄社会大衆党
第28区	平良市	盛島明秀	沖縄自由民主党
第29区	城辺町、上野村	金城英浩	沖縄自由民主党
第30区	下地町、伊良部村、多良間村	垣花恵昌	沖縄自由民主党
第31区	石垣市、与那国町	大浜国浩	沖縄自由民主党
第32区	竹富町	星克	沖縄自由民主党

（出典：沖縄タイムス社編（1997）『沖縄年鑑1969年（昭和44年）』、復刻版 第10巻、日本図書センター、pp.19-21より著者作成）。

革新候補が14議席をそれぞれ獲得し、改選前と同数で、保革逆転は見られなかった。

　次に、革新の行政主席に続いて、なぜ表7.2に示す革新の立法院議員が過半数を制することができなかったのか、その理由について考えてみる。

　革新の議席獲得数の内訳は、沖縄社会大衆党公認候補が8議席、沖縄人民党公認候補が3議席、日本社会党公認候補が2議席、革新統一候補が1議席であった[37]。第8回立法院議員選挙が行政主席公選に続いて革新勝利とならなかった理由は、これまで1議席であった沖縄人民党が3議席に議席数を伸ばし、日本社会党が2議席確保したにもかかわらず、肝心の沖縄社会大衆党が伸びを欠いて現有勢力に留まったことが挙げられる。得票数を地域別に見ると、沖縄本島北部、宮古島、および八重山諸島などの農漁村部は、地縁血縁意識から沖縄自由民主党が大きくリードした。それに対して、米軍基地が集中する沖縄本島の中部と那覇市などの都市部は、革新政党が圧勝の様相を呈した[38]。その理由として、根強い反米軍意識でUSCARの軍事基地政策に反対する沖縄本島の基地周辺部と那覇市の住民が保守の候補者にノーを突きつけたと考えられる。

　琉球政府行政主席公選では、USCARの軍事基地政策に真っ向から反対する革新統一候補の屋良朝苗が当選したのに対して、立法院議員はこれまでどおり保守が過半数を獲得した。その結果、行政主席と立法院議員間に「ねじれ現象」が発生した。それはなにを意味するのであろうか。

　1968年11月10日に第8回立法院議員選挙と共に実施される行政主席公選は、本土復帰意識を醸成する沖縄住民の激しい「島ぐるみ闘争」が米国政府から勝ち取った最初の成果物である。そして、また、革新統一候補の屋良朝苗が、民意を反映した直接選挙で選出された最初で最後の行政主席でもある。これまでは、行政主席の任命権をUSCARが握っていたので、やむなく沖縄住民は米国の傀儡政権に操られて過ごしてきたのである。

　立法院議員は、これまでも選挙区の住民と共に地域に密着して、USCARの軍事基地政策と戦い続けてきた歴史がある。第8回立法院議員選挙では、議員と選挙民の間に共通の意思の疎通が図られている。激しい「島ぐるみ闘争」

によって、米国政府から勝ち取った行政主席公選とは、本質的に異なることを
提示しておく。こうした理由から、第 8 回立法院議員選挙については、選挙
民が変化を好まなかったのではないかと考えられる。

7.6　屋良行政主席の公約実現に向けた第一歩

　1967 年 11 月、佐藤栄作首相はジョンソン大統領との日米首脳会談のため
に訪米した。首脳会談は、小笠原の即時返還と沖縄返還の継続討議を決めて終
わった。帰国後、佐藤首相は「両 3 年以内に沖縄の返還時期を決定できる」と
胸を張ったが、「1970 年返還」を掲げて復帰運動を展開してきた沖縄住民の落
胆は計り知れなかった[39]。

　行政主席に就任した屋良朝苗は、1969 年の 5 月 15 日に選挙公約である「即
時無条件全面返還」を実現するために、琉球政府の 4 項目の要請書を愛知揆
一[40]外相に手渡した[41]。

（1）沖縄の即時無条件全面返還と、すべての制度を本土と同一にする。

（2）沖縄基地の自由使用は絶対に反対。

（3）「本土並み」基地について、基地の密度、機能等その内容において大きな
　　　相違があるため、その内容が明確にされない限り、これに対する考えを
　　　述べることはできない。

（4）日米安全保障条約に沖縄が左右される危険があるため、沖縄問題と日米
　　　安全保障条約を切り離していただきたい。

　屋良行政主席の要請書に対し愛知外相は、「返還後の沖縄には、本土並みに
憲法・安全保障条約等が適用されると答え、本土並みがあくまで形式上である
ことを示した上で、沖縄が本土に復帰すれば基地が無くなるというふうに考え
て貰っては困る。こうした考えはあまりにも非現実的である」[42]と釘を刺され
た。そのことで、屋良行政主席の選挙公約である「即時無条件全面返還」は、
頓挫した。しかし、屋良の選挙公約は、沖縄住民の総意でもあるので、愛知外
相に釘を刺されたぐらいでは、簡単に引き下がることができない。

　東郷文彦北米局長が愛知外相の予備交渉役として 1967 年 4 月 28 日に訪

米し、「返還後の沖縄への日米安全保障条約と事前協議の適用、すなわち形式上の本土並み返還」を日本政府の要求としてすでに伝えていた[43]。それに対して米国政府は沖縄基地の自由使用を制限することは困難である旨を返答していた。同年6月2日に愛知外相が訪米し、ニクソン大統領やロジャーズ（William P. Rogers）国務長官との会談で、「11月の日米首脳会談で沖縄返還の目途をつけること」[44]を確認した。また、「沖縄基地の自由使用は、これを不当に制限しないよう考慮する」という事前協議の弾力的運用に含みを残した[45]。その結果、「核問題」を除いては佐藤首相外遊出発前にほぼ固まったが、「核問題」は佐藤・ニクソン会談で直接決着されることとなった[46]。

1969年11月17日に日本を出発した佐藤首相は、ニクソン大統領と首脳会談に臨んだ。11月21日の日米共同声明で、佐藤首相は施政権返還に合意し、「現在のような極東情勢下において、米軍が重要な役割を果たしていることを認め、米国が、沖縄において両国共通の安全保障上必要な軍事上の施設及び区域を日米安全保障条約に基づいて保持することで日米両国が合意した」[47]と述べた。また「沖縄基地の平和維持機能は、今後とも有効に保たれるべきものである」[48]とし、本土並み返還という日本政府の希望と基地機能維持という米国政府の希望を同時に満足するものとなった。

帰国後、1969年11月28日の屋良との会談で、愛知外相は「自由発進、有事の際の核持ち込み、B-52発進など全て本土並みになるので心配は要らない。米軍は漸次基地を縮小することがはっきりした以上、我々の予想以上に急テンポで縮小するのではないか」[49]と述べた。その後、「核については、密約とか秘密の取決め文書・口頭とも絶対にない」[50]と言明した。つづいて佐藤との会談で、屋良は「1972年の沖縄返還は間違いない。1972年には核基地を撤去する。自由使用もあり得ない。B-52を含めて発進はあり得ない」[51]ことを確認した。

ここで述べられた愛知外相の「沖縄基地が急テンポで縮小するのでは…」という一文は、嘉手納基地に設置されたIRBM（Intermediate Range Ballistic Missile：中距離弾道核ミサイル）の貯蔵庫は撤去することで、日米間が合意していたことを意味する。B-52がIRBMを搭載する戦略爆撃機なので、

IRBMが撤去されればB-52も不要になる[52]。B-52が不要になれば、基地も縮小されるという考えに基づいての愛知外相の発言であったと、著者は考えている。

　その後、民主党政権時代の岡田克也外相が、「1960年の日米安全保障条約改定時に、核兵器を積んだ米軍の艦船・航空機の日本での寄港・通過について事前協議の対象外とするとの密約が交わされたする関連文書が見つかった」[53]ことを明らかにした。関連文書の検証を委ねられた有識者委員会は、日米両国間で「暗黙の合意があった」として「広義」の密約と結論づけた[54]。

　1969年11月28日の屋良の日記には「大変有意義な会合だった」[55]と記されている。しかし、あれほどIRBMの貯蔵庫を設置した嘉手納戦略爆撃空軍基地を含むすべての沖縄基地の撤去を訴えたにもかかわらず、沖縄の施政権が返還されただけで、屋良行政主席の基地撤去の主張は無視された結果となった。

　沖縄返還協定の調印式は日米間を衛星中継で結び、本土復帰前年の1971年6月17日に行われた。調印当日は東京の首相官邸とワシントンの米国務省が衛星放送で結ばれ、愛知外相とロジャーズ国務長官が協定に署名した。返還にあって、米国は日本に一切の補償費を支払わない立場を取り、使用済み軍用土地の原状回復補償費をめぐって日本と対立した。

　解決策として、表向きは米国が費用400万ドルを支払う形を取り、実際はそれを日本が肩代わりすることとした。そこで、米国の施設を日本が買い取る費用1,600万ドルに、日本が肩代わりする使用済み軍用土地の原状回復補償費400万ドルを上乗せして支払う「密約」を結んだ[56]。しかし、沖縄返還協定第4条第3項には「米国が土地所有者に自発的に使用済み軍用土地の原状回復補償費を支払う」と定めている。

　沖縄返還協定の調印式の翌日、琉球政府立法院では「沖縄自由民主党が沖縄返還協定調印への『感謝決議』、革新与党が『協定交渉やり直しと、根本自治相代理の罷免要求決議』をそれぞれ出して対決した」[57]。そこに「復帰協加盟団体の感謝決議阻止団が院内になだれ込み、警官隊に排除されるという騒ぎになった。沖縄自由民主党は『感謝決議』を強行可決した。夜は経済団体主催の

祝賀パレードが、那覇と名護で行われた」[58]。以上のように、沖縄返還協定に
よって、復帰の見通しがついても沖縄基地が存続することになったので、沖縄
住民に一層の不安と焦燥感を与えることになった。

　1971 年 11 月に国会で沖縄返還協定の承認、および日米安全保障条約の自
動延長と核兵器を持たず・作らず・持ち込ませずという「非核三原則」などの
確認が決議された。その結果、1972 年 5 月 15 日に沖縄の施政権が米国から日
本に返還されたのである。

　沖縄の施政権返還を振り返ってみると、屋良が選挙で公約した「即時無条件
全面返還」は当時の日米両国の利害からすれば、最初からまとまる筈もない案
件であった。日米両国の引くに引けない厳しい政治外交交渉の結果、日本政府
は沖縄の施政権返還を優先し、米国政府は沖縄の基地の自由使用権を得て、事
実上、沖縄の施政権返還と軍事基地の自由使用の分離返還でまとまった。

　琉球政府行政主席公選に革新統一候補として出馬した屋良朝苗は、「即時無
条件全面返還」を公約として選挙を戦って当選した。屋良を当選に導いたのは、
復帰協を中心として第 3 期の「島ぐるみ闘争」を支持してきた沖縄住民の統合
の願望に支えられたからである。行政主席となった屋良は、愛知外相に選挙公
約実現を要請したとき、愛知外相から要請内容は非現実的であるとして一言で
却下された。当時の日米両国の実情に屋良の選挙公約を当てはめてみると、沖
縄の「即時無条件全面返還」は、選挙後の実現の可能性という意味では無謀と
もいえるものである。しかし、戦後の最も苦しいときを「島ぐるみ闘争」で共
に戦った沖縄住民の心情を思うと、選挙公約に沖縄の「即時無条件全面返還」
を掲げざるを得なかったのかもしれない。

7.7　施政権と軍事基地の分離返還

7.7.1　分離返還に至るまで

　すでに述べたように、1954 年 1 月 7 日にアイゼンハワー大統領は、「アジア
で共産主義の脅威があるので、沖縄の施政権を日本に返還しない」[59]と一般教
書演説で述べた。それを受けて、アリューシャン列島からフィリピンにつなが

る[60] 極東の反共最前線の中心基地と位置づけて、米軍は嘉手納戦略爆撃空軍基地や普天間基地の拡張・整備を図ってきた。

　沖縄住民は、軍事基地の拡張・強化のための強制土地収用に反対し、本土復帰を実現するための激しい「島ぐるみ闘争」を繰り返した。そうした沖縄住民の状況を目の当たりにしたケネディ大統領は、沖縄基地の継続使用を危惧して、1962 年 3 月に沖縄が日本の一部であることを認めた[61]。それを受けて、日本政府の対沖縄援助に関する第 1 回日米協議委員会が 1964 年 4 月 25 日に開催され、本土と沖縄の格差解消のための環境整備が進められた。

　1967 年 11 月の日米首脳会談で、両 3 年以内に返還時期を決定することが合意されたことを受けて、1969 年 11 月の日米首脳会談で、1972 年の施政権返還が正式に合意され、共同声明が出された。

　最も難航した問題は、有事の際の基地の自由使用と核兵器の再持ち込み、および施政権返還に伴う財政補償であった。まず、基地の自由使用は日米共同声明に盛り込まれ、同日、佐藤栄作首相から基地の自由使用を認める旨の声明が出された。核の再持ち込みは、秘密合意議事録（核密約）の交換で結実した。その他、財政補償として日本政府が 32,000 万ドルを支払うことが決定し、沖縄返還協定のための日米両国の交渉は終了した[62]。

　1971 年 6 月に東京とワシントンD.C.を宇宙中継で結んで、「琉球諸島及び大東諸島に関する日本国と米国との間の協定（沖縄返還協定）」に日米両国が署名した。その結果、27 年間に及んだ米軍統治が終わりを告げ、1972 年 5 月 15 日に沖縄が本土に復帰した。しかし、本土復帰の裏では、米軍が自発的に支払うとされていた軍用地の原状回復費 400 万ドルと短波放送局である Voice of America（VOA）の国外移転費 1,600 万ドルなども、すべて日本側の負担とすることが秘密裏に合意（密約）されていた[63]。

　上記の密約の真相は、伊藤 隆 東京大学名誉教授以下 5 名の質問に、密約に深く関わった元外務省米国局長の吉野文六が答えるというスタイルで核心に触れる証言が残されていた[64]。おおよその概略は、1971 年の沖縄返還協定に絡み、毎日新聞社政治部の西山太吉記者が、外務省の事務官から取材で知り得た財政補償にかかる機密情報を社会党国会議員に漏洩したとして、事務官が国家

公務員法違反に問われた事件である。吉野は密約があり、支払いもされたことを認めたうえで、当時のことを具体的に証言した。

吉野の証言によれば、「1971年12月の国会で、日本社会党の横路孝弘代議士から密約の質問を受けた時も、『そんなことは一切ない』と否定し、こうした質問を受けるたびに虚偽の答弁を繰り返した。1972年3月には、刑事から2回密約に関する尋問を受けた。刑事の尋問に対して、『外務省では、交渉中のことは一切機密である。相手国に対する信用問題があって、もし、これが公表されるようなことにでもなれば、今後、相手と交渉ができなくなる。従って、国会の質問に対しても否定する』と回答した。しかし、それ以上の追及はなかった」[65]。また、密約問題が一段落した1972年6月に、吉野は、米国局長からOECD（経済協力開発機構：Organisation for Economic Co-operation and Development）大使に転出した。

次に、第二次世界大戦後のアジアにおける共産主義国と自由主義諸国のイデオロギー対立による代表的な戦争は、朝鮮戦争とベトナム戦争である。どちらの戦争も嘉手納基地から爆撃機が空爆に参戦したが、幸いにもアイゼンハワー政権当時のダレス国務長官が認めた核兵器は使用されなかった。もし、嘉手納基地の爆撃機によって核兵器が使用されていたら、朝鮮戦争当時の沖縄住民が危惧していたように局地戦争が第三次世界大戦まで拡大し、世界中が苦しみのどん底に陥れられたかもしれない。

米国政府は、沖縄の復帰条件として、施政権は返還するけれども、米軍による軍事基地の自由使用と有事の際の核兵器の持ち込みは認めてもらいたいという分離返還[66]要求を佐藤栄作首相に突きつけて承認させた。

1968年11月10日の琉球政府行政主席公選で、「即時無条件全面返還」を公約とした革新の屋良朝苗候補が当選した。屋良新行政主席は、1971年11月の返還協定の国会承認を前に、沖縄住民の総意を国会に訴えるべく「復帰措置に関する建議書」[67]を携えて上京した。屋良が国会に到着したとき、「施政権は日本に返還するけれども、基地は米軍が自由に使用するという分離返還に関する案件」は、衆議院特別委員会で強行採決された後であった。

1972年5月15日に沖縄の施政権と軍事基地が分離返還された。そうなっ

た理由は、沖縄が、共産主義国の南下から戦後独立した東南アジアの自由主義諸国を防衛する米軍の最前線基地なので、米国が手放すはずがない。屋良は、こうした事情を承知のうえで、「即時無条件全面返還」を訴えて当選したのだから、当選後は、自ら沖縄住民の負託に応える義務があると考えて、公約を果たすことに専念したのではないだろうか。

7.7.2　屋良行政主席と愛知外相の視座の相違

　屋良朝苗の政治家としての問題は、1968 年の琉球政府行政主席公選に遡る。琉球政府行政主席公選は、保守の西銘順治候補と革新の屋良朝苗候補が事実上の一騎打ちとなった。両候補の選挙公約が沖縄の本土復帰にあることに変わりはないが、復帰で問題となるのは、基地の取り扱いである。西銘は「日本政府と一体化した米軍基地の段階的返還・縮小」を訴えたのに対して、屋良は「即時無条件全面返還」を選挙公約とした。

　当時の沖縄は、米軍の強制土地収用に対する反米軍意識が高揚し、それが「島ぐるみ闘争」となって本土復帰意識を醸成していった。こうした社会風潮が、米軍への嫌悪感となって、屋良を当選に導いたと考えられる。

　屋良行政主席は、当選後すぐに上京して、公約の実現を愛知揆一外相に要請した。屋良は愛知外相から、「沖縄が本土に復帰すれば基地が無くなるという考えは、あまりにも非現実的である」[68]と一蹴された。その瞬間、屋良の「即時無条件全面返還」という選挙公約が崩れ去ってしまった。本土復帰では、沖縄住民が最も沖縄から出ていって欲しかった「極東で最強・最大の軍事基地」がそのまま残存し、日本政府には施政権だけが返還されることとなった。

　おそらく屋良自身は、「極東で最強・最大の軍事基地」が残されるかもしれないが、第 3 期の「島ぐるみ闘争」で共に戦ってきた沖縄住民の苦難の道のりを思えば、「即時無条件全面返還」をなんとしても達成したかったのではなかっただろうか。

　次に、愛知外相と屋良行政主席の政治家としての視座の相違に触れておこう。愛知外相は大蔵官僚を経て外務大臣まで上り詰めた政治家なので、政策の立案や政治の現場は慣れている。それに対して、屋良行政主席は教育現場一筋

ですごし、琉球政府行政主席公選で初めて政治家になったので、政策の立案や政治現場での交渉などの面で不慣れであった。そのことが、政治外交の面で、両者間に視座の相違を生む原因となったように思われる。著者は、本土復帰のような大きな政治の局面でリーダーシップを発揮するには、屋良は実直すぎて、少し荷が重すぎたのかもしれないと考える。

7.8 結言

(1) 琉球政府行政主席公選では、日米両国の資金を含めたさまざまな支援にもかかわらず、「日本政府と一体化した米軍基地の段階的返還・縮小」を選挙公約とした保守の西銘順治候補は、「即時無条件全面返還」を選挙公約とした革新の屋良朝苗候補に敗れた。保守の西銘候補の敗因について考える。選挙で、西銘候補は「基地の段階的返還・縮小」を訴え、屋良候補は「基地の全面返還」を打ち出して戦った。当時は、度重なる強制土地収用による基地の拡張・強化と再整備を終えた。それを受けて、沖縄住民の反米軍意識が強制土地収用から本土復帰に移行していった。復帰協が中心となった第3期の「島ぐるみ闘争」のスローガンは、「本土復帰」と「基地の全面返還」である。そうした沖縄の状況が、屋良に勝利を呼び込み、西銘を落選させる原因になったと考えられる。

(2) 第8回立法院議員選挙の保革逆転は生じなかった。いつもどおり保守が過半数を制した。しかし、選挙結果の内訳を見ると、那覇市と基地周辺の選挙区はすべて革新が当選したことで、強制土地収用による反米軍意識の根強さを改めて思い知らされることとなった。沖縄本島北部、宮古島、および八重山諸島などは、保守の候補者が当選した。第8回立法院議員選挙における得票数がそのまま行政主席公選に反映されれば西銘の勝利となるのであるが、基地周辺のUSCARへの反発票の強力な拡散が保革逆転の3万票の差となって、屋良に行政主席選挙での勝利を呼び込んだと考えられる。

(3) 琉球政府行政主席公選は屋良が勝利した。そして、沖縄の施政権は日本

に返還されたが、基地は米軍がそのまま自由使用するという分離返還となった。沖縄基地は、共産主義国の南下から極東と東南アジアの自由主義諸国を防衛するための最前線基地として、IRBMの貯蔵庫を備えた強大な要塞島へ変貌を遂げている。政治家としての屋良は行政主席1期と復帰後の沖縄県知事を1期務めたのであるが、「即時無条件全面返還」という有権者との選挙公約を果たすために、佐藤首相や愛知外相に陳情や要請に回ったが成果を挙げることはできなかった。しかし、戦後の一番苦しいときを「島ぐるみ闘争」で共に戦った沖縄住民のことを思えば、まとまる筈もない「即時無条件全面返還」を選挙公約とせざるを得なかったのかもしれない。

【注】
1）琉球新報社編（1998）『西銘順治日記 — 戦後政治を生きて —』、p.210。
2）同上。
3）同上。
4）同上書、p.211。
5）同上書、pp.211-212。
6）琉球新報社編（1998）『西銘順治日記 — 戦後政治を生きて —』、p.212。
7）同上書、p.214。
8）同上。
9）同上書、p.215。
10）同上書、p.220。
11）新崎盛暉（1968）「屋良朝苗氏に聞く」『世界』、1968年10月号、岩波書店、pp.128-134。
12）同上。
13）新崎盛暉（1968）「西銘順治氏に聞く」『世界』、1968年10月号、岩波書店、pp.135-138。
14）同上。
15）友利修（2018年9月28日）「誇りある豊かさのために」『ポリタス』（2019年8月26日アクセス）。https://politas.jp/features/14/article/617。
16）『琉球新報』（1968年8月25日）「嘉手納村長選、きょう投票 三大選挙の前衛戦」。
17）成田千尋（2014）「2・4ゼネストと総合労働布令 — 沖縄保守勢力・全軍労の動向を中心に —」『人権問題研究（大阪市立大学人権問題研究会）』、第14号、p.156。
18）『琉球新報』（1968年8月30日）「B-52さらに六機ふえる、嘉手納ほとんど爆弾抱く」。

19) 琉球新報社編、前掲書、p.228。

20) 沖縄県警察史編さん委員会編（2002）『沖縄県警察史 第 3 巻（昭和後編）』、p.713。

21) 同上書、p.714。

22) 琉球新報社編、前掲書、pp.216。

23) 同上書、p.218。

24) 江上能義（1996）「沖縄の戦後政治における「68 年体制」の形成と崩壊（上）」『琉大法学（琉球大学法文学部）』、第 57 号、p.11。

25) 在日米国大使館、自由民主党（1968 年 8 月 16 日）"*JLDP Financial Support (from Johnson) / NSA No.80720*"（沖縄県公文書館所蔵：資料コード U90005413B）。日米が仕組んだ西銘候補の実績作りのための裏工作の実態が、2010 年 12 月 22 日に開示された外交文書から明らかになった。

26) 外務省北米局北米課（1968 年 6 月 7 日）「日米協議委員会次回会議に関する在京米大使館との非公式協議（国政参加問題の取扱い）」（外務省外交史料館所蔵：史料管理番号 100-019005）。

27) 外務省東郷文彦北米局長（1968 年 7 月 25 日）「沖縄国政参加問題の件」（外務省外交史料館所蔵：史料管理番号 100-019005）。

28)『衆議院会議録情報』（1968 年 12 月 12 日）「第 60 回国会：沖縄及び北方問題に関する特別委員会第 2 号」。http://kokkai.ndl.go.jp/SENTAKU/syugiin/060/0710/06012120710002a.html（2019 年 9 月 2 日アクセス）。

29) 沖縄教職員会編（1968）「十一月選挙の意義と選挙運動について」、p.5（読谷村史編集室所蔵）。

30) 同上。

31) 同上。

32) 教公二法案は、「地方教育区公務員法」と「教育公務員特例法」の二法案からなり、教職員の政治活動を制約し、争議行為の禁止することなどを盛り込んでいた。

33) 同上資料、p.8。

34) 同上資料、p.11。

35) 同上。

36) 郷土の偉人研究会（2012 年 8 月 8 日）「第 5 回『政界の父』：『沖縄復帰の父』と『祖国復帰の父』」『ダイヤモンドオンライン』。https://dhbr.diamond.jp/articles/-/1403?page-5（2019 年 3 月 20 日アクセス）。

37) 沖縄タイムス社編（1997）『沖縄年鑑 1969 年（昭和 44 年）』、復刻版 第 10 巻、日本図書センター、pp.19-21。

38) 同上。

39) 佐久間芳夫（2003 年 3 月）「取材ノート：沖縄返還交渉を追う」『日本記者クラブ』

https://www.jnpc.or.jp/journal/interviews/22385（2020 年 4 月 26 日アクセス）。

40）愛知揆一（1907 年～ 1973 年）は、官房長官・外相・蔵相などを務めた。沖縄返還協定の交渉も担当した。

41）小松寛（2015）『日本復帰と反復帰 ― 戦後沖縄ナショナリズムの展開 ―』、早稲田大学出版部、p.91。

42）同上書、p.92。

43）同上。

44）同上。

45）同上。

46）同上。

47）細谷千博、石井修、有賀貞、佐々木卓也編（1999）『日米関係資料集（1945~97）』、東京大学出版会、pp.786-787。

48）同上。

49）『屋良朝苗日誌 025』（1969 年 11 月 28 日）（沖縄県公文書館所蔵）。沖縄県公文書館に所蔵されている『屋良朝苗日誌』は複写である。原本は読谷村役場に保管されている。

50）同上。

51）『屋良朝苗日誌 025』（1969 年 11 月 28 日）（沖縄県公文書館所蔵）。

52）米軍統治下の沖縄における IRBM 配備構想については、山田康博（2000）「アイゼンハワー政権の IRBM 沖縄配備構想と日米関係、1956 ～ 1959 年」『一橋論叢（日本評論社）』、第 123 巻第 1 号、pp.84-99 が詳しい。瀬長亀次郎那覇市長追放後に行われた 1956 年 1 月の那覇市長選挙では、沖縄への IRBM 配備も話題となっていた。

53）『朝日新聞デジタル』（2011 年 5 月 7 日）「核密約公開、民主政権に再三『憂慮』米外交公電で判明」。www.asahi.com/special/wikileaks/TKY201105060441.html（2021 年 2 月 8 日アクセス）。

54）同上。

55）『屋良朝苗日誌 025』（1969 年 11 月 28 日）（沖縄県公文書館所蔵）。

56）作成者不明（1971 年 6 月 11 日）「VOA の国外移転費に関する覚書」（沖縄県公文書館所蔵：資料コード U90007159B）、作成者不明（1971 年 6 月 12 日）「沖縄返還協定第 4 条第 3 項に関する議論の要約」（沖縄県公文書館所蔵：資料コード U90007159B）。

57）屋良朝苗（1985）『激動八年 屋良朝苗回想録』、沖縄タイムス社、p.154。

58）同上書、p.154-155。

59）明石陽至（1960）「アメリカの対アジア政策 ― その展望と動向 ―」『国際政治（日本国際政治学会）』、第 123 巻第 13 号、p.45。

60）松岡完（1985）「ベトナムをめぐるダレス外交 ― 第一次インドシナ戦争と米仏同盟の亀裂 ―」『アメリカ研究（アメリカ学会）』、第 19 号、pp.168-169。

61）西川吉光（2014）「日米関係と沖縄（4）」『国際地域学研究（東洋大学国際地域学部）』、第
　　17号、p.160。

62）作成者不明（1971年6月11日）「VOAの国外移転費に関する覚書」（沖縄県公文書館所
　　蔵：資料コードU90007159B）、作成者不明（1971年6月12日）「沖縄返還協定第4条第3
　　項に関する議論の要約」（沖縄県公文書館所蔵：資料コードU90007159B）。

63）Henry Alfred Kissinger (1972) *"Okinawan Reversion : Cats and Dogs"*（沖縄県公文書館所
　　蔵：資料コード0000074401）。

64）御厨貴、政策研究大学院大学（2003）「吉野文六（元駐ドイツ大使）オーラルヒストリー
　　：オーラル・メソッドによる政策の基礎研究／C.O.E.オーラル・政策研究プロジェクト」『文
　　部科学省科学研究費補助金（特別推進研究）研究成果報告書』、pp.120-122。

65）同上。

66）分離返還は「『地域別』と『機能別』の2つの考え方がある。『機能別』分離とは基地の維
　　持のために必要な権限以外のものを即時、あるいは段階的に返還しようと考えである。一方
　　『地域別』は米国の施政権を軍事施設のある地域に限定するというもので、米国で検討され
　　ていた」（琉球新報社編（2015）『一条の光―屋良朝苗日記・上―』、p.111）。

67）輪島達郎（2013）「『復帰措置に関する建議書』における平和的生存権 ―『無条件全面返還』
　　の憲法論的基盤―」『青山学院女子短期大学総合文化研究所年報（青山学院女子短期大学総
　　合文化研究所）』、第21号、pp.4-7に、『復帰措置に関する建議書』の成立過程と政治的目的
　　が記されている。

68）小松寛（2015）『日本復帰と反復帰 ― 戦後沖縄ナショナリズムの展開―』、早稲田大学出
　　版部、p.92。

第Ⅷ章

「島ぐるみ闘争」の変容と今日への課題

8.1 「島ぐるみ闘争」の変容

　米国の対沖縄政策に着目すると、第 1 期（1953 年〜 1959 年）の「島ぐるみ闘争」では、米軍が「銃剣とブルドーザー」による強制土地収用で沖縄住民の生存権までも脅かしながら基地建設を推し進めた。それに対する沖縄住民の反米軍運動がますます勢いを増していく中で琉球政府は、1955 年 5 月、ワシントンに代表団を送り、米国政府に土地を守る「四原則」を直訴した。米国下院軍事委員会は 1955 年 10 月、プライス議員を団長とする沖縄調査団を派遣し、沖縄で公聴会と軍用地視察を行い、米国議会に調査報告（プライス勧告）を提出した。報告は土地収用に反対する沖縄住民の主張を拒んで、極東の前進基地としての沖縄の重要性を説き、収用した軍用地における賃貸料の一括払いの妥当性を容認する内容であった。沖縄住民は、「プライス勧告」拒否と土地を守る「四原則」貫徹を掲げた反米軍意識が高揚し、沖縄各地で住民大会が開催された。その結果、1959 年 1 月に「土地借賃安定法」と「米国が賃借する土地の借賃の前払いに関する立法」の民立法が制定されたこと、そして同年 2 月に、USCAR 布令第 20 号「賃借権の取得について」が公布されたことで、第 1 期（1953 年〜 1959 年）の「島ぐるみ闘争」は終結した。

　次に、第 1 期（1953 年〜 1959 年）の「島ぐるみ闘争」における、沖縄住民の生存権を脅かすほど激しくはないが、第 2 期（1960 年〜 1967 年）の「島ぐるみ闘争」に継続する。第 2 期では、米軍は朝鮮戦争の脅威から、嘉手納基地が 3,700 m の滑走路を 2 本と核兵器の貯蔵庫を有する極東で最強・最大の戦略爆撃空軍基地として再整備された。普天間基地は初期の兵站基地から海兵隊

のヘリコプター部隊と空中給油機部隊を中心とする基地に再整備された。その他に、海兵隊のキャンプ・シュワブとキャンプ・ハンセン、および陸・海軍のホワイトビーチなども建設・整備された。こうした第2期の重点整備で、米軍と沖縄住民が激しく対峙した第1期から続く強制土地収用による沖縄基地の建設・整備が完了した。

　第1期（1953年〜1959年）と第2期（1960年〜1967年）の「島ぐるみ闘争」を経て、「太平洋のジブラルタル」と呼ばれる沖縄基地が完了した。その結果、沖縄住民の意思が第1期と第2期の軍用地をめぐる反米軍闘争から、第3期（1968年〜1972年）の「琉球政府行政主席公選」と「本土復帰」に向けた政治闘争に「島ぐるみ闘争」の形態が一気に変容した。

　以下の8.1.1項と8.1.2項で、第1期〜第3期までの「島ぐるみ闘争」の変容の過程を詳細に読み解く。

8.1.1　第1期と第2期の「島ぐるみ闘争」

　第Ⅳ章から第Ⅵ章で読み解く本研究の中心的成果の中から、それぞれの章の独自性を沖縄住民側と米国（米軍を含む）側を比較して分析する。まず、第Ⅳ章における第1期（1953年〜1959年）の「島ぐるみ闘争」で、基地建設・整備のために強制土地される沖縄住民の反米軍闘争を当時の新聞報道、および沖縄教職員会軍用地問題対策委員会が現地調査した手書きの「伊江島実態調査報告書[1]」と「伊佐浜・銘苅・具志実態調査報告書[2]」などからわかってきたことは、以下の3項目である。

(1) 強制土地収用に反対する小禄村具志部落民が誰1人脱落することもなく、反米軍意識を高揚させて反対闘争を継続し続けた。そして、USCAR布令第26号に定められた軍用地の補償金を一切受け取らなかった。

(2) 伊江島の真謝部落は離島であるがゆえに、強制土地収用に対して、沖縄本島のいずれの政治団体の支援も受けられずに行き詰まっていた。仕方なく阿波根昌鴻と真謝部落民は、爆撃演習場の建設のための強制土地収用の反対を訴えて、沖縄本島を乞食托鉢行進しながら縦断した。それが沖縄住民の「島ぐるみ闘争」につながった。

(3) 宜野湾村伊佐浜部落民については、強制土地収用によって生活圏を奪われ、生存権すら危うい実情を沖縄住民側の視点から読み解いた。

　上記の強制土地収用にかかる沖縄住民の反米軍闘争に対して、基地を建設・整備する米軍側は、沖縄基地を東アジアの反共最前線の最強基地に仕上げるという責務を認識していた。それゆえ、基地建設から、建設後の基地を永続的に存続させるために、下記のような沖縄住民の意識調査と実務対応をしていた。

(4) 米陸軍のCICは、朝鮮戦争時における沖縄の新聞報道や住民から聴取した意見などを「Public Reaction of International Situation（国際情勢における沖縄住民の反応）³⁾」にまとめて、1951年1月24日にGHQのG-2に機密情報として報告した。報告した機密情報は、朝鮮戦争当時の沖縄における米軍側の動向と沖縄が朝鮮戦争に巻き込まれるのではないかという住民の不安感を煽る貴重な開示文書である。当時、CICでは、朝鮮戦争に出撃する米軍人はもとより、沖縄住民の心理状況も把握しておかなければならないと考えていた。なぜなら、米軍人は戦争の当事者であり、沖縄住民は軍事基地の拡張・強化のための強制土地収用に反対して激しい「島ぐるみ闘争」を繰り返していたからである。特に、沖縄住民の「島ぐるみ闘争」が基地の存続を危うくすると、CICは危惧していた。

(5) 在沖米軍から国務省北東アジア部に「小禄村具志部落の強制土地収用の件」が非公式メモ⁴⁾で報告されている。その中には、小禄村具志部落民の土地の反対闘争が特に激しく、最後まで一致団結して1人の落後者も出さなかったことにUSCARは狼狽（ろうばい）している様子が描かれている。こうしたことに対して、以前、マクラーキン局長代理から、「軍用地における土地収用は民主的に進めるように」と忠告を受けていた一文も併せて記述されている。マクラーキン局長代理の忠告を聞いていれば、(2) と (3) の悲劇は回避できたかもしれない。

(6) ダレス国務長官は、「アリューシャン列島からフィリピンにつながる東アジアの反共最前線の抑止力は、米軍の核戦力で構成される」⁵⁾と述べ、嘉手納基地に核兵器が配備されていることを認めた。朝鮮戦争の脅威から

　第1期と第2期の「島ぐるみ闘争」の間に、嘉手納基地を3,700 mの滑走路2本と核兵器の貯蔵庫を有する極東で最強・最大の戦略爆撃空軍基地として再整備した。普天間基地は、兵站基地から海兵隊のヘリコプター部隊と空中給油機部隊を中心とする基地に再整備された。その他に、海兵隊のキャンプ・シュワブとキャンプ・ハンセン、および陸・海軍のホワイトビーチなども建設・整備された。第1期から続く強制土地収用による沖縄基地の建設と整備は、第2期（1960年〜1967年）の「島ぐるみ闘争」で完了した。

(7)　米国人記者は、「沖縄住民は自らを日本人と考えており、また、実際上沖縄や琉球文化は全く日本のそれと異なるところがない。ほとんどの住民が日本語だけを話し、習慣や宗教も日本と同じである。特に若い世代は、高等教育を授けてくれる唯一の国は日本だと思っている」[6]と報じた。

8.1.2　第3期の「島ぐるみ闘争」

　1960年に沖縄県祖国復帰協議会（復帰協）が結成され、本土復帰をスローガンとした政治活動が徐々に拡大していく中で、1967年に第2期の強制土地収用による軍事基地の再整備が完了した。そうしたことで沖縄住民の意識が、反米軍闘争の第2期から本土復帰に向けた第3期（1968年〜1972年）へと変容していった。特に、アンガー高等弁務官が1968年2月1日に琉球政府行政主席公選の実施を発表してから本土復帰を果たす1972年5月15日まで、復帰派・反復帰派・独立派が激しいイデオロギー闘争である第3期の「島ぐるみ闘争」を繰り返した。以下に本土復帰を目指す第3期の「島ぐるみ闘争」の実態を示す。

(1)　沖縄人民党のスローガンと活動状況を瀬長書記長は、「沖縄人民党は、現実の人民の苦しみを解放するための大衆の行動党である」[7]とし、「その行動綱領を本土復帰に置き、共産党でもない、また社会党でもない巾の広い人民党は、本土復帰の実現とともに自然解散する」[8]と語った。

(2)　琉球政府行政主席公選では、これまで西銘順治を当選させるための裏金問題しか報告されてこなかった。まず、1968年5月14日に行政主席候

補に保守の西銘順治を推薦する日本政府と米軍基地の存続に役立つ人材
を支援したい米国政府の実務者同士が東京で一堂に会して協議した。そ
して、協議内容をそれぞれの国に持ち帰って詳細に分析し、西銘を行政
主席候補として正式に認めた。そのうえで、西銘を当選させるための手
法を国務省のシュナイダー日本部長が下田駐米大使に連絡した。連絡を
受けた大使が外務省に公電する 1968 年 5 月 14 日から同年 6 月 19 日ま
での日米の外交資料が不明であった。今回、不明期間を埋める資料を外
務省外交史料館で発見したことで、西銘の行政主席公選の裏工作の実態
を明らかにした[9]。すなわち、西銘の選挙を優勢に展開させるための資金
援助はもちろんであるが、日本政府首脳による立法院での演説の黙認・
日本政府の予算による社会福祉の推進・選挙前の B-52 の一時撤去・軍用
地政策の中止などについて議論した。それ以外に、核貯蔵と基地の関係、
および沖縄返還期日の設定などについても同時に連絡された。以上が、
琉球政府行政主席公選前に日米が行った外交交渉の全貌の概略である。

(3) 沖縄の核貯蔵の自由が第一で、ベトナム戦争継続中であれば基地の自由
使用がこれに次ぐ。日本側が「核抜き」に固執しても交渉は決裂しないが、
米国側は本土の政情とも睨み合わせ一層慎重になり、結論は長期間延長
されよう[10]。

(4) 沖縄の返還前の複雑な過渡的措置を考慮すれば、返還の最終期日を 1972
年末にしてよいのではないだろうか[11]。

(5) ブラウン国務省次官補が、「来るべき琉球政府行政主席公選における米国
の政策[12]」という議題で、琉球政府の行政主席公選の情勢分析のために東
アジア・太平洋問題省庁間作業部会を招集した。そこでは、1968 年 5 月
14 日に東京で開催された日米実務者の協議内容をシエナ陸軍次官代理が
まとめた回覧文書[13]を異議なく承認した。次に、ブラウン次官補から上
級省庁間作業部会に送付され、そこでも異議なく承認された。最終的に、
回覧文書は、国務省を中心に米国政府内の関係部署の責任者が一堂に会
して検討された。その他に、沖縄の米軍基地を存続させるために、米国
政府の琉球政府行政主席公選についてもさまざまな角度からの検討がな

された[14]。

(6) 琉球政府行政主席公選前には、沖縄住民の政治活動が復帰派・反復帰派・独立派の3派に分裂していた。その中で、復帰派と独立派が琉球政府行政主席公選に参戦した。復帰派に属する保革は、復帰の手法で違いを見せた。保守はとりあえず本土に復帰し、段階的に基地の縮小を図っていこうという日本政府・与党との一体化政策を選挙公約とした。それに対して、革新は沖縄の「即時無条件全面返還」を選挙公約として有権者に訴えた。そして、独立派は、民族自決権に基づく沖縄の独立を選挙公約として訴えた。選挙に出馬した復帰派と独立派とは一線を画する反復帰派が、7万人以上いた。そうした状況下で琉球政府行政主席公選が実施され、革新の屋良 朝 苗が勝利して復帰の日を迎えた。

8.2 「島ぐるみ闘争」の変容が示唆する今日への課題

　沖縄住民が希求する共通の願いは、1972年5月15日の本土復帰によって、基地のない平和な沖縄を取り戻したいというものであった。しかし、米国にとって、東アジア最強の沖縄基地は、二大共産主義国の南下から極東・東南アジアの自由主義諸国を防衛するために必要不可欠で、基地の閉鎖や返還、あるいは移転するなどはあり得ない。それは、1954年1月7日にアイゼンハワー大統領が、「アジアで共産主義の脅威があるので、沖縄の施政権を日本に返還しない」[15]と一般教書演説で述べたことに端を発する。その演説を受けて、1958年にダレス国務長官は、アリューシャン列島からフィリピンにつながる極東の反共最前線を突破されると米国本土に脅威が及ぶので、全面戦争の危険を冒しても、核抑止を局地戦争に適用する「大量報復戦略」を表明した。さらに、「我われには、共産勢力による韓国への侵攻の再発を防止する十分な抑止力がある。その抑止力は、米軍の核戦力で構成される」[16]と述べ、嘉手納基地に核兵器が配備されていることを認めた。こうした大統領と国務長官の声明に基づいて、在沖米軍は沖縄住民との第1期（1953年〜1959年）と第2期（1960年〜1967年）の「島ぐるみ闘争」の間に、強制土地収用によって「太

平洋のジブラルタル」と呼ばれる最強・最大の軍事基地を沖縄に建設・整備した。

　こうした米国の軍事戦略が優先される中で、沖縄住民は、基地の拡張・強化のための強制土地収用に反対し、激しい「島ぐるみ闘争」を繰り返してきた。あまりの「島ぐるみ闘争」の激しさに、ケネディ大統領は沖縄基地の継続使用を危惧して、1962年3月に沖縄が日本の一部であることを認めた[17]。それが沖縄の本土復帰交渉の第一歩となった。その後、1967年11月の日米首脳会談で、両3年以内の返還時期が決定された。さらに、1969年11月の佐藤・ニクソン会談で、1972年の施政権返還が正式に合意した。

　沖縄の本土復帰交渉では、日本政府が施政権返還を優先し、米国政府が基地の自由使用を求めた。両国政府の激しい交渉の結果、基地返還後の核兵器の再持ち込みのための核密約とさまざまな施設の移転費用を含めた経済密約などが決着したことで、沖縄の施政権と基地の分離返還がまとまった。

　1968年11月の琉球政府行政主席公選で当選した屋良朝苗が選挙公約とした「即時無条件全面返還」は沖縄住民統合の願いであるが、極東で最強・最大の沖縄基地を置く米国がそれを拒み続けている。

　沖縄県民が希求する基地の閉鎖や返還、あるいは移転、それに伴う在沖米軍の撤退などは、どうすれば実現するか。沖縄米軍基地を閉鎖し、貧しくとも平和な沖縄を取り戻すための基地返還に向けた取り組みの実現性については、以下に詳細に記述する。

　二大共産主義諸国（ソ連と中国）を中心とした社会主義諸国とアリューシャン列島からフィリピンにつながる太平洋に面する日米を中心とした東アジアの自由主義諸国とが、まず、交渉のテーブルに着く。そして、両者の間に横たわるイデオロギー対立を超越して、合意に達するまで粘り強く何度でも外交交渉を続けるしか方法は見当たらない。その外交交渉の第一の議題は、米国が設定したアリューシャン列島からフィリピンにつながる防衛ラインの廃止である。

　防衛ラインの廃止が合意できれば、次は防衛ライン上にある軍事基地の縮小に向けた話し合いが第二の議題となる。たとえば、中国が建設した南沙諸島海域の人工島の軍事基地や極東で最大・最強の沖縄基地などを縮小し、最終的

には、防衛ライン上の軍事基地をすべて撤去するまで話し合う。軍事基地の撤去とその後の監視団については、東アジアの共産主義諸国と自由主義諸国の双方で構成する。

　アリューシャン列島からフィリピンにつながる防衛ライン上の軍事基地をすべて撤去するまでは、東アジアの関係諸国に米国を交えて話し合い、防衛ライン上の軍事基地が撤去されるまで継続する。防衛ライン上の軍事基地の撤去後の監視団は、上記の記述のとおり東アジアの共産主義諸国と自由主義諸国の双方で構成する。そこまで合意できれば、東アジアに平和が訪れる筈であるが、アキレス腱は台湾の存在である。つまり、台湾問題も含めて中国との合意も東アジアの平和に欠かすことができない重要議題となっている。その他に今日では、太平洋の島嶼国の問題も重要議題として浮上している。

　以上のことが解決されない限り、沖縄県から基地が撤去されることはないことだけは明白である。しかし、アリューシャン列島からフィリピンにつながる防衛ラインに関係する社会主義諸国と自由主義国との利害が複雑に絡み合っているので、双方が合意する可能性は乏しい。逆に、台湾や太平洋の島嶼国などが抱える問題が紛争の発端になりかねないのが現状である。こうしたことから、沖縄県内から米軍基地をすべて撤去し、県民の希求する平和を取り戻すことは、非常に困難であるといわざるを得ない。

【注】

1)　沖縄教職員会軍用地問題対策委員会（1956）「伊江島実態調査報告書」（読谷村史編集室所蔵）。
2)　沖縄教職員会軍用地問題対策委員会（1956）「伊佐浜・銘苅・具志実態調査報告書」（読谷村史編集室所蔵）。
3)　*"Public Reaction to International Situation, Preparing Office 526th CIC Detachment, Ryukyus Command, APO 331"*（1951年1月19日）*"Summary Of Information：OKINAWA PREFECTURAL ARCHIVES"*, 554-00017A-00014-001-007, 554-00017A-00014-001-008, 554-00017A-00014-001-009, 554-00017A-00014-001-010（沖縄県公文書館所蔵：資料コード0000105469）。
4)　INFORMAL MEMORANDUM（1954年5月20日）*"5 December 1953 Land Incident in Okinawa, From Henry Wehl, CAMO to Robert J. G. McClurkin, Acting Director, Office of*

Northeast Asian Affaire, Department of States", OKINAWA PREFECTURAL ARCHIVES, 319-00062-0014-001-001, 319-00062-0014-001-002（沖縄県公文書館所蔵：資料コード 0000106041）。

5）Department of States (1996), "*Foreign Relations of the United States, 1958-1960*", vol.3, "National Security Policy; Arms Control and Disarmament" (Washington, United States Government Printing Office), p.88.

6）『琉球新報』（1953 年 11 月 16 日）「米人記者の観た沖縄（4）：ペルリ提督の確信を立證、米人は永久に沖縄に留まる」（読谷村史編集室所蔵）。

7）『琉球新聞』（1953 年 12 月 18 日）「人民のための政黨、決して共産党でない」（読谷村史編集室所蔵）。

8）『沖縄タイムス』（1953 年 12 月 15 日）「人民黨々大會、"共産主義にあらず"大衆的行動が党の性格」（読谷村史編集室所蔵）。

9）外務省北米局北米課（1968 年 5 月 14 日）「山野特連局長、シュナイダー部長、シエナ陸軍次官代理会議」（外務省外交史料館所蔵：史料管理番号 100-019005）。DEPARTMENT OF STATE（1968 年 6 月 19 日 -a）"*RYUKYU ELECTIONS, I. The Problem, and II. Conclusions*", 059-05001-00005-004-007, 059-05001-00005-004-008（沖縄県公文書館所蔵：資料コード 000010553）。DEPARTMENT OF STATE（1968 年 6 月 19 日 -b）"RYUKYU ELECTIONS, III. Recommendations", 059-05001-00005-004-009, 059-05001-00005-004-0010（沖縄県公文書館所蔵：資料コード 0000105533）。DEPARTMENT OF STATE（1968 年 6 月 19 日 -c）"*RYUKYU ELECTIONS BACKGROUND, I. The U.S. Stake*", 059-05001-00005-004-0011（沖縄県公文書館所蔵：資料コード 0000105533）。DEPARTMENT OF STATE（1968 年 6 月 19 日 -d）"*RYUKYU ELECTIONS BACKGROUND, III. Japan, A. Japanese Stake*", 059-05001-00005-004-0022（沖縄県公文書館所蔵：資料コード 0000105533）。DEPARTMENT OF STATE（1968 年 6 月 19 日 -e）"*RYUKYU ELECTIONS BACKGROUND, III. Japan, B. Policy of the GOJ and LDP*", 059-05001-00005-004-0022, 059-05001-00005-004-0023（沖縄県公文書館所蔵：資料コード 0000105533）。DEPARTMENT OF STATE（1968 年 6 月 19 日 -f）"*RYUKYU ELECTIONS BACKGROUND, III. Japan, C. The Opposition Role*", 059-05001-00005-004-0023（沖縄県公文書館所蔵：資料コード 0000105533）。DEPARTMENT OF STATE（1968 年 6 月 20 日）"*U.S. Policy on Forthcoming Ryukyu Elections*", 059-05001-00005-004-004, 059-05001-00005-004-005（沖縄県公文書館所蔵：資料コード 0000105533）。

10）外務省（1968 年 6 月 19 日）「下田駐米大使公電：第 1865 号オキナワ問題」（外務省外交史料館所蔵：史料管理番号 100-019005）。

11）同上資料。

12）DEPARTMENT OF STATE（1968 年 6 月 20 日）"*U.S. Policy on Forthcoming Ryukyu*

Elections", 059-05001-00005-004-004, 059-05001-00005-004-005（沖縄県公文書館所蔵：資料コード 0000105533）。

13）同上資料。

14）DEPARTMENT OF STATE（1968 年 6 月 19 日 -a）*"RYUKYU ELECTIONS, I. The Problem, and II. Conclusions"*, 059-05001-00005-004-007, 059-05001-00005-004-008（沖縄県公文書館所蔵：資料コード 000010553）。DEPARTMENT OF STATE（1968 年 6 月 19 日 -b）*"RYUKYU ELECTIONS, III. Recommendations"*, 059-05001-00005-004-009, 059-05001-00005-004-0010（沖縄県公文書館所蔵：資料コード 0000105533）。DEPARTMENT OF STATE（1968 年 6 月 19 日 -c）*"RYUKYU ELECTIONS BACKGROUND, I. The U.S. Stake"*, 059-05001-00005-004-0011（沖縄県公文書館所蔵：資料コード 0000105533）。DEPARTMENT OF STATE（1968 年 6 月 19 日 -d）*"RYUKYU ELECTIONS BACKGROUND, III. Japan, A. Japanese Stake"*, 059-05001-00005-004-0022（沖縄県公文書館所蔵：資料コード 0000105533）。DEPARTMENT OF STATE（1968 年 6 月 19 日 -e）*"RYUKYU ELECTIONS BACKGROUND, III. Japan, B. Policy of the GOJ and LDP"*, 059-05001-00005-004-0022, 059-05001-00005-004-0023（沖縄県公文書館所蔵：資料コード 0000105533）。DEPARTMENT OF STATE（1968 年 6 月 19 日 -f）*"RYUKYU ELECTIONS BACKGROUND, III. Japan, C. The Opposition Role"*, 059-05001-00005-004-0023（沖縄県公文書館所蔵：資料コード 0000105533）。

15）明石陽至（1960）「アメリカの対アジア政策 ― その展望と動向 ―」『国際政治（日本国際政治学会）』、第 123 巻第 13 号、p.45。

16）Department of States（1996）、前掲資料。

17）西川吉光（2014）「日米関係と沖縄（4）」『国際地域学研究（東洋大学国際地域学部）』、第 17 号、p.160。

【参考文献一覧】

（沖縄県公文書館所蔵資料）

・*"Public Reaction to International Situation, Preparing Office 526th CIC Detachment, Ryukyus Command, APO 331"*（1951 年 1 月 19 日）"Summary Of Information：OKINAWA PREFECTURAL ARCHIVES", 554-00017A-00014-001-007, 554-00017A-00014-001-008, 554-00017A-00014-001-009, 554-00017A-00014-001-010（資料コード 0000105469）。

・Otis W. Bell（1954 年 1 月 20 日）*"Play Fair with Okinawans! "*, The Christian Century, Vol. 71 No.3, pp.76-77（資料コード 0000024098）。

・CAMO in Okinawa（1954 年 2 月 12 日）*"DAIRY OKINAWAN PRESS SUMMARY (Okinawa Times)"*, OKINAWA PREFECTURAL ARCHIVES, 319-00062-0014-001-003, 319-00062-0014-001-007（資料コード 0000106041）。

・CAMO in Okinawa（1954 年 2 月 14 日）*"DAIRY OKINAWAN PRESS SUMMARY（Ryukyu
Shimbun)"*, OKINAWA PREFECTURAL ARCHIVES, 319-00062-0014-001-003（資料コー
ド 0000106041）。

・INFORMAL MEMORANDUM（1954 年 5 月 20 日）*"5 December 1953 Land Incident in
Okinawa, From Henry Wehl, CAMO to Robert J. G. McClurkin, Acting Director, Office of
Northeast Asian Affaire, Department of States"*, OKINAWA PREFECTURAL ARCHIVES,
319-00062-0014-001-001, 319-00062-0014-001-002（資料コード 0000106041）。

・『琉球立法院会議録第 19 回定例会第 1 号：施政権返還に関する要請決議案』（1962 年 2 月 1
日）。

・DEPARTMENT OF STATE（1968 年 6 月 19 日 -a）*"RYUKYU ELECTIONS, I. The
Problem, and II. Conclusions"*, 059-05001-00005-004-007, 059-05001-00005-004-008（資料
コード 0000105533）。

・DEPARTMENT OF STATE（1968 年 6 月 19 日 -b）*"RYUKYU ELECTIONS,III.
Recommendations"*, 059-05001-00005-004-009, 059-05001-00005-004-0010（資料コード
0000105533）。

・DEPARTMENT OF STATE（1968 年 6 月 19 日 -c）*"RYUKYU ELECTIONS
BACKGROUND, I. The U.S. Stake"*, 059-05001-00005-004-0011（資料コード 0000105533）。

・DEPARTMENT OF STATE（1968 年 6 月 19 日 -d）*"RYUKYU ELECTIONS
BACKGROUND, III. Japan, A. Japanese Stake"*, 059-05001-00005-004-0022（資料コード
0000105533）。

・DEPARTMENT OF STATE（1968 年 6 月 19 日 -e）*"RYUKYU ELECTIONS
BACKGROUND, III. Japan, B. Policy of the GOJ and LDP"*, 059-05001-00005-004-0022,
059-05001-00005-004-0023（資料コード 0000105533）。

・DEPARTMENT OF STATE（1968 年 6 月 19 日 -f）*"RYUKYU ELECTIONS
BACKGROUND, III. Japan, C. The Opposition Role"*, 059-05001-00005-004-0023（資料コー
ド 0000105533）。

・DEPARTMENT OF STATE（1968 年 6 月 20 日）*"U.S. Policy on Forthcoming Ryukyu
Elections"*, 059-05001-00005-004-004, 059-05001-00005-004-005（資料コード
0000105533）。

・在日米国大使館、自由民主党（1968 年 8 月 16 日）*"JLDP Financial Support（from Johnson)
/ NSA No.80720"*（資料コード U90005413B）。

・『屋良朝苗日誌 025』（1969 年 11 月 28 日）。

・作成者不明（1971 年 6 月 11 日）「VOAの国外移転費に関する覚書」（資料コード
U90007159B）。

・作成者不明（1971 年 6 月 12 日）「沖縄返還協定第 4 条第 3 項に関する議論の要約」（資料

コードU90007159B）。

・Henry Alfred Kissinger（1972）*"Okinawan Reversion : Cats and Dogs"*（資料コード0000074401）。

（米国公文書資料）

・Department of States（1996），*"Foreign Relations of the United States, 1958-1960"*, vol.3, National Security Policy; Arms Control and Disarmament (Washington, United States Government Printing Office).

（外務省外交史料館所蔵資料）

・外務省北米局北米課（1968年5月14日）「山野特連局長、シュナイダー部長、シエナ陸軍次官代理会議」（史料管理番号100-019005）。

・外務省北米局北米課（1968年6月7日）「日米協議委員会次回会議に関する在京米大使館との非公式協議（国政参加問題の取扱い）」（史料管理番号100-019005）。

・外務省（1968年6月19日）「下田駐米大使公電：第1865号オキナワ問題」（史料管理番号100-019005）。

・外務省東郷文彦北米局長（1968年7月25日）「沖縄国政参加問題の件」（史料管理番号100-019005）。

（読谷村史編集室所蔵資料）

・琉球政府立法院事務局『琉球法令集』（1953年5月）。

・沖縄教職員会軍用地問題対策委員会（1956）「伊佐浜・銘苅・具志実態調査報告書」。

・沖縄教職員会軍用地問題対策委員会（1956）「伊江島実態調査報告書」。

・沖縄教職員会編（1968）「十一月選挙の意義と選挙運動について」。

・『沖縄タイムス』（1952年8月20日）「ビ副長官・立法院で訴う、共産主義の浸透警戒せよ」。

・『沖縄タイムス』（1952年8月20日）「労働組合の組織、一党の支配下におくべきでない」。

・『琉球新聞』（1952年8月25日）「『琉球民主黨』で發足、総裁に比嘉・顧問に松岡・仲井間か　新黨31日国劇で結黨大會」。

・『沖縄タイムス』（1952年9月16日）「階級政黨の人民黨　人民解放、完全自治の獲得」。

・『うるま新報』（1952年11月18日）「社會民主々義實踐、社大党々性格を鮮明」。

・『琉球新報』（1953年6月8日）「軍用地問題の解決策、雨天にかかわらず聴衆詰めかく」。

・『那高通信』（1953年11月7日）「学徒の観た祖国復帰」。

・『琉球新聞』（1953年11月8日）「声ある声ご、声なき声ご」。

・『琉球新報』（1953年11月16日）「米人記者の観た沖縄（4）：ペルリ提督の確信を立證、米人は永久に沖縄に留まる」。

・『沖縄タイムス』（1953年12月6日）「軍隊が出動して解散、小禄の立退部落民騒ぐ、重機の前に居座り」。

・『琉球新報』（1953年12月8日）「生活の保障要求し具志部落民、主席へ陳情」。

・『琉球新聞』（1953 年 12 月 8 日）「小禄村具志軍用地問題、軍へ工事の中止方を部落民 300 名大擧陳情」。

・『琉球新聞』（1953 年 12 月 8 日）「共産主義の扇動ではない、陳情団立法院土地委で証言」。

・『琉球新報』（1953 年 12 月 8 日）「武力はご免だ、立法院での証言内容」。

・『沖縄タイムス』（1953 年 12 月 15 日）「人民黨々大會、"共産主義にあらず" 大衆的行動が党の性格」。

・『琉球新聞』（1953 年 12 月 18 日）「人民のための政黨、決して共産党でない」。

・『沖縄タイムス』（1954 年 1 月 28 日）「軍用地に"訴願"始まる、全地主が歩調を一つにして」。

・『沖縄タイムス』（1954 年 2 月 3 日）「選挙と住民の批判力」（読谷村史編集室所蔵）。

・『沖縄タイムス』（1956 年 6 月 21 日）「この叫び世界に届け、全島一斉に住民大会」。

・『沖縄タイムス』（1956 年 6 月 21 日）「住民大會開く、"最低限の要求だ"宮古で六千余名参加」。

・『沖縄タイムス』（1956 年 6 月 26 日）「"領土を守れ"、日本国民へ声明文」。

・『沖縄タイムス』（1956 年 6 月 26 日）「ナハ五万をこす人の波、高潮に達した住民大会」。

・『沖縄タイムス』（1956 年 6 月 26 日）「夜空にこだます"国土を守れ"、第二回住民大会」。

（日記、回顧録）

・瀬長亀次郎（1991）『沖縄の心 ― 瀬長亀次郎回想録 ―』、新日本出版社。

・屋良朝苗（1985）『激動八年 屋良朝苗回想録』、沖縄タイムス社。

・琉球新報社編（1998）『西銘順治日記 ― 戦後政治を生きて ―』、琉球新報社。

・琉球新報社編（2015）『一条の光　屋良朝苗日記・上』、琉球新報社。

（自治体資料）

・伊江村史編集委員会編（1980）『伊江村史（上巻）』。

・小禄村誌発刊委員会（1992）『小禄村誌』。

・宜野湾市教育委員会（2006）『市史だより がちまやぁ』、第 9 号、pp.1-8。

・琉球政府行政主席官房情報課編（1959）「軍用地処理に関する請願決議」『軍用土地問題の経緯』。

（資料集・報告書・辞典）

・沖縄県警察史編さん委員会編（2002）『沖縄県警察史 第 3 巻（昭和後編）』、沖縄県警察本部。

・沖縄人民党史編集刊行委員会編（1985）『沖縄人民党の歴史』、日本共産党沖縄県委員会。

・沖縄大百科事典刊行事務局編（1983）『沖縄大百科事典（中巻）』、沖縄タイムス社。

・沖縄タイムス社編（1997）『沖縄年鑑 1969 年（昭和 44 年）』、復刻版 第 10 巻、日本図書センター。

・御厨貴、政策研究大学院大学（2003）「吉野文六（元駐ドイツ大使）オーラルヒストリー：オーラル・メソッドによる政策の基礎研究／ C.O.E. オーラル・政策研究プロジェクト」『文部科学省科学研究費補助金（特別推進研究）研究成果報告書』、pp.1-178。

・波多野澄雄、河野康子、明田川融（2017）『沖縄返還関係資料：軍用地問題（1952 年～1955 年）』、第 1 回第 1 巻、現代史料出版。

・細谷千博、石井修、有賀貞、佐々木卓也編（1999）『日米関係資料集（1945~97）』、東京大学出版会。

（議事録）

・『衆議院会議録情報』（1968 年 12 月 12 日）「第 60 回国会：沖縄及び北方問題に関する特別委員会第 2 号」。

・『衆議院会議録議事情報』（1985 年 12 月 17 日）「沖縄県における『米軍用地収用特措法』に基づく強制使用の二十年間の延長に関する質問主意書（瀬長亀次郎衆議院議員）」。

（一般文献）

・明石陽至（1960）「アメリカの対アジア政策 ― その展望と動向 ―」『国際政治（日本国際政治学会）』、第 13 号、pp.30-46。

・秋山道宏（2017）「日本復帰前の沖縄における島ぐるみの運動の模索と限界 ― B-52 撤去運動から尖閣列島の資源開発にいたる過程に着目して ―」『一橋大学大学院社会学研究科博士学位請求論文』。

・秋山道宏（2019）『基地社会・沖縄と「島ぐるみ」の運動 ― B-52 撤去運動から県益擁護運動へ ―』、八朔社。

・明田川融（2011）「沖縄基地問題と『密約』」『史苑（立教大学史学会）』、第 71 巻第 1 号、pp.41-50。

・阿波根昌鴻（1973）『米軍と農民 ― 沖縄県伊江島 ―』、岩波書店。

・阿波根昌鴻（1992）『命こそ宝 沖縄反戦の心』、岩波書店。

・新川明（2000）『沖縄・統合と反逆』、筑摩書房。

・新崎盛暉（1968）「屋良朝苗氏に聞く」『世界』、1968 年 10 月号、岩波書店、pp.128-134。

・新崎盛暉（1968）「西銘順治氏に聞く」『世界』、1968 年 10 月号、岩波書店、pp.135-138。

・伊波普猷（1974）『伊波普猷全集：第二巻 南島史考 孤島苦の琉球史 沖縄歴史物語 歴史論考』、平凡社。

・江上能義（1996）「沖縄の戦後政治における「68 年体制」の形成と崩壊（上）」『琉大法学（琉球大学法文学部）』、第 57 号、pp.9-28。

・大熊豪（1996）「ジョン・フォスター・ダレスの外交スタイル ― 三度の『瀬戸際』を中心に ―」『北大法学研究科ジュニア・リサーチ・ジャーナル（北海道大学大学院法学研究科）』、第 3 巻、pp.67-90。

・大野光明（2016）「持続する反復帰論 ― 岡本恵徳の思想から考える ―」『Review of Asian and Pacific studies（成蹊大学アジア太平洋研究センター）』、第 41 号、pp.19-30。

・小野尋子、清水肇、池田孝之、長嶺創正（2007）「戦後の沖縄集落の住民にとって継承された民族空間及び集落空間秩序の研究 ― 沖縄県那覇市旧小禄村地区の被接収集落の変遷およ

び再建過程を事例として ―」『日本建築学会計画系論文集』、第 618 号、pp.49-56。

・我部政明（2008）「在日米軍基地の再編 ― 1970 年前後 ―」『政策科学・国際関係論集（琉球大学法文学部）』、第 10 号、pp.1-31。

・グレアム・アリソン著、宮里政玄訳（1977）『決定の本質：キューバ・ミサイル危機の分析』、中央公論社。

・剣持一巳編（1997）『安保「再定義」と沖縄』、緑風出版。

・高一（2014）「朝鮮戦争とその後：北朝鮮からみた停戦協定態勢」『アジア太平洋研究（成蹊大学アジア太平洋研究センター）』、第 39 号、pp.57-66。

・河野康子（2018）「沖縄返還と地域的役割分担論（1）―危機認識の位相をめぐって ―」『法学志林（法学志林協会）』、第 106 巻第 1 号、pp.1-57。

・国場幸太郎（2000）「沖縄の 1950 年代と現状 ― 米軍基地反対闘争の発展 ―」『情況』（情況出版社）』、第 11 巻 8 号（2000 年 8 月・9 月合併号）、pp.64-96。

・小松寛（2013）「戦後沖縄における帰属論争と民族意識 ― 日本復帰と反復帰 ―」『早稲田大学大学院社会科学研究科博士学位請求論文』。

・小松寛（2015）『日本復帰と反復帰 ― 戦後沖縄ナショナリズムの展開 ―』、早稲田大学出版部。

・櫻澤誠（2012）『沖縄の復帰運動と保革対立 ― 沖縄地域社会の変容 ―』、有志舎。

・櫻澤誠（2014）「1960 年代前半の沖縄における政治勢力の再検討 ― 西銘那覇市政の歴史的位置 ―」『立命館大学人文科学研究所紀要（立命館大学人文科学研究所）』、第 104 号、pp.71-103。

・佐次田勉（1998）『沖縄の青春 ― 米軍と瀬長亀次郎 ―』、かもがわ出版。

・平良好利（2004）「『沖縄軍用地問題』の政策決定過程 ― 1950 年代後半を中心に ―」『沖縄文化研究（法政大学沖縄文化研究所）』、第 30 巻、pp.157-227。

・平良好利（2009）「戦後沖縄と米軍基地（3）― 沖縄基地をめぐる沖米日関係 ―」『法学志林（法学志林協会）』、第 107 巻第 2 号、pp.53-94。

・平良好利（2012）『戦後沖縄と米軍基地 ―「受容」と「拒絶」のはざまで：1945 ～ 1972 年 ―』、法政大学出版局。

・平良好利（2018）「沖縄政治における『保守』と『革新』」『法学志林（法学志林協会）』、第 115 巻第 1 号・2 号合併号、pp.47-77。

・友利修（2018 年 9 月 28 日）「誇りある豊かさのために」『ポリタス』。

・鳥山淳（2003）「1950 年代初頭の沖縄における米軍基地建設のインパクト」『沖縄大学地域研究所所報（沖縄大学地域研究所）』、第 31 号、pp.223-242。

・鳥山淳（2006）「米国占領下の沖縄における基地社会の形成と政治運動の展開：1945 ～ 56 年 ― 引き裂かれる「自治」と「復興」―」『一橋大学大学院社会学研究科博士学位請求論文』。

・鳥山淳（2013）『沖縄／基地社会の起源と相克 1945-1956』、勁草書房。

・仲里効（2011）「沖縄セミナー・2011　第3回：沖縄における『自立／自己決定』論 ― その系譜と展望 ―」『沖縄セミナー報告（沖縄と連帯する富山共同行動）』、pp.1-12。

・仲地清（1995）「復帰後の沖縄の政治 ― 軍用地問題を通してみた復帰後の政治潮流 ―」『名桜大学紀要（名桜大学）』、第1号、pp.9-17。

・仲地博（2001）「戦後沖縄自治制度史（一）」『琉大法学（琉球大学法文学部）』、第65号、pp.83-114。

・中野好夫、新崎盛暉（1965）『沖縄問題二十年』、岩波書店。

・仲本和彦（2014）「ロジャー・N・ボールドウィンと島ぐるみ闘争」『沖縄県公文書館研究紀要（沖縄県公文書館）』、第16号、pp.37-54。

・波平恒男（2003）「戦後沖縄とアイデンティティをめぐる政治」『政策科学・国際関係論集（琉球大学法文学部）』、第6号、pp.145-202。

・成田千尋（2014）「2.4ゼネストと総合労働布令 ― 沖縄保守勢力・全軍労の動向を中心に ―」『人権問題研究（大阪市立大学人権問題研究会）』、第14号、pp.149-171。

・西川吉光（2014）「日米関係と沖縄（4）」『国際地域学研究（東洋大学国際地域学部）』、第17号、pp.159-175。

・西里喜行（1981）『論集・沖縄近代史 ― 沖縄差別とは何か ―』、沖縄時事出版。

・野添文彬（2011）「1967年沖縄返還問題と佐藤外交 ― 国内世論と安全保障をめぐって ―」『一橋法学（一橋大学大学院法学研究科）』、第10巻第1号、pp.325-360。

・林泉忠（2005）「沖縄アイデンティティの十字路 ― 『祖国復帰』と『反復帰』のイデオロギー的性格を中心に ―」『政策科学・国際関係論集（琉球大学法文学部）』、第7号、pp.243-274。

・比嘉幹郎（1973）『沖縄 ― 政治と政党 ―』、中央公論新社。

・比嘉康文（2004）『『沖縄独立』の系譜 ― 琉球国を夢見た6人 ―』、琉球新報社。

・福丸馨一（1969）「沖縄の財政問題（その二）：「一体化」政策と市町村財政の現状」『商経論叢（鹿児島県立短期大学商経学会）』、第18号、pp.1-31。

・松岡完（1985）「ベトナムをめぐるダレス外交 ― 第一次インドシナ戦争と米仏同盟の亀裂 ―」『アメリカ研究（アメリカ学会）』、第19号、pp.159-179。

・松島泰勝（2010）「土地に根ざした琉球の自治と自立 ― 薩摩侵略400年、『琉球処分』130年を契機として ―」『プライム（明治学院大学国際平和研究所）』、第32号、pp.3-10。

・松本英樹（2004）「沖縄における米軍基地問題 ― その歴史的経緯と現状 ―」『レファレンス（国立公文書館調査及び立法考査局）』、第54巻7号、pp.36-60。

・宮城修（2017）「主席公選を巡る日米両政府の介入」『地域研究（沖縄大学地域研究所）』、第20号、pp.79-102。

・宮里政玄編（1975）『戦後沖縄の政治と法 ― 1945年～72年 ―』、東京大学出版会。

・宮里政玄（1986）「アメリカの対沖縄政策 ― 方法論をめぐって ―」『沖縄文化研究（法政大学沖縄文化研究所）』、第12巻、pp.93-108。

・宮里政玄（2000）『日米関係と沖縄 — 1945-1972 — 』、岩波書店。

・三輪俊和（2015）「戦後 70 年と東アジア平和構想」『北九州医療・福祉総合研究所年報（北九州医療・福祉総合研究所）』、第 22 号、pp.2-10。

・村岡敬明（2018）「米軍統治下の強制土地収用と沖縄住民のナショナリズムの激化 — 小禄村具志部落の軍用地問題と宜野湾村伊佐浜部落の土地闘争を事例として — 」『地方政治研究・地域政治研究（日本地方政治学会・日本地域政治学会）』、第 4 巻第 1 号・第 5 巻第 1 号合併号、pp.59-69。

・村岡敬明（2018）「米軍基地整備のたびに激しさを増す沖縄住民のナショナリズム — 朝鮮戦争で再整備された極東最大の嘉手納空軍基地 — 」『臨床政治研究（日本臨床政治学会）』、第 9 号、pp.18-38。

・村岡敬明（2019）「保革一騎打ちの琉球政府行政主席公選と立法院議員選挙における日米両国の外交交渉 — 西銘順治行政主席実現のための日米実務者協議を中心として — 」『日本政治法律研究（日本政治法律学会）』、第 1 巻、pp.241-271。

・村岡敬明（2019）「読谷村教育委員会との社会連携プロジェクト — クラウドファンディングで「戦後沖縄教育史・復帰関連資料」をデジタルアーカイブ化 — 」『沖縄県図書館協会誌（沖縄県図書館協会）』、第 22 号、pp.23-26。

・山田康博（2000）「アイゼンハワー政権の IRBM 沖縄配備構想と日米関係、1956 ～ 1959 年」『一橋論叢（日本評論社）』、第 123 巻第 1 号、pp.84-99。

・屋良朝苗（1968）『沖縄教職員会 16 年 — 祖国復帰・日本国民としての教育をめざして — 』、労働旬報社。

・与那国暹（2001）『戦後沖縄の社会変動と近代化 — 米軍支配と大衆運動のダイナミズム — 』、沖縄タイムス社。

・與那覇潤（2004）「日琉同祖論と民族統一論 — その系譜と琉球の近代 — 」『日本思想史学（日本思想史学会）』、第 36 号、pp.140-158。

・琉球銀行調査部（1984）『戦後沖縄経済史』、琉球銀行。

・輪島達郎（2013）「『復帰措置に関する建議書』における平和的生存権 — 「無条件全面返還」の憲法論的基盤 — 」『青山学院女子短期大学総合文化研究所年報（青山学院女子短期大学総合文化研究所）』、第 21 号、pp.3-15。

（ホームページ）

・村岡敬明「沖縄復帰 45 年、祖国復帰運動の歴史的記録を後世に伝えたい！」。
https://a-port.asahi.com/projects/yomitan-history/。

・『一般社団法人沖縄県軍用地等地主会連合会（土地連）』。

・『沖縄県国頭郡伊江村』。

・『沖縄県公文書館』。

・『日本記者クラブ』。

・桃原一彦（2014）「『沖縄の自立』を考える ──『本土復帰という選択』をめぐって ──」『地域・アソシエーション（地域・アソシエーション研究所）』、第123号。

http://www.ne.jp/asahi/institute/association/doc/doc-parts/12/123_01.html。

・読谷村教育委員会読谷村史編集室「沖縄戦後教育史・復帰関連資料」。

http://yomitan-sengoshi.jp/。

・読谷村教育委員会読谷村史編集室「沖縄戦後教育史・復帰関連資料（写真）」。

http://photo.yomitan-sengoshi.jp/。

（メディア記事）

・『琉球新聞』（1953年12月6日）「軍用地問題で一騒動、突然の地均しに小禄具志区民総出で阻止　軍、武装隊を繰り出して締め出す」。

・『琉球新報』（1953年12月6日）「地ならし待ってくれ、小禄村具志区民一千名が畑で騒ぐ、武装米兵も出動包囲」。

・『沖縄タイムス』（1954年6月19日）「力強い抱負を抱いて、ボリビア移民きょう発つ」。

・『沖縄タイムス』（1954年6月19日）「今ぞゆく戦後初の移民船、軍民あげて前途を祝う、"頼むぞ"高なる歓送マーチ」。

・『朝日新聞（朝刊）』（1955年1月13日）「米軍の『沖縄民政』を衝く」。

・『琉球新報』（1968年8月25日）「嘉手納村長選、きょう投票 三大選挙の前衛戦」。

・『琉球新報』（1968年8月30日）「B-52さらに六機ふえる、嘉手納ほとんど爆弾抱く」。

・『琉球新聞』（2010年12月23日）「主席公選で露骨介入、復帰願望付け込む」。

・『沖縄タイムス』（2010年12月23日）「主席公選で日米裏工作、親米候補の当選狙う」。

・『朝日新聞デジタル』（2011年5月7日）「核密約公開、民主政権に再三『憂慮』 米外交公電で判明」。

・『日本経済新聞』（2012年2月25日）「沖縄初代知事『基地ある限り、復帰完了せず』」。

・『JORNALニッケイ新聞』（2018年3月14日）「銃剣とブルドーザー＝米軍に美田奪われた伊佐浜移民（1）：男たちに任せておけない」。

各章の中枢を構成する論文目録

題　　名	著者名	学会誌名	公表年月	関連する章
朝鮮戦争以後の韓国の復興と発展に関する研究	村岡敬明	亞洲服務業管理應用與未來展望國際研討會論文集（南臺科技大学人文社会学院応用日語系）、pp.34-41	2018 年4 月	第Ⅰ章
読谷村教育委員会との社会連携プロジェクト―クラウドファンディングで「戦後沖縄教育史・復帰関連資料」をデジタルアーカイブ化―	村岡敬明	沖縄県図書館協会誌（沖縄県図書館協会）、第 22 号、pp.23-26	2019 年3 月	第Ⅱ章
占領期沖縄における米軍統治と統治機構の変遷	村岡敬明	東アジア共同体・沖縄（琉球）研究（東アジア共同体・沖縄（琉球）研究会）、創刊号、pp.35-45	2017 年8 月	第Ⅲ章
米軍統治下の強制土地収用と沖縄住民のナショナリズムの激化― 小禄村具志部落と宜野湾村伊佐浜部落を事例として ―	村岡敬明	地方政治研究・地域政治研究（日本地方政治学会・日本地域政治学会）、第 5 巻　第 1 号、pp.59-69	2018 年11 月	第Ⅳ章
米軍基地整備のたびに激しさを増す沖縄住民のナショナリズム―朝鮮戦争で再整備された極東最大の嘉手納空軍基地 ―	村岡敬明	臨床政治研究（日本臨床政治学会）、第 9 号、pp.18-38	2018 年12 月	第Ⅴ章
琉球政府行政主席選挙と立法院議員選挙に関する一考察 ― なぜ日米両国政府が西銘順治を強力に支持したか？―	村岡敬明	日本政治法律研究（日本政治法律学会）、創刊号、pp.18-38	2019 年3 月	第Ⅵ章第Ⅶ章

あとがき

戦後米軍統治下の沖縄住民が本土に復帰することで、極東で最大・最強の軍事基地の町から脱却できると信じて、「基地反対闘争」から「本土復帰闘争」に変遷する「島ぐるみ闘争」をつづけた。しかし、現実は、米軍基地と施政権の分離返還で日米両国が合意し、沖縄住民の願いとは正反対の決着を見せた。こうした苦難の歴史を6編の論文（各章の中枢を構成する論文目録を参照）にまとめた。

本著は、基地と施政権の分離返還で合意する日米両国と、その狭間で本土復帰による平和を希求する沖縄住民の願いを6編の論文をベースに、政治学の視点から論述したものである。

米国政府の命令を受けた在沖米軍は、沖縄をアリューシャン列島からフィリピンにつながる極東の反共最前線の中心基地と位置付けて、嘉手納基地、普天間基地、キャンプ・シュワブ、キャンプ・ハンセン、およびホワイトビーチなどの建設・整備・拡張・強化をした。当然、沖縄住民は、米軍による基地の建設・整備や拡張・強化のための強制土地収用に反対し、飢餓に瀕しながら生存権を何とか維持していた。そうした中で、在沖米軍は、「太平洋のジブラルタル」と呼ばれる最強基地が完成するまで強制土地収用を強行し、沖縄住民と第1期と第2期の激しい「島ぐるみ闘争」を繰り返した。

そうした沖縄住民の米軍に対する命を懸けた闘争に沖縄基地の維持を危惧したジョンソン大統領は、アンガー高等弁務官に「1968年11月10日に琉球政府行政主席公選を実施すること」を同年2月1日に発表させた。それを転機として、強制土地収用に反対する第1期と第2期の基地闘争から、本土復帰を目指す第3期の「島ぐるみ闘争」へと沖縄住民の意識が変容した。沖縄住民による第3期の「島ぐるみ闘争」の中で日米両国は、沖縄の本土復帰に向けた厳しい外交交渉の結果、施政権と米軍基地を分離し、1972年5月15日に返還することで合意した。しかし、それだけで満足する結果が得られるとは思えないので、復帰前の沖縄住民による「島ぐるみ闘争」の変容が今日に与える課

題についても考察した。

　上記の沖縄側の住民運動と地域政治史をまとめるために、読谷村教育委員会文化振興課の読谷村史編集室に収納されている沖縄の強制土地収用と屋良朝苗の関連資料などを用いた。それに対して、GHQ、国防総省、国務省、ホワイトハウスなどから開示された米国側の機密文書は、沖縄県公文書館が米国立公文書館から収集してきた膨大な資料群の中からピックアップして用いた。さらに、日本政府から開示された沖縄の本土復帰に関する外交文書は、外務省外交史料館から収集した。また、外務省外交史料館から収集した資料の中から、琉球政府行政主席公選で日米両国政府の西銘順治への裏工作疑惑で、これまで不明であった初期の実務者協議の内容と期間を埋めるものが見つかった。

　その一方で、読谷村の教育長と著者の間で「『沖縄戦後教育史・復帰関連資料』の使用に関する覚書」を交わすことで、沖縄県教職員組合から読谷村に寄贈されている「沖縄戦後教育史・復帰関連資料」のデジタルアーカイブ化も進めることができました。膨大な資料のアーカイブ化にかかる資金は、沖縄県教職員組合を含めた業界団体の関係者や一般の皆様の幅広いご協力をいただきました。そして、著者にとって忘れてはならないことは、学部時代に大学の枠を超えて活動を共にした仲間達の今も変わらぬ友情です。仲間達のご協力に感謝いたします。

　また、朝日新聞社のクラウドファンディング「A-port（当時）」の関係各位の協力なくしては、アーカイブ化による沖縄県教職員組合から読谷村に寄贈された膨大な資料の一般公開は不可能でした。

　最後に、本書の出版のご配慮をいただきました（株）大学教育出版の佐藤守社長、および校正その他で多大なるご助力をいただきました佐藤宏計氏と編集部門の諸氏に感謝の意を表します。

用語索引

人名索引

■著者紹介

村岡　敬明（むらおか・たかあき）

1986年11月19日生まれ。2020年3月31日九州大学大学院 地球
社会統合科学府 地球社会統合科学専攻 博士後期課程単位修得退
学。2021年博士取得。2023年4月1日から大和大学情報学部准教授。
専攻分野は「日本政治外交史」と「公共政策論」。

米軍統治下での「島ぐるみ闘争」における沖縄住民の意識の変容

2024年1月22日　初版第1刷発行

■著　　者── 村岡敬明
■発 行 者── 佐藤　守
■発 行 所── 株式会社 大学教育出版
　　　　　　 〒700-0953　岡山市南区西市855-4
　　　　　　 電話(086)244-1268㈹　FAX(086)246-0294
■印刷製本── モリモト印刷㈱
■Ｄ Ｔ Ｐ── 林　雅子

© Takaaki Muraoka 2024, Printed in Japan
検印省略　　落丁・乱丁本はお取り替えいたします。
本書のコピー・スキャン・デジタル化等の無断複製は、著作権法上での例外
を除き禁じられています。本書を代行業者等の第三者に依頼してスキャンや
デジタル化することは、たとえ個人や家庭内での利用でも著作権法違反です。
本書に関するご意見・ご感想を右記(ＱＲコード)サイトまでお寄せください。

ISBN978-4-86692-281-2